云南财经大学管理学前沿研究丛书

网络组织共生研究
——基于专业化分形视角

STUDY ON SYMBIOSIS OF
NETWORK ORGANIZATION BASED ON
SPECIALIZATION FRACTAL

朱其忠 / 著

社会科学文献出版社
SOCIAL SCIENCES ACADEMIC PRESS (CHINA)

摘　要

　　日益动荡的市场环境改变了企业之间的竞争方式，从点竞争到线竞争，再到面竞争，凸显了企业之间网络共生的重要性。相应的，组织形式也从单个企业发展为企业集群，再发展为网络组织，并逐渐从有序到无序，再到有序，这是企业不断分形并产生混沌的过程，该过程具有复杂非线性动力学演化性质。网络化共生是网络组织发展的典型特征。网络组织是企业以市场机会为导向，在专业化分形的基础上，超越地域界限，通过聚集－扩散－聚集，相互之间共生的结果。它的共生演化机理为：企业之间因发展速度的差异而产生相对运动，导致企业边界在外界环境的压力下不断摩擦。一方面，摩擦使企业边界产生塑性变形而相互融合，呈现模糊状态，增强了网络组织的整体涌现性，其目的有两个：一是在增加合作因素的基础上，优化整合企业外部资源，产生亚市场，以把握瞬息万变的市场机会，延长企业的生命周期；二是通过亚市场效应，优化区域资源配置，实现区域经济的和谐发展。另一方面，摩擦在企业边界上也产生了 X 低效率和网络组织混沌现象，使企业承担了更大的风险，增加了企业运行状态的不确定性。对网络组织的稳定性分析不能使用常规的方法，而应在专业化分形的基础上使用模糊可靠性理论。通过对网络组织

1

进行模糊可靠性综合性评价和实现方式的研究，既能找出影响稳定性的因素和关键环节，并加以改进，又能把网络组织的优点与战略联盟、连锁经营、供应链管理、外包等的优势结合起来，以提高网络组织共生的稳定性和效率，进而推动区域经济的协调发展。

关键词： 专业化分形　网络组织　共生优势　协同演化

Abstract

Volatile market environment has changed the way of enterprises' competition. It is from the point to the line, the surface competition, and highlights the importance of enterprises network symbiosis. Accordingly, the enterprise organization form has developed from a single to cluster, to networks, and gradually from order to disorder, to order. The change is a process of the fractal and chaos, and has the nature of the complex and non-linear dynamic evolution. The network symbiosis is a typical characteristic of network organization development. The network organization is a result of enterprises' symbiosis based on specialization fractal. It is beyond the geographical boundaries of the cluster through opportunity-oriented and spread-gather-spread. Its mechanism is the continual friction of the enterprise borders under the pressure of the external environment for the relative motion resulting from their difference development speed. On the one hand, the friction makes the plastic deformation of enterprise boundary fused with each other, and show fuzzy state. It has enhanced the emergence of the network organization with two purposes. Firstly, it can optimize and integrate the outside resources of the enterprise to produce submarkets in order to grasp the rapidly changing market opportunities based on the increasing co-factors, and extend its life cycle. Secondly, it can optimize the allocation of the regional resources to achieve the harmonious development of regional economy through the submarket effects. On the other hand, the friction also produces the X-inefficiency at the enterprise border and the chaos phenomena of the network organization. It enables the enterprise take greater risks, and adds to the business operation uncertainty. Therefore, we should not use the conventional method to analyze the network organization stability but should use the fuzzy reliability theory to identify the factors that affect the stability and the key link through the comprehensive evaluation of the fuzzy reliability based on the specialization fractal, and then to improve them to enhance the stability of the network organization symbiosis and drive the harmonious development of the regional economy.

Key Words : Specialization fractal, Network organization, Symbiotic superiority, Co-evolution

前　言

　　竞争是市场经济的一个重要特征，社会发展的每一步都与其息息相关。竞争产生风险，它在促进经济发展的同时，也加剧了人们的恐慌心理。激烈的竞争使许多企业犹如"节日烟花"，在短期内快速崛起，创造了成长的奇迹，被众多企业家效仿，但又很快销声匿迹。如果换一个角度，站在企业的立场，整个经济发展其实也是一部竞争规避史：从"你死我活"式的点竞争到"竞合"式（竞争中合作）的线竞争，再到"合竞"式（合作中竞争）的面竞争。与此相对应，企业组织方式也从单个企业到企业集群，再到网络组织，企业逐渐从有序走向无序，再走向有序，这是企业不断分形并产生混沌的过程。这一过程具有复杂非线性动力学演化性质，呈现耗散性特点。在该过程中，企业之间的合作因素逐渐增加，竞争因素逐渐减少，产生了亚市场。企业通过亚市场效应增强其抗御风险的能力，延长其寿命。

　　当前白热化的竞争环境正在逐渐压缩单个企业的生存空间。企业要发展，必须改变各自为政的分散状态，摒弃传统经营模式的弊端，懂得整合资源，以"协同"谋"势"、借"势"、创新，不断扩展企业的能力边界，提升企业的品牌影响力。如果企业通过相关产品、产业聚集在一起，以市场机会为导向，走协同创新的道路，形成规模化经营，不仅有利于企业充满生机和活力，也有利于提升区域和产业竞争力。在企业面对不确定性环境

1

的情况下，以网络组织为平台的协同型发展模式可以使企业由成本型的低端发展模式向品牌型、集约型的高端发展模式转变。这不是简单的叠加，而是一种经营模式的大变革。

根据演化轨迹的不同，网络组织可分为内生生长型网络组织和凝聚生长型网络组织两种类型。内生生长型网络组织是企业通过自我繁殖、自我分化，形成"五缘"企业网络，再对企业网络进行规范化、制度化而形成的一种团队式的网络组织形式；凝聚生长型网络组织是企业通过不断地依次联合、生长，再联合、再生长，像滚雪球一样，逐渐形成的一种团队式的网络组织形式。网络组织的形成和运行是企业之间共生的结果。网络组织的共生是通过企业之间的交界面即节点进行的，它是企业边界在外界环境的压力下，不断摩擦并发生塑性变形的过程。塑性变形使企业的边界变得模糊，它可以通过边界的三种类型：物理边界、社会边界、心理边界表现出来，成为网络组织产生的基础。

网络组织是在新的全球经济竞争形势下，随着信息技术的迅速发展而逐渐演化成的一种新的组织模式。它以市场机会为导向，以协同为根本，用以优化企业的外部资源。这种模式将被越来越多的企业所采用。然而，网络组织在具备独特优势的同时，也存在着与一般企业不同的、特有的风险形式。例如，网络组织的组建和运行过程不得不面临由伙伴选择的复杂性和联盟的不确定性等问题而带来的远比传统企业更为复杂的风险问题，这是其一。其二是混沌风险。混沌的最主要特点是轨道的不稳定性和对初始条件的极度敏感依赖性。轨道的不稳定性产生的原因是各结构之间局部最优决策的不连续性以及信息和决策之间的相互依赖。对初始条件的敏感性也被称为蝴蝶效应，是指只要系统受到小的扰动，通过逐级、逐层传导，非线性放大这些扰动，从而引起整个系统的动荡，而在对初值的敏感性的反复作用下又形成了系统的复杂结构。

　　一方面，网络组织有效运行的关键是网络各节点的"无缝连接"，"无缝连接"依靠企业边界的相互融合而呈模糊状态；另一方面，风险能够在网络组织内扩散，使整个组织进入失效状态，但这一个过程并不是瞬间发生的，而要经历一个从"完好"到"故障"（表示网络组织内企业之间协调失败）的过渡阶段。这些中介阶段是相互联系、相互渗透、相互转化的，呈现亦此亦彼的状态，这就是事件的模糊性。所以，对网络组织共生稳定性的分析不能使用常规可靠性分析方法，而应使用模糊可靠性理论分析。

　　本书由五大部分组成，第一部分通过对企业专业化分形过程的分析，揭示网络组织的演进轨迹：从企业的分形到企业网络的形成，再到网络组织的产生。第二部分在企业专业化分形的基础上，依据弹塑性和摩擦变形理论，阐述了网络组织的共生优势和共生风险问题。第三部分从网络组织的模糊可靠性出发，探讨了网络组织的共生稳定性问题，并对其进行了应用分析。第四部分通过对企业专业化分形的实证分析，论证了网络组织共生对区域经济和谐发展的促进作用。第五部分是网络组织的实现方式，它包括战略联盟式网络组织、连锁经营式网络组织、供应链式网络组织、外包式网络组织等。

　　由于网络组织发展模式是一个较新的且不断发展的课题，涉及面非常广。鉴于作者的知识和能力的局限性，本书还有许多重要的研究内容没有探讨，同时所做的工作在许多方面尚需进行深入和细致的研究，并在今后不断地充实和完善。

目录

C o n t e n t s

目录

Contents

4

第一章　绪论

第一节　研究背景

一　竞争方式转变凸显企业网络重要性①

竞争作为一个自然概念，具有自发性，在动物界、植物界随处可见，但在人类社会中，它则变成一种有目的的、有意识的、力图战胜竞争对手的行为，表现为不同经营主体之间为争夺经济利益而进行的激烈对抗。竞争自古便有之，整个社会发展无不与其息息相关。许多经济学家把竞争看成经济学构建的基础。整个经济学都是围绕"竞争"这一轴心来构建的，认为自由竞争是对经济发展最为有利的竞争方式和市场结构，能够达到帕累托最优。为此，许多国家制定了反垄断的法律法规，以便鼓励竞争。但对于微观实体来说，竞争反而增大其经营风险，所以它们总是想方设法，通过不断变换经营方式来规避竞争，以获得最大的垄断利益。

---

① 朱其忠：《竞争方式转变与网络组织风险分析》，《特区经济》2009 年第3 期。

1

日益复杂的动态环境和激烈的市场竞争，改变了企业之间的竞争方式：由点竞争到线竞争。促使该转变发生的理论基础是迈克尔·波特的价值链理论。企业之间最初的竞争方式为单打独斗式的"点竞争"，"生产者之间、消费者之间、生产者与消费者之间等不同经济人为争夺经济效益'最大化'而竞争"①，其特点表现为以下方面。

（1）经营主体之间彼此独立，泾渭分明。点竞争的现实表现为：①企业仅仅关注市场营销部门中的供应和销售活动，视其为企业的"窗口"，以连接供应商和销售商；②企业以对抗的眼光看待竞争者，认为"同行是冤家"，将竞争视为一种威胁，对竞争者的存在总持一种无端的恐惧，必欲除之而后快；③企业把外部环境影响因素统统归为不可控因素，无法为己所用。

（2）竞争手段具有明显的对抗性。首先是价格竞争，"企业的中心问题是如何利用新技术扩大生产，提高生产效率并降低成本，即大量生产物美价廉的产品"②。然后是差异化竞争，"它从轮廓分明的市场出发，以顾客需求为中心。协调所有影响顾客的活动，并通过使顾客满意来获得利润"③。

（3）成本领先经营战略。对于大多数企业来说，其经营战略表现为：先是规模经济，实行单元化经营；后是范围经济，实行相关多元化经营，其目的均是降低生产成本，实现总成本领先。"成本领先要求坚决地建立起高效规模的生产设施，在经验

---

① 汪涛：《竞争的演进——从对抗的竞争到合作的竞争》，武汉大学出版社，2002，第38页。
② 吴健安：《市场营销学》，安徽人民出版社，1998，第42页。
③ 菲力普·科特勒：《市场营销管理》，科学技术文献出版社，1991，第29页。

的基础上全力以赴降低成本，抓紧成本与管理费用的控制，以及最大限度地减小研究开发、服务、推销、广告等方面的成本费用。"[1]

（4）生物进化式竞争。点竞争理论来源于达尔文的生物进化论：物竞天择，适者生存。

点竞争是传统的竞争方式，较多地表现为你死我活的竞争，一方之所得即为另一方之所失，此谓"零和竞争"。因为企业的竞争是全方位的，不仅有同行、替代品生产者，还有供应商和销售商，所以企业的着眼点只能关注其内部，从企业内部挖掘潜力，以降低成本和提高产品的差异化程度。"竞争优势来源于企业在设计、生产、营销、交货等过程及辅助过程中所进行的许多相互分离的活动。这些活动中的每一种都对企业的相对成本地位有所贡献，并且奠定了标歧立异的基础"[2]，"一个重要差异是在竞争景框里一个企业与其竞争对手的价值链有所差别，代表着竞争优势的一种潜在资源"[3]。但是，外界环境的复杂性和快速变化，往往导致许多企业预测和决策失误，濒临破产。为此，一些企业开始意识到"合作"的重要性。"合作"是为了更好地竞争。企业为了提高自己的竞争实力，实行联合竞争战略，包括前向联合竞争和后向联合竞争，从供应商到销售商，形成一条线，每一个环节都对最终产品的价值做出一定的贡献。这种由供应商价值链、企业价值链和渠道价值链纵向合成的价值链，被波特称为价值链系统。企业间的竞争则表现为两个价值链系统间的竞争。供应商价值链与企业价值链之间的特种联系为企业增强其竞

① Porter, M. E., *Competitive Strategy*, Free Press, 1980.
② 迈克尔·波特：《竞争优势》，陈小悦译，华夏出版社，1997，第33页。
③ 迈克尔·波特：《竞争优势》，陈小悦译，华夏出版社，1997，第35页。

争优势提供了机会，协调一致的价值链将支持企业在相关产业的竞争中获得竞争优势。点竞争演变为线竞争。竞争的结果从"零和"走向"双赢"，这是人们对市场认识不断深化的结果。

线竞争的理论基础是核心能力理论。核心能力理论关注的是本企业与上下游企业之间的联合优化关系。它认为："核心能力一般不能与别人共享，因为核心能力必须专有才能成为真正的核心能力。从这种意义上说，企业的功能是专心致志于企业核心能力的工作，而其他非核心能力部分的工作则可以通过市场交易、虚拟化、联盟形式从企业外部获得"[①]。

线竞争"只是容忍了竞争对手的存在，通过市场营销的一些策略和手段形成和竞争的差异化共存，它并没有认识到竞争者存在的价值，并加以有效利用"[②]。随着市场竞争的加剧和环境的不断变化，市场的不确定性和风险与日俱增。企业为了应对这种不断变化的市场，不仅需要建立快速反应机制，而且还需要建立联动机制。"快鱼吃慢鱼"式的竞争并非易事，由于面临的不确定因素很多，一方面可能会使自己元气大伤，另一方面在与竞争对手争夺市场份额和技术垄断的过程中，往往会导致两败俱伤。与此同时，人们对规模经济和范围经济也有了新的认识：多个企业之间的联合，同样可以产生规模经济和范围经济，有些竞争对手对自己而言是具有战略价值的，因此，双方有可能在某特定时期，基于共同的目的而结成战略伙伴，达成合作，获得双赢的局面。不同串行价值链上企业的联合，它们的产品之间有时候

① 周三多、陈传明、鲁明泓：《管理学——原理与方法》，复旦大学出版社，2005，第324页。
② 汪涛：《竞争的演进——从对抗的竞争到合作的竞争》，武汉大学出版社，2002，第95页。

紧密相关，有时候在性质上没有关系，但能够联合运用投入要素或生产设备，联合市场计划，以及进行降低成本的共同管理，如一个企业的副产品或废弃物可以成为另一个企业的原料来源等，同样能够获得规模经济和范围经济。① 这种"合作"是交叉式的（见图1－1），可以是共用一个供应商或（和）供应商之间相关联如图1－1（a）所示；可以是共用一个销售商或（和）销售商之间相关联如图1－1（b）所示；可以是企业与竞争者之间的联合如图1－1（c）所示。

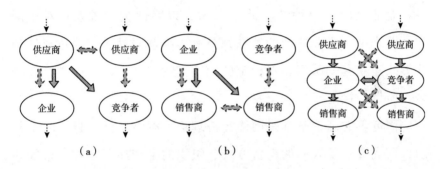

图1－1　企业之间的"交叉"关系

（a）、（b）、（c）为企业集群模式。对于（a）和（b），由于企业和竞争者共同拥有一个供应商或（和）销售商，该供应商或销售商往往处于中心地位，左右着集群的发展，所以这类企业集群被称为核心型企业集群。对于（c），由于企业和竞争者双方势均力敌，无论任何一方都不能主导集群的发展，它们为了共同的目的，通过联盟形式建立起较为稳定的合作伙伴关系，并在某些领域中采取协作行动，从而追求"双赢"效果，所以这类企业集群被称为平行型企业集群。由于企业与各利益相关者的

---

① 王耀才、范肇臻：《规模经济新论》，《财经问题研究》2003年第10期。

关系已经超越了线性，而呈网状分布，所以我们称之为面竞争——企业网络竞争。

从表面上看，面竞争与线竞争一样，既有竞争又有合作。但两者是有区别的：线竞争具有"家族"性质，即为同一种产品服务，表现为产品线之间的竞争。它是通过隐性契约形式建立起较为稳固的合作伙伴关系，由于没有同类企业，所以较接近于企业内部交易。面竞争具有"种族"性质，即为同一个产业服务，表现为企业网络之间的竞争。它有两层意思，对于上下游企业来说，企业之间是一种"家族"关系，以隐性契约维系；对于同类企业来说，企业之间的关系则具有虚拟联盟性质，通过显性契约形式建立起一系列相对稳定的短期契约安排，由于同类企业较多，所以更接近于市场交易。

面竞争的理论基础是网络经济理论。网络经济超越了时空限制，彻底改变了人们的消费方式、组织的生产经营方式、市场的存在形式，以及人与人、人与组织、组织与组织之间的联系方式等，把不同行业、不同地域的企业通过新型市场紧密地联系起来。赵红岩把这种由企业网络构成的新型市场称为亚市场，它是介于纯粹市场交易和企业内部交易之间的一种中间组织模式。[①]

二　企业集群已成为区域经济发展的重要力量

在经济全球化的发展趋势下，资源在全球范围内的流动性增强，各国的贸易依存度提高，全球经济表现出相对一致的成长和衰退趋势。但在全球化的发展趋势中，世界经济也存在显著的区

---

① 赵红岩：《亚市场理论与企业战略联盟》，《世界经济文汇》2001 年第 4 期。

域化特征。20 世纪中叶以前，人们关注的是大企业，认为只有大企业才具有竞争优势。企业规模成为企业竞争力的代名词，企业大型化成为经济发展的主要内容。但在 20 世纪 80 年代发生的世界性经济危机面前，中小企业并没有像某些经济学家预言的那样消失，反而以集群的组织形式获得了空前的发展，如意大利中部和东北部地区、德国的巴登和符腾堡地区、美国硅谷和 128 公路等。企业集群不仅在发达国家和地区蓬勃发展，为区域经济增长贡献力量，而且也已经成为许多发展中国家和地区发展区域经济的重要工具，像巴西、巴基斯坦、印度等国家经济的发展都离不开企业集群的支持。在我国，也已涌现了一大批企业集群，如环渤海企业集群带、珠三角企业集群带以及长三角企业集群带等。其中，以浙江省的企业集群最具特色，如绍兴的轻纺企业集群、海宁的皮革企业集群、柳市的低压电器企业集群、永康的小五金企业集群等，都极大地带动了当地经济的发展。这些机制灵活的中小企业集群已成为我国国民经济增长的重要推动力。

三 企业集群面临的危机

纵观世界上任何一种企业组织形式，皆非十全十美。并购、纵向一体化会使企业变成"恐龙"，既笨重又缓慢，很难适应快速变化的市场。计算机和信息、通信技术的发展成为组织变革的推动力，致使虚拟企业、战略联盟等企业组织形式日益增多，这既解决了速度和适应性问题，又解决了企业内部科层的弊病。但实证研究也表明，战略联盟成功的例子并不多，失败率高达 50% ~60% [1]；

---

① 蒋国平：《企业战略联盟高失败率原因分析及其成功之路》，《现代财经》2001 年第 1 期。

企业并购失败率为 65%①；虚拟团队失败率为 20%～50%②，企业集群也不乏失败的案例，如曾经著名的底特律"汽车城"和匹兹堡"钢铁城"、奥地利东南部的 Upper Styria 钢铁地区、永康保温杯集群和瑞安羊毛衫集群等，都说明了中小企业集群面临的风险问题，随着经济全球化、国际竞争日益加剧，国内经营环境的变动比过去更为激烈，地方企业集群的发展必将面临更加严峻的挑战。

四 网络化共生是网络组织发展的典型特征

近年来，随着经济全球化和信息化的迅猛发展，网络合作已经成为经济活动中最为显著的现象，企业比以往任何时候都更加注重彼此之间的合作，以扩展其影响力，实现"多赢"。根据企业关系的紧密程度，网络化企业有两种演化方向：企业集群和网络组织。它们也是企业网络发展的两个阶段，企业之间的关系逐渐从弱到强，从共存走向共生。

众所周知，集群内企业间的长期关系是依靠一种非正式的契约来维持的，缺乏制度上的约束力，许多企业处于资本原始积累时期，求富心切，并受到地域限制。在这种主要以地域关系维系的企业集群运行机制中，由于企业之间的合作半径小，关注焦点集中在生产过程两端（供应商和销售商），所以横向联系较少，相互竞争激烈，易产生恶性的低水平价格竞争。因为同类企业比较多，且各企业边界比较清晰，所以竞争多于合作，较接近市场组织形式。其特点是开放程度最大，节点之间是弱联结，网络动

---

① 张水英：《企业并购失败率缘何居高不下》，《时代经贸》2006 年第 9 期。
② 王茶：《虚拟团队绩效的影响因素及对策分析》，《商场现代化》2007 年第 7 期。

态性最强，竞争效率高，极易出现机会主义行为。[①] 集群企业成长依赖的是本地的产业网络，所以企业之间仅仅是一种共存的关系。网络组织则不同，其成员企业成长依赖的不仅有本地产业网络，而且还超越地域界线，通过跨区域产业网络来实现其成长，表现为战略合作网络的组织化。它通常由一个或几个轴心企业（网络吸引子）为主导，建立企业间具有超企业性质的、互动的虚拟协调机制和平台，所以更接近层级组织形式。与企业集群相比，网络组织更加强调企业间的知识共享和创新能力，以增强网络的稳定性[②]。为此，它实行多元一体化战略，形成一个统一的利益共同体，通过提高组织的内聚力来共同应对外界各种不确定性威胁。其特点是：①整体性强，具有团队性质，增加了网络的稳定性；②节点间具有同一性，有利于网络内部关键知识或资源的交流、扩散和共享；③规模优势明显，提高了专有资产的利用率。所以，网络化共生成为网络组织发展的典型特征。

五　网络组织的共生还有待深入研究

近几年来，中小企业在我国的发展异常迅猛，从整体上看，数量快速地增加，但普遍素质不高，寿命较短，原因不仅是技术落后，而且经营管理水平也较低。企业的运作模式主要依靠集群化，即通过企业集群形成规模优势，以降低经营成本和风险。一方面，集群企业大量繁殖的结果将带来严重的地区间产业同构化

---

① 李焕荣、林健：《企业战略网络管理模式》，经济管理出版社，2007，第32页。

② 姜文：《网络组织中企业间知识共享的影响因素分析》，《情报杂志》2007年第10期。

现象，导致集群间的恶性竞争①。加之地区资源有限，许多中小企业面临着生存危机，所以企业集群的升级问题将成为今后人们关注的焦点。另一方面，企业网络通过聚集效应产生了企业集群，并引起企业越来越向东部地区集中，导致了区域经济发展的严重不平衡，"贫者越贫，富者越富"，进一步拉大了东西部地区发展的差距，这背离了我国构建和谐社会的目标，所以如何利用企业集群来推动区域经济发展也将成为理论界与实践界共同关注的核心问题。这两个方面都要求企业变革组织方式，突破企业集群的地域界线，向网络组织发展，以实现跨区域合作。

到目前为止，对网络组织的研究，真正始于 20 世纪 80 年代，从网络组织形成的原因、类型和优点的研究发展到伙伴关系的选择、伙伴间的信任机制及伙伴间学习的研究。前期的研究集中在网络组织宏观上，把网络组织看成一个复杂的系统；后期的研究集中在企业间的各种关系上。但是，这些研究都是从专业化分工的角度研究网络组织建构问题，定性者较多，定量者较少，且较分散，更没有把网络组织的发展与企业集群升级、区域经济发展联系在一起。

第二节　研究目的和意义

本书将从专业化分形角度研究网络组织的演化过程，构建企业的专业化分形模型、边界的弹塑性变形模型和模糊可靠性评价模型，以揭示网络组织的共生问题，为企业扩展其能力边界，有

---

① 王文森：《产业结构相似系数在统计分析中的应用》，《中国统计》2007年第10期。

效地利用亚市场，实现企业的稳定发展和促进社会的和谐提供有针对性的政策建议。

企业之间从竞争走向合作并非偶然，它是自 20 世纪 80 年代以来，人们对社会经济系统进行理性思考的结果，这对于深化企业管理理论体系、延长企业寿命、促进区域经济又好又快发展具有重要的理论和实践意义。

（1）国内很少有人从专业化分形角度来研究网络组织共生和稳定性问题，本书是初次尝试，其研究结果，将对网络组织理论体系的进一步完善产生积极的作用。

（2）网络组织共生不仅是理论问题，也是亚市场建设与发展过程中的实际问题。研究成果具有实际指导意义：一是有助于明确企业集群升级的路径，延长企业的寿命；二是有助于增强人们的系统思考意识，加速实现中小企业从"小"向"大"转变，从"低"向"高"转变；三是有助于探求构建社会经济和谐的方法，尽快挖掘区域经济潜力，实现区域经济的超常规发展，逐步缩短区域经济发展差距，达到共同繁荣之目的。

第三节　国内外研究现状分析

一　国外研究成果

一百多年来，世界上许多著名经济学家如亚当·斯密（Adam Smith，分工协作理论）、科斯（Coase，交易成本理论）、威廉姆森（Williamson，资产专用性理论）等以及管理学家如波特（M. Porter，产业定位理论）、普拉哈拉德（C. K. Frahlad，资源 – 能力理论）、哈默尔（G. Hamel，流程再造理论)、拉詹（Rajan，进入权理论）等，均从不同角度对企业之间的关系进行了深入的研究。

企业之间的竞争可归纳为：点竞争→线竞争→面竞争。

点竞争是传统的竞争方式，是 20 世纪 70 年代以前人们关注的焦点。

线竞争出现在 20 世纪 70 年代末和 80 年代初，其理论包括以波特为代表的定位学派，以普拉哈拉德、哈默尔、沃纳菲尔（Wernerfelt）为代表的资源－能力学派，以及圣吉（P. Senge）的"学习型组织"思想：企业唯一持久的竞争优势源于比竞争对手学得更快更好的能力，学习型组织正是人们从工作中获取生命意义、实现共同愿望和获取竞争优势的组织蓝图。

进入 21 世纪后，企业之间的竞争转变为面竞争，即企业集群、网络组织竞争。从当前理论发展来看，对面竞争的研究萌芽于威廉姆森的中间性组织理论，以完全竞争市场和一体化企业为两端，中间性体制组织介于其间的交易体制组织系列上。他从资产专用性、不确定性和交易频率三个维度对中间性体制组织的效率进行了分析，但并没有使用企业集群与网络组织概念，也没有对二者的具体特征以及演进关系进行分析。

（一）有关企业集群的研究成果

面竞争战略真正出现在 20 世纪 90 年代，以《21 世纪制造企业研究：一个工业主导的观点》《虚拟企业》《灵敏竞争者与虚拟组织》《簇群与新竞争经济学》等为理论先导，其观点为：在市场变化加快、全球性竞争日益激烈的环境下，单个企业仅仅依靠自己内部资源的整合已难以满足快速变化的市场需求，为此提出了虚拟企业、敏捷制造、企业集群等概念。1991 年，美国学者普瑞斯（Preiss）、戈德曼（Goldman）和内格尔（Nagel）

向国会提交了一份题为《21 世纪制造企业研究：一个工业主导的观点》的研究报告。在该报告中，他们创造性地提出了"虚拟企业"概念，即在企业之间以市场为导向和以互联网为基础建立动态联盟，以便能够充分利用整个社会的制造资源，从而在激烈的竞争中取胜。1993 年，Byrne 对"虚拟企业"进行了解释，他把虚拟企业看成由一些独立的厂商、顾客甚至竞争对手通过信息技术连接而成的临时性组织，以达到共享技术、分摊费用以及满足市场需求的目的。1994 年，戈德曼、内格尔和普瑞斯合著的《灵敏竞争者与虚拟组织》是反映虚拟组织理论与实践的代表作，其观点是：虚拟组织能缩短从观念到现金流的周期，可以避免环境的剧烈变动给组织带来的冲击。1997 年，Ellison和 Glaeser 把中小企业集群创新与其地理空间联系了起来。美国哈佛商学院教授波特从产业竞争的角度，对企业集群理论进行了深化，他认为：企业集群通常发生在特定的地理区域，能提高企业群内的持续创新能力，并日益成为创新的中心。Capello 结合学习型组织理论，认为企业地理集聚为知识学习提供了温床，知识学习是集群创新发展的根本途径。基于中小企业集群的创新不同于熊彼特的传统创新，正如 Lundvall 等人所言，中小企业集群创新既是一种交互过程，也是一种社会过程，它的成功演化需要一种网络环境，集群更适合这种环境，集群创新根植于生产网络或者生产群的制度环境内。Walze 的研究表明，创新的区域集中与集群内技术等要素的溢出效应密切相关。Bergman 和 Feser 概述了集群的创新优势来源于外部经济、创新环境、合作竞争和路径依赖。Marceau 的实证研究显示，通过创新集群内企业之间的交互作用，最有可能有效地产生创新。Baldwin 和 Scott 等人在研究了新产业区的中小企业聚集而形成的合作与共同发展关系之后认为，中小企业之间的这种有效的合作网络，产生了一种内生创新动力，使当地经济迅速增长。荷兰经济学家范迪克认为，马歇尔的工业区是企业集群演进的最后阶段，中小企业集群从此像大企业一样具备自我调整能力，成长为长寿型组织。意大利著名学者布诺梭提出了两阶段模型，他把意大利企业集群的演进过程分为两个阶段：无政府干预的集群自发成长阶段被称为第一阶段；当集群成长到一定规模后，政府或当地行业协会开始干预企业集群的成长，向企业集群提供多种多样的社会化服务被称为第二阶段。G. 别卡提尼则主要从经济地理学解释中小企业集群的"地缘"优势，以及对区域经济空间布局的影响。安德森考察了传统的熊彼特主义分析创新关联度的不足，主张用演化经济学来分析创新关联度，并在演化经济学的框架内，构筑了交互创新的两产业模型和三产业模型，探讨了创新关联和国际专业化问题。

（二）有关网络组织的研究成果

关于网络组织的研究，国外最早可追溯到 20 世纪 60 年代，那时称为组织的网络化问题。伯恩斯和斯多克从组织社会学角度，并借鉴韦伯理想类型的分析方式，提出了有机组织概念。他们认为，为了应对变动的环境，最合理的组织形式是有机式组织。在这种组织中，组织的弹性是保障组织应对复杂环境的基本要求，为了增进这种适应性，网络结构是组织必须采取的结构方式，它能保障组织成员间及时的沟通与合作。对有机式组织的讨论更多的是在权变策略下展开的，强调权力结构是分散的、网络式的，组织的沟通和交往是以网络的方式展开的，并认为有机组织包括价值分系统、技术分系统、社会心理分系统、结构分系统和管理分系统等。

把网络作为一种独立的概念提出，是在 20 世纪 80 年代以后，最初的重点是组织间的网络关系。其原因在于分包和外购成为一种主流的生产方式，形成了有别于市场和等级的组织形式。在此问题上，阿尔钦和韦藤提出了"组织的形态和网络"。此外，很多学者与流派均参与到该问题的讨论中。例如，资源定位学派认为，企业组织间分工创造了企业相互间依赖的网络，导致了对企业组织间作用的约束，产生了企业组织间长期性的合约关系。种群生态理论则把种群定义为进行类似活动的一系列组织，这种网络组织是由客户、供应商、企业及其他有关人员组成的动态适应系统，企业间的竞争进而演变为种群间的对抗。Amburgey和 Rao（1996）对于组织种群生态理论发展过程的研究表明，组织生态学不同于传统组织理论之处在于：组织生态学以纵向的、长时间的角度来观察组织的变化，提供组织研究更适当的理论基础，传统组织理论则偏向于组织横断面的探讨，对于组织的产生、成长、衰退与死亡的原因与过程缺乏深入的研究。组织生态学实际上是把整个产业经营环境视为一个生态系统，而不同产业是生态系统里面的不同种群，在生态系统内的不同种群受到环境压力的不同影响而产生变化。组织生态学不仅为组织科学的研究建构出一套创新且有用的理论，也将生态理论的研究对象从生物个体延伸到组织、产业层次，提升了生态理论的学术价值。新经济社会学作为网络组织问题讨论的主力，从嵌入性的角度切入组织间的关系问题。他们认为，经济行动是嵌入在社会结构中的，对组织间关系结构的讨论不能把行动者原子化，而应该考虑他们之间的关系结构。格兰诺威特在《经济行动与社会结构：嵌入性问题》一文中认为，由分包产生的组织形式是有别于等级和市场的另一种组织形式，被称为"准企业组织"，作为企业间嵌入性的网络结构，这种组织方式可以使交易双方尽可能了解对方的信息，建立起信任机制，避免交易中可能发生的激烈的公开斗争，使冲突得以弱化，市场交易变得井然有序。嵌入性结构是社会学进行网络分析的重要工具。其后，Powell、Baker、Uzzi 等都先后用这一概念来分析组织间的网络结构及其对效率的影响。Messner 等人概括了网络结构的三个特征：行为主体间的水平联结、跨组织联结和行为主体的互动。Baum 和 Ingram 综合了Granovetter 的弱联结和 Burt 的结构洞思想，从企业与网络的嵌入、探索性与开发性的行为模式两个方面分析了网络组织结构。Ahuja 和 Carley 主张要从概念上澄清、实证上检验虚拟组织网络结构的三个维度：层度、集中化和层级，并总结了关于网络结构的理论——资源依赖与关联交易理论、散播理论、认知理论和网络组织形成理论。在经济学领域，兰逊（Larsson）修正了威廉姆森的关于市场以及等级的二分法，建议用市场、组织间的协调以及等级三极制度框架代替原来的两分法。遵循亚当·斯密和钱德勒把市场和行政等级分别称为"看不见的手"和"看得见的手"的隐喻，兰逊把组织间的协调称为"握手"，以此说明当处于较低的召集成本和较高的内在化成本或行为者之间高度信任的情况下，不确定性、交易频率和特定资源依赖协调程度越高，资源依赖的协调越有可能由作为企业间契约的网络来协调。

可见，从企业间关系入手，诸多理论流派逐渐意识到企业间网络的重要性，将它视为与市场和行政等级相提并论的组织形式。把网络组织视为组织内的关系结构是稍迟的事，继权变学派之后，由于现代信息技术的发展，组织内网络关系可以在更为宽泛的范围内讨论，参与者日益增多。其中，包括 Quinn、Malone、Rockart 以及 Morton 等学者，他们皆从不同的角度对此做出了分析。总括而言，他们所讲的网络组织基本上都涉及去等级化、去中心化、共同的合作、高弹性以及信息技术的广泛使用等特征，强调网络组织对行政等级组织的替代作用。

由于网络组织是由跨越企业边界合作而形成的新型组织，因此组织理论无疑是研究的根基。Theurl（2005）试图从组织理论与制度经济学的角度建立企业间网络经济学。资源依赖论与自组织论是网络组织研究中运用较多的理论，但仅仅限于解释网络现象，与网络组织自身的理论建构相距较远。

有效发挥网络组织配置资源的独特功效的途径是网络组织的治理。Jones 等在其著名论文《网络治理的一般理论》中认为，网络治理是一个有选择的、持久的和结构化的自治企业（包括非营利组织）的集合，这些企业以暗含或开放式契约为基础从事生产与服务，以适应多变的环境，协调和维护交易，并进一步指出这些契约是社会性联结而非法律性联结。从其定义可以看出，网络治理主要是对跨组织集合这一新型组织形态进行描述，而并没有涉及这种新型组织的运作行为，其实质就是网络组织，即区别于市场与层级的网络规制。关于网络组织治理，西方学者并未给出严格的定义，Bryson 和 Crosby 认为，网络组织治理是在单个组织无法独自完成各自使命的情况下设计有效的制度来进行治理。Milward 和 Provan 提出网络组织治理是一个与为管理规则及联合行动创造条件相关的较为宽泛的概念，通常包括企业、非营利组织以及公共部门的代理人。网络组织治理的最大挑战在于相互之间的关系领域，因而合作关系的治理成为网络组织治理的关键内容。Johannisson 是较早研究治理结构的学者之一，他将网络组织分为生产网、象征网和个人网，并指出网络结构的一个基本特征是结点的地位及其在联结特性中的表现方式，认为在关注组织过程时，网络演进动力变得相当突出，生产网中预动行为占优，象征网中逆动行为占优，个人网中互动行为占优。一般来说，网络结构是自组织演化的结果，并随着内外环境与条件的变化还在不断演化，因而网络结构通常表现为非正式的企业间跨边界合作。如果说网络联结也存在契约安排的话，那么更多的是以信任为基础的隐含契约或心理契约，而非传统意义上的契约关系。Rubinstein 和 Firstenberg 的思维型组织研究，从进化论的角度分析了网络组织结构由无序到有序的自发演化过程。这一点与 Snow 关于网络组织的研究观点基本一致。

网络组织的治理机制是西方学者们研究的另一个焦点。Alter 和 Hage 等人提出了一个非常复杂的组织间协调理论，其核心内容是组织之间的协调是一种方法或过程，而不是结果。Terje 等人在研究复杂项目组织间冲突时，提出了网络机制是以社会互动为基础的观点，开辟了一个新的研究视角。Arcari 等人从战略密切程度与技术经济整合程度两个维度对网络组织进行了分类，并进一步分析了特许经营和长期分包的控制方式、对象与机制，以及其他不同的机制，如信任机制、分配机制、协调机制和学习机制等。网络组织治理的核心问题是治理机制问题。机制到位，就能为网络组织的有序运作创造条件，为协同效应的充分发挥奠定基础。网络组织能否成功运作的关键在于，其治理机制能否保证合作各方有足够的动机不去利用它们之间不对称的信息和不完全的契约来谋取私利，能否保证合作成员同步互动且有序高效协作。这一观点与 Robinsonhe 和 Stuart 的研究结论相一致，他们认为在战略网络这种复杂的交易关系中，治理机制的存在可抑制机会主义行为，而缺乏有效的治理机制，合作者的不同利益所引起的激励问题将会扭曲合作行为并使战略伙伴关系失效。Parkhe 对战略联盟的研究也持相同的观点，认为相互依存的需要与行为的不确定性交叉作用，从而产生机会主义，因此，一个重要的管理任务是建立抑制机会主义的机制。Conway 等人对网络研究的分解也说明了同样的问题，他们精辟地提出网络研究可分为网络与相互关系两个层面：网络层面研究网络规模、多样性、稳定性和密度，关系层面研究网络的构成要素和网络活动，而网络活动集中于其运行机制。Koka 从环境影响角度研究了企业间网络的演化过程。

关于网络组织治理绩效方面的研究相对深入，而且主要集中在网络组织的具体模式上。Osland 等人综合其他学者的研究成果，提出了一个用于指导企业建立战略联盟的过程模式。Dunning 将联盟称为折中范式，认为联盟企业成功与否要从三个方面来判断：每一合作方的创新成长能力；各方互动合作的范围与程度；产业层面的合作效果。Kale 等人认为，联盟成功与价值创造的评估在企业层面包括长期联盟成功的管理评估、价值创造的股市测度两个方面。

网络组织及其治理的复杂性、要素的多维性与环节的多样性，决定了需要将其作为一个整体来进行系统研究，也需要系统性创新。Barley 和 Jarillo 是较早将网络组织作为一个独立分析单元进行系统研究的学者。Barley 等人提出，在网络组织中，企业不仅存在于多重的、复杂的、重叠的关系网络中，而且网络可以表现为不同于单个企业的无形的结构模式，要探讨核心结构，就必须超越单个企业，把它作为系统整体来分析。Jarillo 将网络组织看成一个系统，他通过对 Benetton 网络的分析得出，Benetton 的效率与弹性可用以下特征来解释：它由许多单元构成，而又属于一个大型同质系统。复杂系统理论无疑为网络组织治理的研究提供了新的理论支点，西方许多学者从该理论出发对网络组织进行了探索。Lipnack 和 Stamps 长期从事虚拟团队的研究，指出系统原理有助于我们从新兴组织形态中找到其核心特征，为发展及检验近20年的网络组织模型提供了强有力的基础结构。Ashmos 等用复杂适应系统理论解释关系网络中的互动合作与参与决策问题。网络组织治理机制是在相互联结的关系框架内发挥作用的，并通过彼此之间的互动实现整体大于部分之和的协同效应。

二　国内研究成果

（一）有关企业集群的研究成果

在威廉姆森中间性组织理论基础上，对企业集群的国内研究主要沿着以下脉络进行。

首先，比较了企业集群和企业集团两种组织形式的异同，并分析了它们之间的演进关系。国内学者仇保兴最早提出，集群内的每一个企业都要找到自己的"生态位"才能保持集群的稳定，并初步比较了企业集群与企业集团的异同点，但只是表面的一种概念的区分而已，并没有进行深入分析。刘巨钦和李大元在威廉姆森中间性组织理论的基础上，将中间性组织分为企业集群、战略联盟、虚拟企业以及企业集团四种类型，并从含义、产生基础、运行机制、竞争优势与适用范围等方面比较系统地分析和比较了企业集群与企业集团的共同点和不同点。罗国勋与汪少华通过分析小企业集群发展模式，得出：依托集团的小企业集群借助企业集团的整体功能，可以优化资源配置、加速技术进步、促进产品结构调整，进而加速企业成长。赖小琼和程宏在分析中小企业集群时，认为：大企业处于整个企业集群的中心地位，小企业集群仅仅处于其外围或下属，它们必须依托大企业才能实现本企业的生存和发展。杜龙政等通过引入行为生态学和演化经济学基本分析方法，对企业集群和企业集团二者互动发展的关系进行了研究。高峰分析了服务经济下企业集群与企业集团的演进与互动发展，并结合全球价值链提出了全球服务经济下企业集群与企业集团互动发展的路径。

其次，从创新角度研究了企业集群的生态特征。王狞认为，企业集群的衰落可以被看成企业缺乏创新能力的结果。黄鲁成从生态学的视角研究企业集群中创新系统的特征及生存机制等问题，提出了区域技术创新生态系统概念，并建立了分析种群技术创新共生的理论框架。罗发友、刘友金认为，创新型产业集群是一种由相互作用、相互依存的创新组织有机构成的经济社会"生态群落"，具有类似于生物群落的行为特征。李渝萍把中小企业集群的创新活力归结于它的衍生繁殖能力。在她看来，相关企业的空间规模聚集会形成集群生态化系统，在中小企业集群生态化系统中，普遍存在反馈现象。创新活动与市场需求、政府经济目标、自然禀赋等环境因素相互吻合，就会得到来自环境的正反馈强化和激励，从而使创新者拥有更多的资源来扩大产业创新活动。但集群给中小企业创新带来活力的同时，也存在集群中的污染、生态负外部效应等问题。

最后，从生物学角度分析了企业集群的共生演化轨迹。周浩认为，使用生物学的方法，通过对处于企业集群形成过程中企业产出水平的刻画，动态地描述了企业集群现象，并分别讨论了企业集群现象中卫星式和网状式两种集群模式，给出了两种集群模式达到稳定共生的条件和经济解释，得出一个重要的结论，即集群内部激烈的竞争是企业集群达到稳定共生的关键。王子龙等人认为，企业集群的共生演进过程主要受集群企业个体适应性、所处市场环境以及与其他企业之间的合作关系三个因素的影响；企业集群的演化实质是区域经济系统和区域生态系统耦合而成的复杂系统，其发展受利益驱动机制和生态平衡机制的双重制约；在复合机制的支配下，企业集群的演化态势呈现复杂的行为和轨迹。喻小军和谭建依据生态系统之间竞争与相互依存的特征，建立了企业集群的竞争与合作相互作用的模型，并讨论了企业集群的竞合效应。魏剑锋认为，企业集群与生物种群现象之间有类似性，集群中的企业之间、集群与环境之间表现为竞争与共生关系。在这种促进与制约关系的基础上，集群通过改变环境、共同行动、繁衍生息等行为表现出生存优势并按特有规律发展演化。刘友金和王国明运用行为生态学中的理想自由分布和生境选择的进化稳定对策基本原理，建立了企业集群边界稳定的博弈模型，既分析了单个企业集群边界问题，又分析了两个企业集群边界和多个企业集群边界问题，并讨论了集群边界条件的参数变动对集群扩张和收缩的影响。朱红伟通过对产业生态化本质及其产生时代背景的探讨，指出：传统经济导致了以过度消耗资源和牺牲环境来支撑经济增长的产业发展模式的存在，而以产业生态化为目标的产业发展模式既是社会经济持续、健康发展的物质基础，又是实现人与自然和谐和可持续发展目标的有力保障，它要求产业结构的优化和升级不仅要满足社会经济发展的内在要求，同时又要确保经济发展不会损害其生态基础，从而使经济发展具有长期的可持续性和合意性。

（二） 有关网络组织的研究成果

对网络组织的研究也受到了国内学者的广泛关注，他们从经济学、管理学和社会学的角度对网络组织的含义、表现形式、运行机制、管理模式等各个层面进行了大量的研究。邱泽奇指出：由等级组织构成的工厂化模式在当代网络结构日趋发达的社会中已显得不太适应，网络化是组织发展的可能途径。赵红岩（2001）提出了亚市场理论：①研究企业交互关系中的"中间规则"；②研究网络内企业的市场地位和功能，依托于亚市场，网络内企业将有效地提升综合能力，进而提升区域竞争力。罗仲伟认为，等级组织具有某些难以克服的弊端，诸如组织成本越来越高、组织效率日渐低下、科层化阻碍创新、容易滋生腐败等缺点，因此，网络组织作为合理的替代形式，必然会逐渐取代等级组织。王耀忠从电子商务角度，运用定量方法对网络组织的结构特征和协调机制加以研究，提出了网络组织运行风险的控制框架。喻红阳综合利用学习理论、组织理论、组织行为学理论、系统论、管理学等理论与方法，从集成的角度来探讨网络组织成功运行的可能，将网络组织中各节点企业的源、信息、知识等要素进行整合、集成，从而实现建立网络组织的最终目标，获得协同效应。洪军将网络组织实体之间的相互作用看成一个博弈过程，创建网络组织的博弈描述，用动态博弈 Stackelberg 模型证明，网络组织的实体通过合作，不仅能够增加合作体的利润总量，而且能增加参与合作个体的利润总量，按照 Shapley 值方案分配合作获得的收益具有很好的公平性与合理性，因而能使网络组织合作长期、稳定地持续发展。闫二旺根据网络组织成员之间的相互关系及地位，把网络组织分为有盟主的网络组织和无盟主的网络组织。喻卫斌通过对不确定性的属性、分类及基本前提的分析，研究了不确定性和企业理论的演进，循着"确定性 – 参数不确定性 – 结构不确定性"及"企业同质性假设 – 企业异质性假设"这样一种理论轨道和逻辑联系，分析网络组织的形成和选择，界定网络组织的性质、特征及其边界等问题。周红梅主要将网络组织的有关理论引入产业竞争力研究领域，分析网络组织的价值及提升制造业产业竞争力的机理，并分别以战略联盟、供应链联盟、动态联盟以及产业集群作为网络组织的四种典型模式，对这四类网络组织的价值、提升制造业产业竞争力的机理、影响组织绩效的主要风险以及风险规避进行了研究。彭文慧通过缔造无边界企业以使集群的活动主体更具活力，进而提高集群组织的弹性和对外部环境变化的适应性。朱礼龙、周德群认为，网络组织模式可分为存在核心企业的网络组织模式和不存在核心企业的网络组织模式。前者主要包括下包制、虚拟组织以及供应商行业的模块化等形式；后者主要包括战略联盟、企业集群以及近年来引起广泛关注的有政府参与的"产、学、研"的大联合等形式。网络组织模式的演化是一个渐进的过程，且有其内在规律。

总之，无论是国外还是国内，无论是企业集群还是网络组织，初期的研究仅仅局限于定性方面，如对企业集群和网络组织的概念、优点和必要性的认识，以及企业集群和网络组织的社会性和信息化等。即使研究较多的虚拟组织也多是从技术上的实现来研究；后期的研究重点，大多集中在中小企业集群创新和生态演化研究方面，以及网络组织的内部结构协调方面。例如，许多人认为企业集群和网络组织均是一个非线性动力系统，它们的发展具有类似生物进化的特征。但对于企业集群与网络组织二者关系的研究还相当零散与薄弱，对二者的研究更多的是做单线分析，还缺乏结合的视角。

与企业集群相比，对网络组织的研究，历史更短，基本上还处于起步阶段。虽然很多人把网络组织看成一个学习型组织，是各成员企业之间的博弈过程，具有自组织性，并对网络组织进行了类型分析等，但就目前来说，对网络组织的研究依旧是一个不断发展、尚无定论的课题，甚至连一个公认的定义也没有，更别说它与企业网络、企业集群等概念的区分了。许多问题如网络组织的产生机理、网络组织自组织性的原因、网络组织面临的风险、网络组织的结构优化等，还处于正待深入研究阶段。这主要因为网络组织是一个比单个企业更为复杂的、动态的系统。正如对单个企业的研究具有复杂性和系统性一样，对涉及更多企业集合的网络组织的研究也具有复杂性和系统性，甚至比对单个企业的研究更加复杂，更加难以把握。网络组织产生的系统是一个复杂的大系统，不仅有组织内的管理，更有组织之间的协调、集成和管理。

从实践上看，各级政府在制定相关经济政策时，仅仅推行中小企业集群战略，不重视网络组织的作用，更缺乏将二者结合起来的思维，不仅不利于网络组织的发展，而且也不利于中小企业集群的发展。由此可见，对二者展开比较和深入分析，不仅有利于加深对企业集群和网络组织的理论认识，而且有利于促进二者在实践层面的健康发展，为各级政府制定相关经济政策提供借鉴。

第四节　研究的相关理论基础

一　网络经济学理论

不可否认，网络正在改变着世界，改变着人们的生活方式、工作方式，也改变着企业的经营管理方式、市场结构等。网络经济正以其前所未有的成长速度成为推动世界经济增长的强大动力。网络经济的物质载体是信息和知识。具有信息和知识优势的企业，其核心竞争力将连续不断地快速创新。

网络经济学主要研究在网络经济下资源有效配置和利用的问

题，以及网络经济发展中遇到的种种经济问题。进入网络时代，协同竞争将发挥越来越重要的作用，因为不合作就不能互联，也就没有竞争，合作竞争和创新竞争将成为主流。企业开始从单纯强调竞争向合作竞争转变；从等级分明的科层管理组织向企业网络化管理组织转变。网络经济促使企业变革战略思想、管理理念、运行方式、组织结构，以提升其竞争力。网络在给企业之间的竞争增大游戏空间的同时，也在改变着企业，如企业内部网络正在改变着企业内部人、财、物之间传统的连接和沟通方式，而企业外部网络正在改变着企业及其上游企业、下游企业乃至一般顾客的连接和沟通方式，互联网为企业间的竞争提供了一个全球性的舞台。企业的网络化加快了企业国际化的进程，企业之间竞争的深度和广度得到了极大增强。这些都将促使企业组织结构和运行方式的一系列变化。

二　供应链管理理论

供应链是生产及流通过程中，涉及将产品或服务提供给最终用户活动的上游与下游企业所形成的网络结构。在这个网络中，每个贸易伙伴既是其客户的上链环节供应商，又是其供应商下链环节的客户。最初从企业内部成长到外部延伸形成的供应链，从供需方直接进行物流管理到引进第三方物流服务提供商，体现了供应链经营主体能动的功能集成、信息集成和过程集成，不仅需要供应链中具有一定制造、物流、信息等实力的经营主体把握这一过程，而且需要供应链信息技术平台给予支持。供应链所体现的集成过程，也是跨产业、跨企业、跨部门的资源整合过程。这一过程从基于成本、质量到基于时间因素的竞争，促使商流、物流、信息流逐步形成一体化运作体系。随着供应链理论与实践的发展，企业靠单打独斗不足以在目标市场竞争中取胜，需要相关企业结成优势互补、强强联合的竞争伙伴，形成柔性、快捷、集成、高效、增值的供应链运行结构。因此，与一般性物流管理相比，供应链管理更侧重于企业间的业务流程和成员联盟关系，注重调整供应链中的企业行为，进行超组织管理活动，进而通过供应链运作取得对每一个成员来说都是更好的综合效益。从物流到供应链发展所体现的不仅是产业链、功能链的联结，而且应当是一条完整的价值增值链。

三　价值链理论

价值链理论出自迈克尔·波特，他认为，如果把企业作为一个整体来看，无法识别企业的竞争优势，而竞争优势来源于企业在设计、生产、营销、交货等过程及其辅助过程中所进行的许多相互分离的活动。这些活动中的每一种都对企业的相对成本地位有所贡献，并且奠定了标新立异的基础。创造价值的过程是由一系列的活动组成的，每一项经营管理活动构成价值链条的一个环节。对企业来说，由于技术水平、经营管理及中心业务不可能在每个环节都具有同样的水平。因此，选择企业最优的环节集中提高，把其他环节的业务外包，不仅可以加强价值链的各个环节，还可以解决专业化程度不高的问题。供应商拥有创造和交付企业价值链所使用的外购输入的价值链（上游价值）。此外，很多产品通过一些渠道的价值链（渠道价值）到达买方手中。渠道的附加活动影响着企业买方，也影响企业自身的活动。企业的产品最终成为买方价值链的一部分。

在某一产业里，企业的价值链千差万别，这反映了它们各自的历史、战略和实施的成功。一个重要差异是在竞争景框里一个企业与其竞争对手的价值链有所差别，代表着竞争优势的一种潜在资源。各种活动集成的程度对竞争优势起着关键的作用，协调一致的价值链将支持企业在相关产业的竞争中获取竞争优势①。

四 客户关系管理理论

客户关系管理（Customer Relationship Management，CRM）来源于关系营销。1982 年，贝利率先提出了"关系营销"概念，正式揭开了理论界研究客户关系问题的序幕。随着营销观念由生产观念、推销观念向市场营销观念、社会营销观念转变，企业的经营重心已经逐渐实现由"产品导向"向"客户导向"的转移。客户关系管理就是源于这一特定竞争环境下的卖方策略。客户关系管理理论强调：在市场竞争的压力下，制定与实施客户忠诚管理策略，为客户提供综合性、差异化服务，履行高度的顾客承诺，是企业保持与顾客长期、双向互动关系的重要保障。它的含义包括四个层次：首先，客户关系管理是企业的一种经营哲学和战略；其次，客户关系管理实现企业和客户之间的双赢，即在企业价值最大化和客户价值最大化之间实现动态的平衡；再次，客户关系管理表现为企业和客户的互动管理关系，以实现全情景价值的最优化；最后，客户关系管理的手段是因特网和数据挖掘工具，以实现差异化和个性化服务。到目前为止，客户关系管理理论的发展大体经历了三个阶段。第一阶段（20 世纪 80 年代），研究的重点是识别和测度客户满意并谋求最大化；第二阶段（20 世纪 90 年代），研究的重点是客户满意和主要客户行为之间

---

① 迈克尔·波特：《竞争优势》，陈小悦译，华夏出版社，1997，第 36 页。

的关系；第三阶段（2000 年以后），研究的重点是客户满意、服务质量与利润的关系，企业开始把客户关系成本与客户价值联系在一起，强调客户终身价值的最大化。

五　核心竞争力理论

进入网络时代，市场的复杂性大增。企业如何提高对环境的适应性，成为其生死攸关之所在。为此，普拉哈拉德和哈默尔提出了核心竞争力理论。企业为了获得比单纯利用内部资源更多的竞争优势，将其非核心业务交由合作企业完成，以充分利用其外部最优秀的专业化资源，从而实现降低成本、提高效率、充分发挥自身核心竞争力以及增强企业对环境的迅速应变能力。业务外包的企业首先必须确定企业的核心竞争力，把企业内部的治理和资源集中在具有核心竞争力的业务上，然后将企业的非核心业务外包，从而保持企业的核心竞争力。外包战略的实质是企业重新确定自身的定位，截取企业价值链中比较窄的部分，缩小经营范围，重新配置企业的各种资源，将资源集中于最能反映企业相对优势的领域，构筑自己的竞争优势，获得使企业持续发展的能力。

第五节　研究方法、技术路线和本书框架

一　研究方法

（一）理论分析与实证分析相结合的研究方法

理论分析和实证分析是科学研究的主要方法。本书将在理论分析的基础上，运用统计资料说明理论分析的过程和结果，以进一步剖析问题、解决问题。

（二）"以小见大"的研究方法

本书的研究思路是"以小见大"，即通过对网络组织中成员企业共生性分析来探寻区域经济协调发展之路。网络组织共生研究属于一项中观研究，通过建立企业边界的塑性变形模型来研究网络组织中企业边界的模糊性，并运用该模型对网络组织共生方式和规律进行探讨，以求在中观层面为企业集群升级提供理论上的指导。同时，企业集群升级又与区域经济发展高度相关，因为它不仅涉及本地区经济的发展，而且通过产业转移和扩散效应，还涉及其他地区经济的发展，本书对二者进行了有机融合。

二 技术路线

本书的研究思路是：企业通过不断地分形，使单个企业发展为企业网络，企业网络的聚集效应产生企业集群，企业集群在其扩散效应（先）和聚集效应（后）的共同作用下进而产生网络组织（见图1－2）。网络组织是建立在信息技术之上，由多个独立的企业为了共同面对日益复杂的竞争环境，在多次重复交易过程中所形成的一种协作团队。它既具有整体涌现性，表现为成员企业的优势共生产生集体利益，又具有一定的脆弱性，表现为成员企业的相互摩擦产生共生风险。网络组织的共生风险将对网络组织的稳定性产生一定程度的影响，所以有必要对其再进行稳定性分析，以找出风险产生的根源，然后加以改进。网络组织不同于企业集群之处在于它跨越了地域。从表面上看，它实现的是企业之间的合作，而实质上它实现的是区域经济之间的合作，所以对网络组织共生的研究还必须从宏观（区域经济协调发展）上加以考虑。

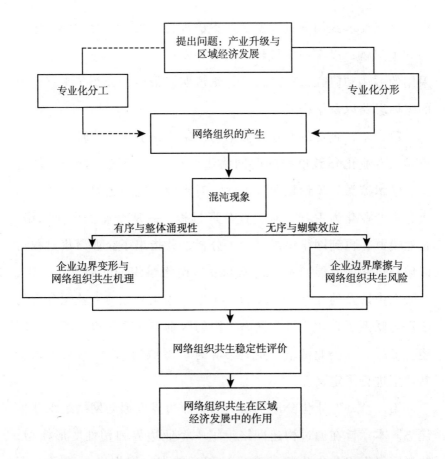

图 1-2 专业化"分形"视角下的网络组织共生研究技术路线

三 本书框架

本书各章节的内容安排如下。

第一章,绪论。本章旨在提出论文所要研究的问题,并说明研究方法和研究过程。本章首先提出需要研究的问题,即企业集群在聚集过程中所带来的产业同构化和地区发展不平衡性问题。其次,对企业集群和网络组织的研究现状和前沿问题进行综述。与企业集群相比,对网络组织共生问题的研究不多,系统性也不强。这就要求我们通过借鉴企业集群理论，进一步分析网络组织的共生问题，以实现区域经济的协调发展。再次，对研究过程中采用的方法和研究过程进行了详细说明。最后，介绍了本书研究的整体思路以及结构安排。

第二章，企业的专业化分形与网络组织演化。本章研究的重点是从专业化分形角度阐明网络组织的产生问题。首先，从定义、学术流派、理论根源等方面，对企业的起源进行了综述。其次，以专业化为主线，对企业分形过程——从企业到企业网络、企业集群，再到网络组织进行了分析，并指出了企业聚集过程对区域经济和谐发展的不利影响和发展网络组织的必要性。再次，对研究中涉及的几个核心概念，包括专业化分工与专业化分形的区别与联系、企业集群和网络组织的区别与联系等进行了一一阐述。最后，以企业网络、企业集群为"参照物"，对网络组织及其共生进行了定义。

第三章，专业化分形视角下的企业边界变形与网络组织共生优势。本章旨在通过构建网络组织中企业边界弹塑性变形模型，解释网络组织共生优势的产生过程。首先，根据产生路径的不同，本书把网络组织分为内生生长型网络组织和凝聚生长型网络组织。不管是内生生长型网络组织还是凝聚生长型网络组织，环境压力都将导致企业之间产生模糊地带。模糊地带的稳定与否直接关系到企业抗御风险能力的大小。在模糊地带组建跨组织团队，并对其进行有效的管理，能够增强整个网络组织的稳定性。其次，依据弹塑性变形理论建立企业边界的弹塑性变形模型，具体分析企业"免疫力"增强的过程。这一过程促使企业势能转化为动能，产生整体涌现性，从而实现网络组织的共生。

第四章，专业化分形视角下的网络组织摩擦与共生风险。本章旨在通过对网络组织中成员企业之间摩擦的分析，揭示网络组织面临的共生风险问题。为此，本章首先介绍了网络组织摩擦产生的原因。网络组织摩擦缘于成员企业的经济人行为和外界环境的压力。摩擦有利有弊，有些摩擦，如建设性冲突等，能够在网络组织内部形成"鲶鱼效应"，减缓外部压力对网络组织的冲击和影响，推动网络组织不断发展，它说明企业为了规避市场风险，必须依靠集体的力量；有些摩擦，如人际冲突、本位利益等，可能会给网络组织带来很大的威胁，这说明摩擦还会导致网络组织在运作过程中产生各种各样的共生风险。

第五章，网络组织共生稳定性分析。本章旨在通过对网络组织进行模糊可靠性分析，阐明网络组织的共生稳定性问题。本书结合模糊数学理论和可靠性理论，应用于企业的组织管理活动中。一方面，通过构建网络组织的模糊可靠性数学模型，说明企业边界模糊性为自"极大功能"到"极小功能"中任一模糊子集时，各类型网络组织的模糊可靠度、模糊故障率和模糊平均寿命之间的关系；另一方面，通过运用模糊综合评判方法，将影响网络组织稳定性的各种因素综合在一起，予以量化，以评价网络组织共生状态。

第六章，专业化分形实证与网络组织共生在区域经济发展中的作用。本章首先运用 R/S 和多重分形的方法论证了因企业聚集所导致的我国区域经济发展的不平衡性，并分析了不同地区的企业演进轨迹及区域经济发展差异化的原因。其次，结合 1997 年和 2008 年两次世界金融危机，剖析了我国中小企业在外界不同的打击力度和方式下显现的鲁棒性和脆弱性强弱不同的问题，提出企业集群必须改变自己的关联方式，大力发展网络组织，进一步控制利润较高的产品研发和营销环节。最后，从网络组织的共生性出发，解释了区域经济协调、平衡发展的路径选择问题，认为网络组织共生有助于优化各地区、各企业的生产要素组合，提高资源的利用效率，走集约化经营之路，实现区域经济的和谐发展。

第七章，基于协同学的专业化分形：优势共生。本章首先对协同学的基本理论知识进行了阐述，其主要内容是协同的三大原理——自组织原理、协同效应原理、支配原理。其次，通过寻找专业化分形与协同学的契合点，论证成员企业的协同效应能够增加网络组织的有序性，并以江苏省、浙江省为例进行了实证。最后，通过协同学原理说明专业化分形的存在基础、发展基础、演化基础。

第八章，基于循环经济的专业化分形：产业生态共生。本章首先阐述循环经济的产生背景及其基本内涵，并说明其在我国的应用情况。其次，通过分析专业化分形与循环经济的相互关系，来论证绿色需求对专业化分形的引导作用。最后，以热力学为视角，分析专业化分形的实现方式——产业生态共生，并通过实例加以证明。

第九章，网络组织的实现方式。本章从四个方面：战略联盟、连锁经营、供应链管理、业务外包，论证网络组织的实现方式——战略联盟式网络组织、连锁经营式网络组织、供应链式网络组织、外包式网络组织。它们既可以通过合约形式合作，也可以通过股权形式合作，以突破企业自身资源和能力的限制，达到利用市场机会的目的。

第十章，结论与展望。本章旨在概括总结本研究的主要结论，说明研究的理论和社会实践意义，指出本书的不足之处，并展望今后需进一步研究的问题和方向。

第六节 本书特点和创新之处

一 本书特点

(一) 关注企业的中观和宏观层面

对企业的研究，主要分为三个层面：宏观、中观和微观。宏观层面研究主要关注企业发展对区域经济发展的影响；中观层面研究主要关注企业间的联系，包括系统的结构及其演进；微观层面研究则主要关注企业的成长。

(二) 研究方法与众不同

本书以企业的专业化分形为主线，综合运用了摩擦学、混沌学、模糊可靠性等复杂性科学分析工具和方法。

(三) 具有时代性

本书紧密结合当今社会的热点和难点问题，如由美国次贷危机引发的世界性经济海啸和在此海啸中我国东部沿海地区企业集群面临的困境，说明企业集群升级问题和构建网络组织的必要性。

二 本书创新点

(一) 从数学分形视角构建了企业的专业化分形模型，揭示了企业演化的动因和网络组织的产生

已有研究大多认为网络组织的产生是基于专业化分工，而本研究发现网络组织的产生缘于企业的专业化分形，是创业者对市场机会追逐的结果。首先，创业者的创业行为产生企业和企业集群。其次，企业集群因受资源的限制而发生转移和聚生，生成新

的企业（集群）。最后，原企业集群和新企业（集群）通过共生产生网络组织。

（二）构造了基于企业边界塑性变形的网络组织共生模型，揭示了企业间的相互作用规律与网络组织共生优势

与已有的企业间共生模型不同，本书利用摩擦学和弹塑性力学理论描述了企业之间相互作用的机理，刻画了企业边界的模糊性程度对网络组织共生性的影响。研究发现，企业边界的塑性变形是网络组织产生的基础；在一定范围内，随着企业边界模糊性的增加，网络组织的共生性将逐渐增强。

（三）引入模糊可靠性分析理论，构建了网络组织的共生稳定性评价模型

为提高企业间的协作力提供了量化的依据，丰富了企业竞争优势的研究工具。研究发现，网络组织的共生稳定性不是成员企业稳定性的简单累加，而是与网络组织结构有关，即不同的网络组织类型有不同的共生稳定性。该结论从个体层面上解释了网络组织所呈现的整体结构特征。

第二章 企业的专业化分形与 网络组织演化

纵观整个经济研究发展史，在新古典企业理论中，企业家隐含地被认为是企业的人格化代表，具有经济人行为，追求的是利润最大化。该理论使用边际分析工具，即以边际收益等于边际成本决定企业的生产规模。但在实践中，人们发现企业家并未按照边际主义原则制定价格和产出政策。为此，科斯提出了既符合现实又易于操作的交易成本理论。杨小凯在斯密专业化分工理论的基础上，运用超边际分析方法，解释了企业网络的形成。波特则是从竞争优势理论角度去研究企业集群问题。网络组织的产生缘于传统科层组织的困惑和网络经济时代的呼唤，它抛弃了传统科层组织主要依赖权力指挥与协调的方式，而更多地运用成员间共同遵守的规则或契约规范组织活动。所以，网络组织的演化大致经历了四个阶段：企业的产生、企业网络的形成、企业集群的盛行和网络组织的出现。

第一节 企业的产生

交易成本是新制度经济学的一个基础性概念。交易成本理论是新制度经济学的理论支柱之一。新制度经济学理论认为，企业经济规模的形成、不同管理模式下的效益差异和不同经济制度下产生的不同经济绩效，其根源都在于交易成本的制约。交易成本理论发展经历了两个阶段：一是初期的交易成本理论，它按照是发生在企业内部还是发生在企业之间对交易进行分类，以科斯的《企业的性质》为代表；二是后期的交易成本理论，它研究的是交易成本优势问题，即在有限理性和机会主义行为的约束下，不同的外部与内部组织形式所具有的交易成本优势，以威廉姆森的交易费用理论为代表。

一　科斯的交易成本理论

科斯以前的企业理论，虽然认为企业规模的大小与效率有着密切关系，即存在"规模经济"，但无法解释"规模不经济"现象。科斯认为，在一个交换的经济中，除价格机制配置资源之外，还存在着企业、政府等其他方式。市场价格机制的运作要花费成本，科斯称之为"交易成本"。其大小影响人们对不同资源配置方式的选择。同样，通过企业这种制度形式来配置资源也要花费成本，它主要包括管理成本和协调成本，如与合作者交流、商谈并制定协议，监督员工的工作表现，惩处表现不佳的组织成员等，被称为企业的组织成本。人们选择何种方式配置资源，取决于上述两种成本的高低。如果交易成本高于企业的组织成本，则人们将会选择企业这种形式来配置资源；如果企业的组织成本高于交易成本，则人们将会选择直接利用市场机制配置资源。

科斯通过使用交易成本概念动态地分析了企业的规模不经济问题。首先，企业的组织成本将随着企业规模的扩大而增加，成本的增加到达某一个量值的时候，就会同由规模经济带来的收益持平，超过这个临界点之后，再扩大企业规模，收益可能减少。也就是说，市场与企业的界线是由以下原则决定的：当一个企业扩张到如此规模，以至于在企业内再组织一项交易所引起的组织成本等于别的企业组织这项交易的成本，也等于市场机制组织这项交易的成本时，企业与市场的界线就确定了。据此可以说明企业边界的扩张组织成本大于别的企业组织这项交易的组织成本，则这项交易就应由别的企业组织来完成①。

在新古典经济学里，交易活动不具有稀缺性，假设其成本为零。科斯的《企业的性质》对此进行了实质性的突破，认为交易活动是稀缺的、可计量的、可比较的，因而把它纳入了经济学研究的轨道，解决了企业存在的理由及企业规模的问题。

二　威廉姆森的交易费用理论

威廉姆森继承了科斯的交易成本观点，并把它运用于经济组织的合约问题上，区分了签约前交易成本和签约后交易成本。与此同时，他还较系统地分析了交易成本产生的原因。威廉姆森引入了不确定性理论，以说明不确定性是产生交易成本的重要因素之一。不确定性包括市场的不确定性、知识供给的不确定性、对事物评价的不确定性等。为了减少这类不确定性对市场造成的影响，就会产生成本。这种防止、减少"不确定性"的成本构成了交易成本的一部分。

威廉姆森的交易费用经济学有两个行为假设：机会主义和有限理性。机会主义是指人具有投机取巧，为自己谋取最大利益的

---

① 朱琴芬：《新制度经济学》，华东师范大学出版社，2005，第107页。

行为倾向。利己是经济人的行为特征，如企业在签订契约时，可能会隐瞒一些至关重要的信息；在执行契约时，可能会借意外之事，迫使对方谅解；在处理合约纠纷时，可能会产生"寻租"，以种种理由"判"对方失约。机会主义产生的主要原因是经济人的有限理性，与由此产生外部经济效应和信息的不对称性。要对付各种各样的机会主义行为，必须付出代价，这些代价也构成了交易成本的一部分。

资产的专用性是指在不牺牲其使用价值的前提下，某项资产能够被重新应用于其他替代用途或是被替代使用者重新配置使用的程度。只要资产具有专用性，大量的竞争者介入其中的事前报价竞争就会被垄断性的讨价还价的事后状态所取代，威廉姆森称之为根本转换，即开始时大量的报价条件将会在其后有效地转换成双边供应的一种，呈双边依赖的状态。当市场进入被禁止或至少是受限制的情况下，就会有专用的垄断租金。而当专用化资产一旦为一个特定的使用者所用，则可能只有以一个较高的成本才能转做他用时，专用的准租金就会产生。资产专用性容易形成资产的沉没成本。沉没成本的出现，意味着企业退出需要付出高昂的成本。交易费用理论认为，资产专用性之所以决定企业的边界和规模，是因为它具有专有性。

三 交易费用理论的拓展

（一）交易费用理论的缺陷

交易费用理论不是从劳动分工的角度，而是从交易的角度分析资产专用性和企业的产生问题。在威廉姆森看来，只有支撑交换的基础是双方各自专用性资产的重大投资时，双方才能进行互利贸易。对一个生产者来说，交易之所以能够成功，最关键的条件就在于资产专用性。所以，人们迫切需要建立组织，原因就在于把各种交易组织起来，才能经济地运用有限的理性（即有限的能力），同时又能保护他们自身免受投机行为之苦。这就需要把单个生产者组织在企业之中。

交易成本理论否定技术进步能够决定企业边界。威廉姆森认为，技术决定论的前提是不存在的，促使人们做出一体化决策的原因并不是技术，而是实行垂直一体化才能节约交易成本，所以交易成本取决于资产专用性。进一步分析，资产专用性又是由什么因素决定的？同一资源为什么在不同的企业具有不同的资产专用性呢？面对产品及其生产过程的复杂性，威廉姆森对资产专用性的理论解释仅停留在机械技术主导的规模生产时代，以静态的观点看待资产专用性，忽略了它的时代特征。

（二）"模块化"交易费用理论

信息技术的飞速发展，导致市场竞争发生了深刻的变化，主要体现在：①信息技术可以降低资产的专用性，扩大产品的消费群体。②信息技术可以降低交易成本，既包括企业的交易成本也包括顾客的交易成本。③信息技术可以减少企业和顾客之间的信息不对称性程度。不仅如此，信息技术也对企业的组织成本产生了很大的影响，既提高了企业的运行效率，又降低了企业的管理成本。但总体来说，其降低的幅度要小于企业的交易成本，所以企业的边界呈减小之势，以加强自己的核心业务和能力，而那些非核心业务脱离于原企业，或独立，或被收购，结果企业逐渐被模块化，并各自占据价值链条中的一个或几个环节。根据模块化原则，模块和模块之间的连接，不同于一体化形式，表现在：①每个模块都有自己独特的功能，其专业化程度高于一体化形式的各个元素。②模块连接比一体化元素之间的连接更简单，虽然其内部的结合力下降，但灵敏度提高了。所以，模块化结构的特征是元素功能上的独立性和连接上的可分解性。模块化结构可以通过替代的模块进行重组，不但不会破坏系统的整体功能，还可以强化它[①]。

此外，模块化结构的技术特征是协同非专用性。其含义是：在模块之间的统一连接和单个模块具有一个独特功能的条件下，模块之间是可替代或可互换的，因此模块是非专用的。协同非专用性不是指非专业化，而是指在可替代性的支配下，某个专业化的功能并非为一个元素所独有。模块化的协同非专用性提高了企业的柔性，利用模块的可替代性能够组合出性能不同的"产品"，模块化结构的个性化程度更高[②]。由此可见，企业模块化变形对企业交易费用的影响是深刻的，从而催生了新的市场运行模式即企业网络。

第二节　企业网络的形成[③]

专业化分工是一个历史过程，最早的专业化分工出现在原始社会末期。随着社会的发展，社会上有了七十二行、三百六十行。到目前为止，我国的行业已发展到 2000 多种。近十年来，它以平均每年 30 种的速度递增。专业化分工不断推动行业向广度和深度发展，由点到线、到面，纵横交错，杨小凯称之为分工网络（见图 2-1）。

---

① 侯若石、李金珊：《资产专用性、模块化技术与企业边界》，《中国工业经济》2006 年第 11 期。
② 侯若石、李金珊：《资产专用性、模块化技术与企业边界》，《中国工业经济》2006 年第 11 期。
③ 朱其忠：《解读杨小凯专业化分工中的分形和混沌现象》，《淮南师范学院学报》2009 年第 2 期。

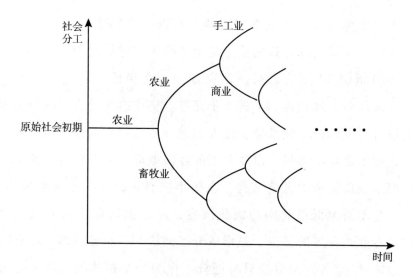

图 2 - 1　专业化分工

一　专业化分工的非线性动力学系统演绎

有关专业化分工的起源以及对经济发展的作用，论述的人较多。在斯密之前，柏拉图、亚里士多德、色诺芬等哲学家，对分工这种经济现象做过分析。然后是斯密，论述了劳动分工的三大好处。17～18世纪，配第、巴比奇、穆勒、马克思、马歇尔等人也先后对分工进行过研究。到1926年，Allyn Young《报酬递增与经济增长》一文的问世，标志着现代分工理论的诞生。Allyn Young 发展了"斯密定理"，第一次论证了市场规模与迂回生产、产业间分工相互作用、自我演进的关系，从而第一次超越了斯密关于分工受市场范围限制的思想。正如他所强调的那样，不重视专业化和分工的问题，就不可能充分理解经济是如何演进的。他认为，"分工"这一概念包含三个方面的内容：一是个人的专业化水平；二是不同专业的种类数；三是生产的迂回度。这三个方面都是通过企业来表现的，所以一个国家（或地区）工业化或经济增长的过程实质上是企业持续演进的过程。

20 世纪 80 年代以后，在罗森、贝克和杨小凯等人的努力下，现代分工理论得到了进一步完善。杨小凯通过将传统分工理论进行严谨的模型化推导，使人们进一步认识到为什么会选择分工，而不是自给自足，以及分工的经济效应。专业化分工甚至衍生出了现代复杂的经济结构。在杨小凯看来，分工是无止境的，是一个不断由低级化向高级化演变，不断由简单走向复杂的过程。专业化分工的结果，是形成分工网络——企业网络，具有网络效应。"这种网络效应只有把分工作为一个整体的条件才能被分析"，整个分工网络在动态中实现最优状态。正是这种无止境的分工导致了现代经济中各种经济组织和经济现象的出现，经济增长也将永恒地发展下去。

从杨小凯的分析中，可见专业化分工的演进过程，一方面不满足线性方程的"叠加"原理；另一方面分工是一个随时间而变化的函数，具有动力学性质。杨小凯认为，专业化分工的动力在于交易费用，交易费用系数越低，分工水平越高；反之，则越低。如果把交易费用看成自变量，则可以得到专业化分工的非线性函数，$F = f\{\chi\}$。整个专业化分工过程是专业化分工函数不断迭代的过程，所以专业化分工是一个非线性动力学系统。

二 专业化分工与网络协调的重要性

专业化分工网络具有两个方面的重要作用：一是加速信息、知识的沟通和交流；二是深化企业间的合作，通过积极发展知识网络和重构价值链，进一步培养企业的核心竞争力，实现标准化和多样化的统一。"随着分工的演进，相对应的交易分层组织的层次数将相应地增加"，企业变成了一个个模块。企业模块化在给专业化分工网络带来好处的同时，也增加了层次纵、横向的协调难度和费用。所以，对于不同的行业、地区或者时点，专业化分工网络也有一个最优规模问题。也就是说，"参数空间能被划分成许多参数子空间，在每个参数子空间有一个角点均衡是一般均衡"。这个一般均衡是相对的，"由于专业化生产加速了经验积累和技能改进，'知识沿空间的互补性'的'溢出效应'，使生产效率进一步上升，经济发展逐步加速，使人们在权衡专业化将带来的报酬和将要增加的交易费用后，认为可以支付更多的交易费用，实现新的分工组织，因而进一步提高了分工的水平。这样，就形成了一个良性循环的过程，使分工演进越来越快"。旧的均衡不断被打破，新的均衡不断产生。分工网络就是在这种不断"打破和产生"的交替中向外扩展，表现为企业数量、商品品种、市场种类数等增加，网络向多样化和复杂性演进。

　　分工网络优化的目标是帕累托最优，它被描述为有效的经济组织，包括有效的分工结构和相关的有效网络规模。无论是局部均衡还是一般均衡，均需要分工网络内部及其之间的相互协调。到目前为止，协调的方式有三种：市场、亚市场和行政组织。不管哪一种方式，不断扩大的网络，使得各种协调变得越来越困难。随着交易效率的提高，均衡及有效率的协调失败的风险也会提高。一旦协调失败，将会导致整个分工网络的失效和经济衰退。

三　专业化分工中的分形特征

　　"分形"（Fractal）一词，首创于 Mandelbrot，其原意是不规则、支离破碎，Mandelbrot（1997）将其解释为组成部分与整体具有某种自相似形式。一般把在空间形态或结构方面存在自相似特征的客体称为"几何分形"，把在形态、结构、功能、信息、能量等方面具有自相似性的客体称为"广义分形"，如喧闹的都市生活、变幻莫测的股市变化、复杂的生命现象、蜿蜒曲折的海岸线、坑坑洼洼的地面等，都表现了客观世界特别丰富的分形现象。

分形产生于一个迭代系统的动力行为，对企业来说，表现为企业的不断生长和繁殖活动。企业的生长和繁殖能力与企业内部员工知识性积累（熟能生巧）的程度有关。个人的专业化水平增加了，迂回生产链的链条个数增加了，每个链条上中间产品的种类数增加了。分工的网络随时间的扩张对每个人可以产生熟能生巧的复合效应，以及不同专家的更专业化的熟能生巧效应，因为随着企业员工知识水平的提高，员工的创新和创业能力会逐步增强，相应的创新和创业风险则会下降，企业的生长和繁殖能力则会不断地提高，"分工网络的演进可以产生加速的增长（起飞）"。所以，专业化分工的演化，其实就是一个企业分形过程，产生分形结构。分形结构是一个复杂的系统，其最大特点是内部的相似性，但该相似性不是简单的线性相似，而是非线性、随机性或耗散性相似。我们前面讨论的模型是存在许多对称性的，非对称和分层组织能够从一个所有人在所有方面是事前相同的同质和对称的经济中出现。

四 专业化分工中的混沌现象

"企业从分工演进中出现"，尽管最初形式很简单，但经 n 次迭代以后，其函数性质不仅变得很复杂，而且当 $n \to \infty$ 时，还会出现许多意想不到的动态行为——企业的聚集、扩散和网络效应。分工是无止境的，是一个不断由低级化向高级化演变，不断由简单走向复杂的过程。不难看到，可能的交易和企业所有权结构的种类数当迂回生产链中的分工水平不断演进会超比例地增长。因此，迭代是复杂的，通过迭代常常把非线性函数的复杂性放大了。

专业化分工能够导致混沌现象的出现。混沌的最主要特点是轨道的不稳定性和对初始条件的极度敏感依赖性。轨道的不稳定性，在杨小凯看来，是"因为各结构之间局部最优决策的不连续性以及信息和决策之间的相互依赖"，表现为一系列无效分工结构实验，"但是没有无效结构和有效结构的实验，社会永远不能知道哪种结构有效哪种无效"。一个系统要进化，要达到一个新的演化状态，应在系统整体稳定的前提下允许局部的不稳定，这些部分不稳定或失衡正是进化的基础。对初始条件的敏感性被称为蝴蝶效应，是指只要系统受到小的扰动，通过逐级、逐层传导，非线性放大这些扰动，从而引起整个系统的动荡，而在对初值的敏感性的反复作用下又形成了系统的复制结构。因为专业化分工一方面对于初始条件敏感依赖；另一方面又在有限范围内运动，这样就会使那些初始状态和速度充分接近的轨道（群内企业发展的路径）以指数速度分离开来。由于轨道自己不能相交，所以这些轨道只能在有限的空间内缠绕往复而形成非常复杂的网络混沌现象。

专业化分工作为一个过程来说，是动态的，但在一定时间内它还具有相对稳定性，处在量的积累阶段。所以，整个分工网络具有若干个吸引子，且每个吸引子都能使分工网络在某个时期内保持相对稳定。杨小凯在分工的动态演进中，把它们称为角点均衡序列或序贯均衡。吸引子是局部分工网络得以稳定的基础。由于分工网络混沌系统存在着复杂的轨迹，所以它不仅"产生"多种空间模式，而且还可能"发展"为一个含学习过程的系统。这个学习系统以市场为纽带，其作用是减少交易费用，提高交易效率。关于提高交易效率方面，杨小凯使用的是决策的超边际比较静态分析和一般均衡的超边际比较静态分析的方法，分析分工如何从局部的帕累托最优过渡到整体的帕累托最优(见图2-2)。

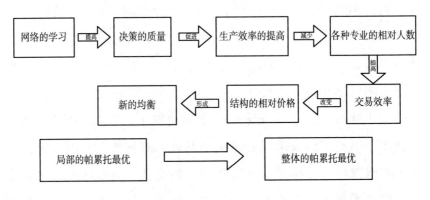

图 2-2　杨小凯关于提高交易效率的分析

分工网络的混沌现象贯穿于专业化分工发展的整个过程，这既有利于扫描各个阶段的发展轨迹——分工的记忆与回想，又有利于拓扑传递——分工的完整性；既有利于初始条件的敏感性——分工的先验对分工网络发展的巨大影响，又有利于轨迹的密集性——分工网络的高度均衡性。

第三节　网络组织的产生

按照传统的理论，交易的产生缘于专业化分工。没有专业化分工，则无交易可言。同样，交易费用也离不开专业化分工，两者相互影响、相互促进。专业化产生了市场，进而产生了交易费用。反过来，"交易费用对分工演进和经济发展有着极其重要的影响，交易费用系数越低，分工水平就越高；反之则越低"[①]。由此可见，传统的企业演进理论仅仅强调交易费用对专业化分工的影响，忽略了企业演进同时还是一个创业者不断追逐市场机会的分形过程。

一　从专业化分工到专业化分形

俗语说，隔行如隔山。一个新企业的诞生，并不是创业者的心血来潮，而是建立在市场机会和对该行业深刻了解基础之上的，甚至有些人本身就是该行业的行家里手。由于种种原因，这些人渐渐地从原企业中脱离出来，创建了自己的企业，从管理者变成了所有者。这些人为何不直接选择创业呢？通常，在一个人对某个行业一无所知的情况下，不仅市场机会少，而且创业风险也最大。随着对该行业的认知和学习的不断深入、专业知识的不断增长，不仅他对市场机会的敏感性提高，其创业的风险也将逐渐下降，最后当风险降到一定程度，他才会走出去，成为"老板"。所以，从某种意义上讲，决定一个人创业的因素有两个：风险和预期收益率。它们均来自市场危机（危险和机会），危险给创业者带来创业风险；机会给创业者带来创业收益。由于经济人的理性行为，创业者总是追求最大的收益率并尽量规避较大的风险。预期收益率等于期末价值与期初价值的差除以期初价值；风险由预期收益率的标准差来衡量。

---

① 杨小凯：《新兴古典经济学和超边际分析》，中国人民大学出版社，2000，第98页。

（一） 创业投资模型

创业投资模型描述的是在市场均衡条件下创业者面临的创业风险与预期收益率之间的关系。用 *VSM* 表示创业亚市场线（Venture Sub-Market），它代表市场均衡时，创业企业与原企业之间有效组合（以下简称"企业合作组合"）的预期收益率与其风险之间的关系。在现代市场经济中，不妨假设任何"单打独斗"企业都是非有效的企业，其总风险包括系统风险和非系统风险，用 κ_{iM} 表示创业企业 i 的预期收益率的标准差与企业合作组合的标准差的相关系数，则可以用 $\kappa_{iM}\delta_i$ 来表示创业企业 i 的系统风险，δ_i 表示创业企业 i 所面临风险的标准差，δ_M 表示企业合作组合所面临风险的标准差，$\bar{r}_i$ 表示第 i 个创业企业的预期收益率，$\bar{r}_M$ 表示企业合作组合的预期收益率，r_f 表示创业者无风险投资的预期收益率。在市场达到均衡时，第 i 个创业企业的系统风险与其收益率之间的关系满足线性关系。

$$\bar{r}_i = r_f + k_{iM}\frac{\delta_i}{\delta_M}(\bar{r}_M - r_f) \tag{2-1}$$

创业企业 i 与企业合作组合的协方差 $Cov(\bar{r}_i, \bar{r}_M) = \kappa_{iM}\delta_i\delta_M$，令 $\beta_i = \dfrac{Cov(\bar{r}_i, \bar{r}_M)}{\delta_M^2}$，则 $\bar{r}_i = r_f + \beta_i(\bar{r}_M - r_f)$，如图 2-3 所示。

这仅仅是创业企业的风险和收益关系。创业企业与原企业或其他客户组合是一个"双赢"的策略，对双方或几方都有好处，所以对企业合作组合来说：

$$\beta' = \sum_{i=1}^{n}\chi_i\beta_i \qquad i = 1, 2, \cdots, n \tag{2-2}$$

其中，χ_i 表示创业企业 i 在与原企业或其他客户组合的合作过程中共享的资源比例。企业合作组合的风险-收益关系，即创

第二章　企业的专业化分形与网络组织演化

业投资模型为：

$$\bar{r}' = r_f + \beta'(\bar{r}_M - r_f) \tag{2-3}$$

β 表示创业企业或企业合作组合的实际收益率的变化相对于市场变化的敏感程度：$\beta>0$ 表示创业企业的收益率变化与市场变化方向相同；$\beta<0$ 表示创业企业的收益率变化与市场变化的方向相反；β 越大，表明创业企业的收益率对市场变化的反应越敏感；$\beta>1$ 表明创业企业的风险大于市场风险（该市场创业者创业的平均风险），当然，其收益率也大于市场收益率；$0<\beta<1$ 表明创业企业的风险小于市场风险，当然，其收益率也小于市场收益率。创业投资模型给每一位创业者提供了一个客观的选择，创业者的投资选择则取决于其个人偏好。新企业不断产生并与原企业相互结成网络的过程，被称为企业的专业化分形。

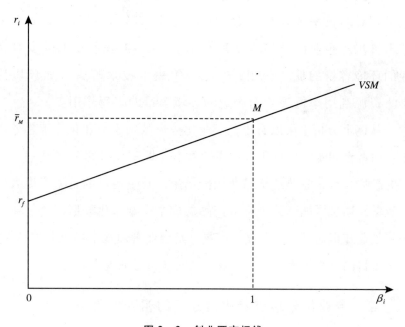

图 2-3　创业亚市场线

（二）专业化分形模型

以上创业投资模型仅仅考虑创业者自身的风险因素，而没有考虑外部环境，如资源限制、交易规模、环境污染、技术进步等因素的影响。在一定的地域范围内，随着企业数量的增加，企业之间的竞争将会越来越激烈，资源和交易规模对企业持续增长的阻滞作用将越来越显著，表现为企业数量增加的边际递减规律，并有一个极限值，设为 x_M（最大的环境容量），则专业化分形模型为：

$$x_{t+1} = Rx_t(1 - \frac{x_t}{x_M})^{\frac{1}{\alpha}} \qquad (2-4)$$

其中，x_t 是 t 时刻某地区企业的数量或密度，$0 < x_t \leqslant x_M$，$x_t = 0$ 在此没有实际意义，原因在于某一地区第一个企业的产生带有很大的偶然性，x_M 是该地区在交易规模、资源等一定的条件下所能容纳的最大企业数量；R 是创业投资因子，可以用企业数量相对增长率来表示，$R \geqslant 0$；α 是技术影响因子，$\alpha = 1$ 表示技术进步对企业的环境容量没有影响，$\alpha > 1$ 表示技术进步对企业的环境容量的促进作用，$0 < \alpha < 1$ 表示技术落后（如环境污染、资源利用率低等）对企业的环境容量的阻碍作用。

从以上分析中可以看出，专业化分形区别于专业化分工之处在于：两者看问题的角度不同。专业化分工是科学技术发展到一定阶段的产物，是企业节约交易费用的结果，其主要目的是为了提高生产效率，通过增加产量来降低产品的成本；专业化分形则是创业者积累创业知识达到一定程度的产物，是创业者追逐市场机会的结果，其主要目的是为了增加个人的收入和实现自己的理想。

二 专业化分形与专业化分工的相互作用

专业化分形与社会分工是相辅相成的关系，一方面，专业化分工促进了专业化分形的产生；另一方面，专业化分形也将进一步促进社会分工的深化，使其发生新的变化，改变过去传统的企业之间的交易关系，产生更高级的合作形式。

（一）专业化分工促进了专业化分形的产生

分工是劳动社会化和生产力发展水平的重要标志。分工能够促进生产力的发展；反过来，新的生产力也会引起分工的进一步发展。一般情况下，生产力越发展，专业化分工越细，生产专业化程度越高，一国的经济发展水平也就越高。马克思把分工分为三类：一般的分工，如农业、工业等；特殊的分工，如生产大类分为种和亚种；个别的分工，如工场内部的分工。一般的分工和特殊的分工统称为社会内部的分工，个别的分工属于企业内部的分工。专业化分形是专业化分工发展到一定程度的产物，属于特殊的分工，既是企业与企业之间所进行的分工，也是企业内部的分工发展到一定程度，企业的某一部分独立化为一个企业，如一个工厂的铸造车间发展为一个专业的铸造厂，运输部门发展为一个物流公司等。专业化分形的过程，是生产的社会化过程，实质上就是把产品的各种加工过程彼此分离开来，划分并独立化为越来越多企业的过程。

（二）专业化分形促进了专业化分工的深化

专业化分形的结果，改变了由专业化分工所带来的企业之间的无序状态，产生了企业之间的有序结构，使社会生产成为一个有机的整体，因为越来越细的专业化分工把社会生产分解为各个独立的专业化生产企业，而协作则把这些专业化的企业连接成一个完整的社会生产体系。分工和协作是相互联系、相互影响的，分工是协作的基础，没有分工就无所谓协作；协作是分工的条件，没有协作就不可能进行分工。企业之间的协作是一个由低级到高级的发展过程。企业之间不同的协作形式，标志着专业化分工和生产力发展的不同阶段。在市场经济发展初期，企业之间的协作仅仅依赖于交易关系；随着市场经济的发展，企业之间的协作日益加深，从分散逐渐走向集中。合作可以大大提高劳动生产率，节约单位产品社会必要劳动时间的消耗。马克思说过："时间经济以及有计划地分配劳动时间于不同的生产部门，仍然是以集体为基础的社会首要的经济规律。"① 生产分工越发展，单位产品劳动时间的消耗越少，劳动生产率就越高，这是因为生产分工是生产过程各个阶段和整个产品各个部分分离的结果，该分离可以提高整个产品的各个部分的劳动生产率，而各个专业化企业相互协作，共同生产某种产品，又会创造出新的生产力。所以说，专业化分形能够促进专业化分工的深化。

三 科学技术对专业化分形的影响

专业化分形离不开科学技术的发展。列宁说："技术进步必然引起生产的各部分的专业化、社会化，因而使市场扩大。"② 一方面，现代科学技术的发展日新月异，促使新的生产工具、新的生产工艺、新的原材料等不断出现，这必然伴随原有的工业部门日益分解和新兴工业企业的不断产生，产品向日益多样化发展，消费者多样化需求的满足程度不断提高；另一方面，新技术的广泛应用，产品结构和生产的复杂程度逐渐增加，这些只有在专业化生产的条件下才能实现，专业化生产也要求有先进的技术

---

① 马克思：《政治经济学批判大纲》（第 1 分册），人民出版社，1975，第 112 页。

② 列宁：《论所谓市场问题》，《列宁全集》第 1 卷，人民出版社，1984，第 80 页。

装备，通过合理的社会分工，组织专业化生产，每个企业仅生产极其复杂产品的某些部分，或仅完成某些工艺过程。两者都将导致企业数量的持续增加。这一过程其实也是专业化分形不断演化的结果，是科学技术的推动所致。

四　专业化分形的自组织现象

专业化分形是企业的一个自组织过程，企业之间的联系发生了一种非平衡相变。通过相变，企业网络发展为网络组织。

（一）开放性

专业化分形导致企业之间的关系不断发生变化，使企业处于远离平衡的非平衡态。远离平衡态是发生非平衡相变的必要条件。企业只有从外界为自己注入物质、能量和信息，维持一定的能量流、物质流和信息流，企业才能维持非平衡态。换句话说，企业如果要想实现非平衡相变，必须是一个开放的系统。反之，一旦终止能量、物质和信息的输入，企业被孤立或封闭起来，它迟早会趋向平衡态。企业从外界获取能量、物质和信息的方式有两种：一是交易；二是合作。交易是一种市场方式，合作是一种共享方式，实现的是双赢。

（二）合作性

专业化分形将导致企业之间不断加强合作。合作是一切相变的客观基础。无论是平衡相变还是非平衡相变，都存在合作现象。在相变点附近，企业中的所有要素都将被卷入行动之中。不同的是，只有在平衡相变时，各个要素是微观层次（指企业）的粒子，导致整体相关的是微观的相互作用。在非平衡相变时，各个要素一般是中观层次（指网络组织）中的基元，导致整体相关的是驱使企业远离平衡态的外部非平衡约束。网络组织具有新相变性质，较之老相变性质的企业网络来说，有显著的改变。这个改变如果没有企业之间的合作行动，则是无法产生的。

（三） 随机性

网络组织作为一种开放的系统，具有耗散结构性质，必然伴随涨落的发生，使之呈现一种随机性。只要系统临近相变点，随之发生的不管是平衡相变还是非平衡相变，涨落的作用都是决定性的。涨落在非平衡态中的重要作用至少有三个：一是在临界点，某随机涨落可能被放大，以致驱使系统在一些对称态中做出选择，实现对称态中的某一个态。所谓对称破缺转变，其潜因就是自组织系统的随机性。二是即使系统已处在某一"势能"最小或几率最大的态，由于随机涨落始终存在，在涨落的作用下系统可能越过势垒，向附近一"势能"更低或几率较高的态"扩散"。三是当系统失稳而代之以出现时间结构极限环时，涨落使极限环中的幅围绕稳定值摆动不定，这时，幅的弛豫时间是一个重要的量①。涨落也会使极限环中的周相经历扩散过程，相扩散的扩散系数也是一个重要的量。涨落不仅导致网络组织的产生，而且还促使网络组织不断发展壮大，核心能力不断增强。

五 企业分形的动因

企业的专业化分形具有生物学性质，表现为企业的复制和繁殖过程。"在达尔文式的自然选择中，中心概念是有机体、群体、适应性、基因和变异。在纳尔逊和温特的演化理论中，能很

---

① 吴大进等：《协同学原理和应用》，华中理工大学出版社，1990，第11页。

容易地找到这些概念的对应物：单个的企业被视为有机体，产业被视为群体，赢利性被视为适应，惯例被视为基因，而创新则被视为变异。达尔文式的自然选择包含两种机制：选择机制和复制机制。基因遗传被假定为对基因物质的精确复制负责，而作用于有机体显型的自然选择则被假定为产生群体动力学。"① 一般来说，大多数新建企业直接或间接地脱胎于原企业或行业，虽有一定程度的变异，但它们之间仍有着相似之处，并保持着千丝万缕的联系。创业者既可来自原企业中的技术人员、管理者，也可来自营销人员；既可生成竞争型企业（产品具有可替代性），也可生成上下游型企业（产品具有互补性）。

企业的分形是一个随时间而变的函数，既表现为企业的不断复制和扩散，也表现为企业之间的不断学习和相互促进。由企业分形而形成的网络市场是一种亚市场，它既不同于纯粹的市场交易，以竞争为主导，又不同于企业内部等级交易，以协作为主导，而是既有竞争又有协作的"准市场型经济组织"。这一过程已被看成一个复杂的、多层次的混沌动力系统。

关于企业发展的动力源，不同的学者有不同的观点。按照许晓明等人的观点，企业与资本投入者、企业与企业家、企业与员工、企业与市场等关系影响和决定着企业成长动力系统。从动力学角度而言，企业成长动力系统是由股东原动力、企业家能动力、员工能动力和市场竞争压力组成，企业在这些动力要素的综合作用下向前发展和推进②。田会认为，企业动力系统是由企业

---

①　杰克·J.弗罗门：《经济演化——探究新制度经济学的理论基础》，经济科学出版社，2003，第140页。

②　许晓明、张咏梅：《企业成长动力系统模型及其动力学分析》，《上海管理科学》2007年第5期。

活动构成要素（企业动力源）和企业动力机制组成的系统，它决定了企业活力①。企业的动力源包括参与企业的法律主体、参与企业的法律主体的行为、参与企业的法律主体的活动，企业动力机制是指企业制度。赵清华认为，企业的动力系统包括以下内容：企业利益相关各方的欲望（需求）、责任是企业发展的原动力，创新、危机感、人才、激励机制、科技投入是企业发展的助动力，企业制度是融合、协调、启动企业动力系统的总枢纽②。以上谈论的是单个企业发展的动力系统。除此之外，还有企业群发展的动力系统。那么，企业群发展的动力源有哪些呢？Brenner（2001）认为，促进企业群进化的动力因素包括人力资本、技术溢出、合作、公共意见、政府政策和风险资本。有人把企业群发展的动力源归结为创业精神。也有人对此论述得更为详细，把企业群动力源分为三个层次：一是社会层，包括产业传统、地理位置、信任文化、创业氛围、政府政策和机遇；二是公司间层，包括竞争、信息交流、共同行动；三是公司内层次，包括创新氛围、分权。

综上所述，如果从专业化分形角度来看，企业分形的主要动因是创业精神，除此之外还有创新氛围、激励机制、员工关系等。

六 企业的分形结果

企业分形具有必然性。随着企业的发展，企业的规模逐渐扩大，依次繁殖出若干个"子"企业，"子"企业再生"子"企业，其结果产生分形结构：首先是企业网络，然后是企业集群，最后是

---

① 田会：《企业动力系统模型及其应用》，《理论探索》2004 年第 3 期。
② 赵清华：《解析企业发展的动力系统》，《地质技术经济管理》2003 年第 3 期。

网络组织，这是社会经济发展的必然趋势。分形是一种几何外形，它与欧氏外形不同，不仅无规则，而且尺度上都有同样程度的不规则性，即它们具有自相似性，那种把整体中的一部分放大便能进一步揭示其深层结构，且几乎是原来结构复制品的性质。由此可见，企业分形的两个主要特点是：一是外形无规则，体现在分形结构的无形和不断变化上；二是结构的相似性，但该相似性不是简单的线性相似，而是非线性、随机性或耗散性相似，是仿相似。

在企业网络中，那些相似性企业由于其组织架构的延伸性、文化的相似性和员工的繁衍和更替性，所以很容易结成企业集群。企业集群实质上是一个自相似集。将该集的任何一个充分小的局部放大适当的倍数，它的形状和整体一致。一个二维地区（地理和产品）所有企业经过相似变换（分形）所组成的集合，再经过复合运算，构成一个四维的变换群，被称为相似变换群。根据 Klein 的观点，自相似分形几何学的实质是研究分形集在相似变换群作用下的不变性质和不变量。因此，自相似集本身就是相似变换之下的不变集。

设 Ψ_1，Ψ_2，…，Ψ_m 代表企业集群中的企业；集合 E 代表企业集群，$E \subset R^n$ 称为压缩变换下的不变集。

$$E = \bigcup_{j=1}^{m} \Psi_j(E) \qquad (2-5)$$

集合 E 是自相似集，压缩变换 $\{\Psi_j\}_{j=1}^{m}$ 是相似变换，使式（2-5）成立，且存在 S 使 $H^s(E) > 0$，对于 $i \neq j$，$H^s[\Psi_i(E) \cap \Psi_j(E)] = 0$〔$H^s(E)$ 表示 E 的 s 维豪斯道夫测度〕。

一种情况：已给 R^n 上的压缩映射簇 $\{\Psi_j\}_{j=1}^{m}$，压缩比 $0 < c_j < 1$，即 $d(\Psi_j(x), \Psi_j(y)) \leqslant c_j d(x,y)$。

任意的 x, $y \in R^n$, $0 < c_j < 1$, $j = 1$, 2, 3, $\cdots$, n, 则存在唯一非空紧集 E, 使得 $E = \Psi(E) = \bigcup_{j=1}^{m} \Psi_j(E)$, 并且, 若 F 是 R^n 的任意紧集, 则在 Hausdorff 距离的拓扑意义下, 有: 当 $k \to \infty$ 时, $\Psi^k(F) \to E$。

另一种情况: 若 $\{\Psi_j\}_{j=1}^{m}$ 是 $R^n \to R^n$ 的一簇压缩映射, q 和 r 为压缩比, 如果 $q_i d(x,y) \leq d(\Psi_j(x), \Psi_j(y)) \leq r_j d(x,y)$。

当 x, $y \in \overline{V}$ (闭集), V 是 E 的某一开集, 满足 $i \neq j$ 时, 现在分为两种情况讨论。

如果集群内企业各自独立, 非母子或兄弟关系, 即 $\Psi_i(V) \cap \Psi_j(V) = \Phi i$, $j = 1$, 2, $\cdots$, m, 则 E 的豪斯道夫维数 $D_H(E) \in [s, t]$, 而 s, t 是方程 $\sum_{i=1}^{m} q_i^s = 1 = \sum_{i=1}^{m} r_i^t$ 的解。

如果集群内企业联系紧密, 像母子、兄弟关系, 即 $\Psi_i(V) \cap \Psi_j(V) \neq \Phi$, 则 E 的豪斯道夫维数 $D_H(E) \leq t$ 成立。用递推方法生成的自相似分形集, 当生成元的每个直线段都等长时, 则相似比 $r_1 = r_2 = \cdots = r_m = r$, 这时分形集的 Hausdorff 维度 S 为: $\log m / \log \frac{1}{r}$。

从以上讨论可以看出, 自相似集是指企业之间关系或亲密程度都一样, 即沿各个方向的伸缩率都相等, 把一点 $x = (x_1, \cdots, x_n) \in R^n$ 变换成点 $rx = (rx_1, \cdots, rx_n)$。但实际并非如此, 沿各个方向的伸缩率一般都不相同, 设 $r = (r_1, r_2, \cdots, r_n)$, 则可得自仿射集是将点 $x = (x_1, \cdots, x_n) \in R^n$ 变换成 $(r_1 x_1, \cdots, r_n x_n)$。由于相似变换群是仿射变换群的子群, 因此自相似集是自仿射集的特例。

分形导致混沌, 企业集群具有混沌现象。企业集群作为一个吸引子，就是一个 Julia 集，使得其附近的所有轨道都收敛到这个集合上。众所周知，Julia 集由一个复变函数 f 经迭代生成。针对企业的发展 $f(z)$（复变函数）来说，其轨迹为一抛物线，即经历了初创期、成长期、成熟期和衰退期。在复平面 C 上，$f_c(z)=z^2+c$。这仅表示一个企业的分形轨迹，看上去非常简单。但如果它经过数次依次繁殖，源（母）企业→子企业→子子企业→…，即迭代过程，就能生成非常复杂的点集 J。有些有吸引轨道，有些没有吸引轨道；有些是连通的，有些是全不连通的，甚至有些成为无圈曲线。在这里，一个迭代函数系 $\{f^k\}$ 就被称为一个离散的动力系统。吸引子和斥子可能正好是一个周期轨道（见图 2 - 4）。通常来说，如果 f 有分形吸引子或分形斥子，那么 f 的性质表现为"混沌"。所以，从表面上看，企业集群是有序的，但其实，其内部是无序的。有序使企业间合作力增强，无序使企业间竞争加剧。有序中有无序，将导致企业发展轨迹产生不稳定性。

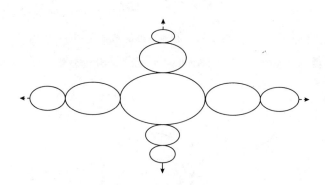

图 2 - 4　企业的 Julia 分形

注：圆圈代表企业，其面积大小表示企业的规模；虚箭线表示企业的分形趋势。

企业集群之所以具有混沌现象，是因为它在分形过程中受到地域（环境资源、交易规模等）的限制。解决办法之一是促使企业在分形中产生扩散效应，在新的区域生成新的企业或企业集群，新的企业或企业集群与原企业或企业集群合作，生成网络组织（见图 2 – 5），即从 Julia 集演变为 Mandelbrot 集。如果点集 J 是连通的，即不同层次的企业相互连接，形成网络组织 M，$M = \{c \in C: J(f_c)\}$ 是连通的，则 M 为 Mandelbrot 集（见图 2 – 6）。从 Mandelbrot 集的图形上可以看出，它有着非常复杂的结构和明显的特征。大企业（心形图）分成中企业（芽苞），每一个中企业又被小企业（更细小的芽苞）所环绕。它们之间靠"突起"连接在一起，通过"突起"传递信息，不断学习。"突起"是拉力和张力的综合。张力是吸引子作用的结果，是学习的基础，表现为合作；拉力是斥子作用的结果，是超越的基础，表现为竞争。

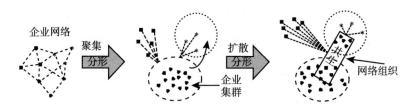

图 2 – 5　企业分形的结果

注：■、＊、●代表不同类型的企业；⌒、○代表不同的地理区域；＿＿代表组织之间的关系。

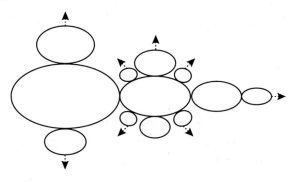

图 2 – 6　企业的 Mandelbrot 分形

注：圆圈代表企业，其面积大小表示企业的规模；虚箭线表示企业的分形趋势。

第四节　网络组织的含义与特征

"企业网络""企业集群"和"网络组织"是近几年来在各种媒体上出现频率较高的词汇，人们用它们来解释现实生活中一些经济现象。20 世纪 80 年代，经济学家用企业网络来解释企业资源之间相互依赖、相互作用的关系，但目前为止，仍没有一个公认的定义，很多定义是战略联盟、虚拟企业、产业集群、企业网络等概念的"杂交"，很难使人分清彼此之间的区别和联系。

由于企业网络、企业集群和网络组织之间有着紧密的联系，加之它们又处在不断发展之中，至今还没有一个权威性的区分，致使一些读者在理解上出现偏差。本书采用的是复杂性科学的方法，从功能上对企业网络、企业集群和网络组织进行概念上的界定，并以此拓展三者之间的联系。

一　网络组织的含义

（一）组织的概念

"组织"一词首先由法国解剖学家和生理学家 Bichat（1771～1822年）用于生物学中。从个体发育上说，先是受精卵细胞的分裂，产生许多细胞。这些细胞开始的形态、结构和功能是相同的，以后经过细胞的分化，逐渐形成各种不同的形态，具有不同的功能。它们进而形成不同的细胞群，就是组织。也就是说，组织是细胞分化的结果。以后，有人把生物组织移植到管理学中，变成管理组织。管理学中的组织有动词和名词两种含义：其动词意思是指有目的、有系统地集合起来，如组织群众，这种组织是管理的一种职能；其名词意思是指按照一定的宗旨和目标建立起来的集体，如工厂、机关、学校、医院、各级政府部门、各个层次的经济实体、各个党派和政治团体等。名词意思上的组织还有广义和狭义之分。从广义上说，组织是指由诸多要素按照一定方式相互联系起来的系统。在这个定义中包含生物学中有机体的组织，如皮下组织、肌肉组织等出自细胞组成的活组织；动物的群体组织，如一窝蜜蜂就是一个以蜂王为核心，秩序井然、纪律严明的群体；还有人的组织等。从狭义上说，组织就是指人们为实现一定的目标，互相协作结合而成的集体或团体。在现代社会生活中，人们已普遍认识到组织是人们按照一定的目的、任务和形式编制起来的社会集团，组织不仅是社会的细胞、社会的基本单元，而且可以说是社会的基础。

（二）网络组织的概念

从前文网络组织演进中可以看出，企业集群和网络组织分别是企业网络的两个子集。不同的是，企业集群强调地理维度——位置相近，网络组织强调产业维度——产品相关。企业集群通过适当的改造和升级可以转化为网络组织，如图2-7所示。

网络中企业之间的关联具有拓扑结构，可用复杂网络给予描述。复杂网络由节点和节点之间的连线组成，节点代表网络企业，表示一种状态。边代表企业之间的关系，包括物流、商流、信息流及其相互作用关系，表示一种过程。从微观上看，对于两个企业来说，双方之间的关系并非"一锤子买卖"，而是一个随着交易次数的增多而不断深化的过程。它的演化轨迹分为四个阶段（见图2-8）。

1."扣钩"关系阶段

企业之间的"扣钩"关系是通过一系列的接触机会来维系

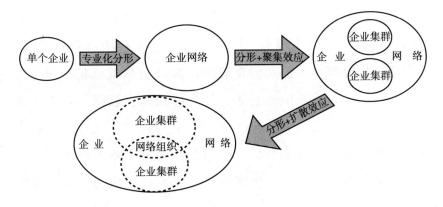

图 2-7　企业网络、企业集群和网络组织的关系

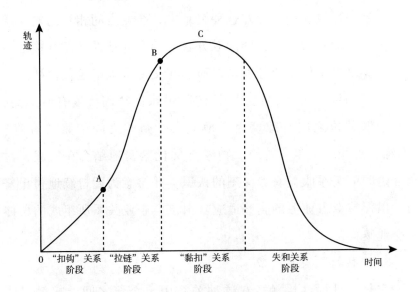

图 2-8　企业网络中边的正态分布关系

企业之间的关系。企业一般根据需要，安排与其他企业之间的接触。在发生接触的时空点或时段，关系较为融洽，而在两次接触之间的空白时期，则关系将相对较弱一些。一般来说，企业之间的这种关系并不十分牢靠，一旦环境有变，容易产生"断裂"。其特征有三：一是奉行"企业中心"论。在企业之间

的关系中，本企业处于主导地位，其他企业需要根据本企业的行为来调整其自身的行为，使之与本企业的行为过程相适应，这样才会使得整体接触及关系管理发展较为平滑顺畅。二是非同步性。处于该关系中的企业，各自的独立性较强，并不需要双方的合作过程完全同步和吻合。三是"表层"交往。企业之间的接触仅仅发生在业务领域，表现为一种市场交易，没有实现任何资源共享。因此，由该类企业关系所组成的群体是企业网络。

2. "拉链"关系阶段

它是一种线性接触。在这种关系中，企业之间相互调整，相互适应，以达到共存的目的。双方联系具有互动性，而且接触的频率大。双方不仅有业务联系，而且在交易过程中还包含社会交往。与"扣钩"关系相比，"拉链"关系的牢固程度有所提高，并且接触部位之间空隙度大大地减少。企业之间依靠"五缘"（亲缘、地缘、业缘、神缘、物缘）文化紧密地结合在一起，对相互之间的关系收益有着深刻的认识，并愿意为此持续地付出努力，以保持双方业务的相互适应。由该类企业关系所组成的群体是企业集群。

3. "黏扣"关系阶段

它是一种面性接触。在这种关系中，企业之间的接触过程是经过企业精心设计的，以便尽可能适应其他企业的接触需要。其特点有三：一是奉行"客户中心"论。企业根据客户的需求和偏好来实施相应的关系活动，并通过反馈去努力调整自己的活动过程。二是具有学习效应。企业之间由于实现了资源共享，所以提高了知识传递的速度和质量，从而使企业网络的集聚效应逐渐发挥到最大。三是心理交往。在双方的反复和密切接触下，企业之间产生了情感和友谊，彼此相互信任，从而实现了全部非核心资源共享。由该类企业关系所组成的群体是网络组织。

4. 失和关系阶段

其特征是：双方价值观差异扩大，相互戒备，接触逐渐减少；双方目标彼此分离，信息相互保密；随着一些团队成员调离各自企业，团队开始解散；彼此相互指责，破坏性冲突占主导地位。

综上所述，再结合本章第一节和第二节中的分析，我们可以把网络组织定义为：建立在信息技术之上，由多个独立的企业为了共同面对日益复杂的竞争环境，在多次重复交易过程中所形成的一种协作团队。这个概念具有以下三层含义。

（1）企业的独立性。在网络组织中，企业与企业之间的关系不同于企业中部门与部门之间的关系，它们相互独立，各自有各自的利益追求。

（2）网络组织的网络性。由于网络组织是企业超越空间的集合体，所以它的内部联系与企业集群内部的面对面联系不同，依靠的是以因特网为载体的信息技术。

（3）网络组织的有机性。与企业集群相比，网络组织更加强调分工基础上的合作。它比企业集群的力量汇聚作用的"相加"效果更进一步，发挥的是"相乘"效果，具有力量放大作用。

从本质上讲，网络组织是企业之间的一种共生现象，表现为网络组织成员企业之间相互作用、相互依赖和协同进化，以实现多方"共赢"。

二 企业网络、企业集群和网络组织的个性特征

根据网络演进机理和边的概率分布不同，企业间的网络关系主要有三种性质：企业网络的随机性、企业集群的无标度性和网络组织的小世界性。通过比较，可以得出网络组织与众不同的地方。

（一）企业网络的随机性

企业网络的随机性表明两个企业之间的连接是随机设置的，节点的分布方式遵循钟形的泊松分布，有一个特征性的"平均数"，连接数目比平均数高许多或低许多的节点都极少。所以，随机性企业网络更多地依赖市场规则运行，脆弱性较强，如果网络的大部分节点发生瘫痪，将导致整个网络的崩溃。

（二）企业集群的无标度性

在当今白热化的竞争环境中，不少企业都是围绕龙头企业集聚而生，形成企业集群。所以，企业之间的关系分布遵循幂次定律：节点数随关联边数增加而减少。Barabasi 和 Albert 称这些少量节点为集散节点，成为企业网络的中心点，对整个网络的稳定起到关键作用。这些由集散节点所控制的企业网络，被称为无标度性企业集群。无标度性企业集群具有两个重要性质：鲁棒性和脆弱性。

（三）网络组织的小世界性

根据复杂性科学的解释，小世界性是指复杂网络具有比规则网络小得多的平均节点间距离和比随机网络大得多的平均集群系数（即邻点之间也相邻，形成紧密集团的比例）。网络组织的小世界性是对企业集群无标度性的优化。网络组织同企业集群一

样，一则均介于规则网络①和随机网络之间，既具有类似规则网络的较大集聚系数，又具有类似随机网络的较小平均路径长度；二则均缘于节点和边的非对称性。但两者的差异也比较明显，一是网络组织的小世界性具有模块化特征，而企业集群的无标度性则没有；二是网络组织出现小世界特性主要缘于节点和边的异质性，而非非对称性②；三是网络组织的小世界性使得各节点平均路径长度较无标度性企业集群短；四是网络组织的小世界性使得企业网络的集聚度高于企业集群的无标度性；五是网络组织小世界性的演进动因来自企业间的非线性作用，而不是企业集群无标度性的线性作用（见表2－1）。

表 2 – 1　企业集群和网络组织的区别

类别 ＼ 属性	网络类型	网络特性	特性来源	节点间平均路径长度	集聚度	演进动力源	概念重心
企业集群	无标度性	模块化	非对称性	较长	较低	线性作用	地理因素
网络组织	小世界性	非模块化	非异质性	较短	较高	非线性作用	产业因素

三　企业网络、企业集群和网络组织的共性特征

企业网络作为企业集群和网络组织的演化基础和外在表现（企业集群和网络组织本身也是一种企业网络），是一个复杂的适应性系统。每一个企业都是其中的一个节点。该节点周围的其他节点都是其环境。企业的演化动力来自该环境。企业与它们之

---

① 根据迈克尔·波特的价值链理论，对于一个企业来说，因其基本价值活动和辅助价值活动都是可以控制的，相互之间的联系遵循一定的规则，所以由这些基本价值活动和辅助价值活动形成的网络属于规则网络。
② 原因在于节点——企业具有独立性，而边——交界面具有整体性。

间不仅有物质、能量、信息的交换关系，而且还有互动学习的关系。环境推动着企业的拓扑结构由点到面、企业的竞争状态由无序到有序、企业的决策分布由离散到连续、企业的竞争力由弱到强。

（一）演化过程共性

企业网络的演化过程有三种特性，它们共同构成了企业集群和网络组织演化的基础。

1. 演化的自组织性

企业网络的自组织性来源于企业的专业化分形，是企业网络具有涌现性的前提。自组织性使企业在相互学习过程中慢慢地改变其内部结构，以更好地适应环境。所以，在企业网络中，企业能够与环境以及其他企业进行持续不断地交互作用，从中学习或积累经验，并能够利用积累的经验改变自身的结构和行为方式，以适应环境的变化以及与其他企业协调一致，促进整个网络发展。企业网络的自组织性使得企业从实体走向虚拟、从有序走向混沌、从平衡态走向非平衡态。

2. 演化的耗散性

企业在与其他企业相互作用时，通过内部扰动和外部力量，不断动态地调整网络结构、交互方式，使得企业网络进入一个更高层次的组织状态。企业网络是一个远离平衡态的开放系统。当外界条件或网络中的某个参量在临界域内发生变化时，企业网络会通过非线性放大发生突变，这就有可能使企业网络从原来的混沌无序状态转变为时间、空间或功能有序的新状态——网络组织，形成新的均衡。企业网络具有不断优化自我的功能。

3. 演化的自组织临界性

企业网络演化同其他事物一样，也是从量变到质变的过程，所以它必须具有在随机变化和停滞之间保持平衡的能力。临界点是企业网络演化的极限点。企业网络演化一旦到达一个临界点，不必对它采取任何行动就可以使之位于崩溃的边缘。其原因在于企业网络对初始条件的极度敏感性，使得其内部结构调整的速度太快，以致不能适应环境变化，但企业为了最终生存，又必须适应。

（二）演化特征共性

1. 聚集性

企业通过"黏合"形成更大的集聚体，它有两种方式：纵向聚集和横向聚集。纵向聚集是根据产品流向跨越地理和产业界限而形成的纵向分工协作关系；横向聚集是根据技术流向（模仿）依赖地域和产业相近而形成的横向联盟协作关系。企业通过不断聚集，形成不同层次的网络结构，较小的、较低层次的单个企业在一定条件下形成较大的、较高层次的企业群体。聚集不是对企业的简单合并或吞并，而是新型的、更高层次上的群体的出现，原来的单个企业不仅没有被消灭，而且在新的更适宜自己生存的环境中得到了发展，它是企业网络产生涌现性的基础和条件。所以，企业网络依靠聚集效应形成企业集群和网络组织。

2. 非线性

不同企业在聚集过程中相互作用，既有竞争又有合作，既有制约又有激励，产生了企业网络的非线性特性。企业网络参量的非线性迭代导致了混沌现象的出现。它使得企业网络远离平衡态，既可以破坏企业网络的稳定性，也可以使企业网络经过失稳获得新的稳定性。所以，企业网络的非线性效应有助于加速企业网络演化进程。

3. 流

企业网络非线性特性的载体是物质、能量和信息。物质、能量和信息的交换过程类似于流的特性。它把供应商、销售商、消费者、竞争者等连接在一起，信息与资源通过节点在网络上流动。企业网络的流具有两个特性：一是乘数效应；二是再循环效应。这两个特性都能够产生虚拟增量，增加输出，进而导致混沌极度敏感性的产生。

4. 多样性

企业网络在适应环境的过程中，不断变化自己，呈现多样性特点。其原因在于：内部企业始终处于变化过程中，一些企业退出，产生空缺，网络就会选择另一个新企业填充这个空缺，并提供大部分失去的功能，从而引起企业网络互动作用模式的改变。企业网络的多样性是由企业之间的差别而引起的，如文化的多样性、类型的多样性等。从某种意义上说，它可以成为推动企业网络发展的动力。

（三）演化机制共性

1. 标识机制

随着市场竞争激烈程度的增加，企业的核心竞争力逐渐由"有形"向"无形"转化。所以，在企业网络的资源流中，信息流所起的作用越来越大。信息流的辨识是通过标识进行的。企业之间的聚集行为并非任意的，而是有选择的，企业网络为了便于区分和识别不同企业之间的信息流，对其赋予不同的标识，它不仅能够提供企业在环境中搜索和接收信息的具体实现方法，而且能够搜集那些不易分辨的隐藏信息，从而起到选择和协调作用。总之，标识是隐含在企业网络中具有共性的层次结构背后的机制。

2．内部模型机制

在企业网络内，信息搜集和传递的目的在于预测和决策。企业网络的预测和决策功能是依靠内部模型来进行的。内部模型是企业在与环境相互适应过程中逐步建立起来的，是内部自我调整结构的过程，如业务外包、战略联盟、虚拟经营等。有效的内部模型能够有效地预知事物发展的方向和行动的未来结果。因此，它显著地增强了企业未来的生存机会。

3．模块机制

企业为了增强自己的核心竞争能力，逐渐虚拟化、网络化，企业变成了一个个模块。企业网络模块化有有利的一面：一则为知识流动提供了网络平台；二则增加了网络柔性。但伴随着模块的增多，企业网络的节点数必将增加，而每个节点都有相当高的决策自主权和日常事务管理权，使得组织协调面越来越广，难度也越来越大；企业的不可控因素也将随之增加；信息传递的环节增多，失真率越来越高。所以，这种高度分权的松散型运行模式在使企业网络具有较大柔性的同时也可能使它遇到更多危机。因此，企业网络的复杂程度不仅在于模块的多少和大小，而且更在于原有模块的重新组合。不同的组合方式产生不同的功能，具有不同的稳定性。

总之，企业网络、企业集群和网络组织三者之间既有区别又有联系。从企业网络到企业集群，再到网络组织是企业不断分形的结果，是由单个企业向群体企业、由简单企业向复杂企业演化的过程。在企业网络、企业集群和网络组织中，成员企业之间非线性、并行、分散地相互影响着，因此，作为整体会产生特殊的行为及现象，然后整体的行为再反馈给各个成员企业，使其具有自组织性、涌现性和耗散性（见图 2－9 和图 2－10）。

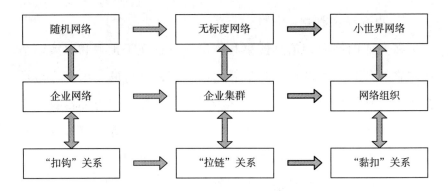

图 2 - 9　企业网络、企业集群和网络组织的演化过程和内在机理

图 2 - 10　企业网络、企业集群和网络组织之间的动态关系

第五节　本章小结

　　本章首先从定义、学术流派、理论根源等方面，对企业的起源进行了综述和探讨。然后，以专业化为主线，从企业的专业化分形角度对网络组织的产生进行了分析和论证。最后，以企业网络、企业集群为"参照物"，对网络组织进行了定义。

　　在有关企业产生的讨论中，本章第一节重点分析了交易成本理论。笔者认为，交易成本理论虽然对企业的产生进行了精辟的分析，但不足之处也很明显，表现在：第一，交易成本理论不是从劳动分工角度，而是从交易角度分析资产专用性和企业的产生问题。第二，交易成本理论否定技术进步能够决定企业边界。对此，笔者结合当今信息技术飞速发展的实际，对交易成本理论进行了改进,加入了"模块化"思想。"模块化"的交易成本理论,降低了资产的专用性程度,提高了资产的协同效应,催生了新的市场运行模式——企业网络和亚市场。

企业网络的产生是一个历史过程。杨小凯在传统分工理论的基础上,用超边际分析方法,通过严谨的模型化推导,解释专业化分工类型及其演变过程,以及均衡的分工网络规模和相关的宏观变量在不同结构之间的不连续跳动。笔者另辟蹊径,从企业的专业化分形角度探究了企业网络的产生问题,并得出了企业的分形结构和混沌现象——企业相似性和网络效应。这些是第二节讨论的内容。

本章的第三节从创业者自利(追逐市场机会和利益)本性出发,通过建立创业投资模型、专业化分形模型,分析了专业化分形的动因、特征和结果。企业专业化分形的结果,产生了企业集群和网络组织。企业的专业化分形导致了企业集群和网络组织混沌现象的发生。混沌使成员企业发展轨迹具有不稳定性,表现为:有序中有无序、无序中有有序。无序使企业竞争加剧,有序使企业竞争力增强。

企业网络、企业集群和网络组织既有区别又有联系,并由此得出网络组织的含义和特征。笔者认为,企业网络、企业集群和网络组织三者互不相同。企业网络具有随机性,来源于企业之间的"扣钩"关系;企业集群具有无标度性,来源于企业之间的"拉链"关系;网络组织具有小世界性,来源于企业之间的"黏扣"关系。但企业集群和网络组织又都同属于企业网络,是企业网络聚集的结果,它们均有四个特征——聚集、非线性、流、多样性,以及三种机制——标识、内部模型和模块。

第三章 专业化分形视角下的
企业边界变形与
网络组织共生优势

众所周知，20世纪80年代以来，信息技术革命带来了市场竞争方式的转变，企业结束了单打独斗时代，取而代之的是各种各样的联合、联盟和虚拟化。企业规模向两极发展：巨型化和小型化。一方面，企业通过联盟、兼并等形式构建了不少采用现代企业制度的超大型公司，并仍在不断扩张和发展；另一方面，企业通过外包、虚拟等形式加强核心业务，出现了许多迷你型公司，且发展势头迅猛。但是，它们的缺点也暴露无遗。一方面，并购、纵向一体化在增强竞争实力的同时，增加了企业的负担，使企业变成了"恐龙"，灵敏度降低，很难适应快速变化的市场；中小企业在灵敏度高、适应性强的同时，抵抗风险的能力却降低。究其原因，都与企业边界变形有关。企业边界变形是指企业在外界环境的压力下其边界发生的变化情况，目的在于通过企业边界的变形，共享双方的非核心资源，以实现优势共生，获得整体涌现性，减缓环境压力对企业的冲击。由于企业边界变形和融合较困难，所以企业的业务越来越分散，在技术、管理、市场拓展、融资等方面与其他企业缺乏共享性。本章首先根据企业分形轨迹的不同，把网络组织分为内生生长型网络组织和凝聚生长型网络组织,然后通过企业边界的弹塑性变形模型进一步分析网络组织共生演化机理。

第一节　网络组织的分形特征

分形理论的研究对象是自然界和社会活动中广泛存在的无序而又具有自相似性的复杂系统,其借助相似性原理来解释隐藏于混沌现象中的精细结构,从而为我们提供了观察自然和认识社会的新途径,并成为描述经济系统的不规则性、复杂性或混沌程度的重要方法。分形理论的最主要特征是自相似性,即局部形状在一定程度上是整体形态的再现和缩影,被称为分形元。分形元的反复操作最终形成了复杂的分形体系。

整体与局部的相似性是研究网络组织共生问题时引入分形理论的一个主要出发点。网络组织作为一个分形体,在其内部存在着自相似特征,主要体现在规模结构和工作流程上。

一　规模结构相似性

网络组织在规模结构方面与其各级成员具有相似性。由网络组织的定义可知,网络组织主要是由众多相当于分形元的企业组成的,企业又由相当于分形元的生产部门组成,生产部门则由众多相当于分形元的班组、工段、制造单元等组成。每一级分形元的组织形态在某种程度上是网络组织的缩影,它们对网络组织的构成和运行产生很大的影响。分形元的相似性有层次上的差别,一般来说,层次距离越近,相似程度越高;层次距离越远,相似程度越低;当层次超出一定范围,则相似性不复存在。而且,往往同一层次的分形元自相似程度较高。

二　工作流程相似性

网络组织与其成员企业或分形元具有相似的工作流程。网络组织组建的目的是为了实现共生，作为所有成员企业的共同目标，在执行过程中将被分解，得到多个相互之间按一定约束条件关联起来的可执行的多个环节。其中，各环节还可作为子目标而被进一步分解，这些分解的环节由各层分形元来执行。每个环节都有相似的工作流程，包括目标分解、伙伴选择、任务执行、组织协作、监督控制等。

第二节　网络组织的分形类型

按照企业分形轨迹的不同，把网络组织分为内生生长型网络组织和凝聚生长型网络组织两种类型。

一　内生生长型网络组织

内生生长型网络组织是企业通过自我繁殖、自我分化，形成"五缘"（亲缘、地缘、业缘、物缘、神缘）企业网络，再对其进行规范化、制度化而形成的一种团队式的组织形式。内生生长型网络组织规模的扩大主要发生于网络组织内部，在原生区位上发展。企业一些员工掌握业务技术后慢慢与原企业脱离，创办新企业。这些新企业通常"靠近"（这里指业务上相互关联）原企业（至少一个），利用原来的关系网络和信息资源开展各种活动。通过自然繁育机制，网络组织规模不断扩大，成员企业数量逐渐增多。最常见的是根据价值链形成上下游企业之间的关联。其一，产业链的当地化降低了采购和供应成本，方便了上下游企业之间的沟通互动，促进了网络组织内的知识流动（技术溢出效应），为企业在技术创新中的合作创造了条件。其二，企业之间更多的是一种能力互补，共同完成产品的生产过程。其三，基于团队学习机制来影响其上下游企业，不断提升互补企业的能力，如一些龙头企业投资研究与开发（R&D），进行基础创新和技术创新，并应用到产品或技术中，再通过内部进行扩散，不断进行知识交流①。

内生生长型网络组织有着浓厚且独立的产业氛围，其间蕴含的技术、知识往往来源于创业者的经验，是隐形性的，需要双方频繁交流，从而构建基于信任基础上的强连接才能够获得。充分的信任能够减少信息有效性的证实和不必要的冲突，从而降低了信息传递的成本。时至今日，技术保密、信息封锁在企业集群中依然大量存在，但网络组织则不同，通过成员企业之间的强联系，企业能够进行大量的、长期的跟踪学习，以降低企业的整体成本，提高网络结构的可行性。各自经济人行为和共同命运会加强企业家之间的联系，减少成本花费，比如交易的需要会导致上下游企业间进行更加密切的交往。

创业者行为的路径依赖决定了网络组织的演化路径。换句话说，创业者的不同成长起点，决定了其不同的行为路径。如果创业者成长的起点是某单一组织，他将把网"撒"向该组织，以此获取资源，而不去寻找其他更广泛的发展空间，这就可能造成一个狭小的社会网络。如果创业者成长较复杂，来源于经过重新组合的多样网络，其联系一开始就建立在网络组合之上，就会导致他把网"撒"向这些不同的组织，从而建立起宽泛的网络规模，路径依赖现象揭示了成员企业特征对网络组织演化作用的内在机理②。

---

① 肖敏、谢富纪：《我国内生型产业集群的特征与类型》，《科学学与科学技术管理》2006 年第 12 期。

② 王建：《内生型产业集群中的企业家社会网络和行为研究——理论假定和应用研究》，《中国软科学》2006 年第 1 期。

二 凝聚生长型网络组织

凝聚生长型网络组织是企业在分形的基础上，通过不断地依次联合、生长，再联合、再生长，像滚雪球一样，逐渐形成的一种网络组织形式。它没有地域和文化限制，而是企业在业务交往过程中的随机合作。它的规模的扩大主要发生于网络组织外部，在市场区位上发展。网络组织内部实行高度专业分工，依靠跨组织团队，通过增强企业之间的协作来提高网络组织的创新能力。基于网络组织的创新能力，本身具有正反馈效应，推动创新能力的发展。随着网络组织规模的迅速扩大，其创新能力也迅速提升。网络组织内部企业得益于周边亚市场（网络组织中其他企业）的有力支持，其产品的市场需求旺盛且稳定，该企业易于获得市场份额；关系集中降低了搜寻成本，使该组织对客户更具吸引力，而与客户的交流是创新的重要来源。这些益处吸引更多新企业加入该组织，这又使得上述益处更加显著。凝聚生长型网络组织常见于大型跨国公司中，如波音公司、IBM 公司等，其内部有龙头企业作为吸引子，对整个网络组织起支撑和稳定作用。同企业集群一样，凝聚生长型网络组织也是企业网络聚集的结果，具有分形特征，可以用有限扩散凝聚（Diffusion-Limited Aggregation，DLA）模型来模拟其演化过程。有限扩散凝聚模型是由 A. Witten 和 M. Sander（1981）首次提出的，用来模拟分形的自相似结构以及描述随机凝聚过程的生长率与时间的关系。1983 年，P. Meakin 对 DLA 模型进行了修正，提出当集团与粒子或集团相遇后能结合生成更大的集团。在有限扩散凝聚模型中，其生长过程可以描述为：在一个二维平面的中央设置一固定种子点。从某一外部区域释放出一个粒子，并且该粒子做无规则的、随机的布朗运动。假设在某一段的任何时间内只有一个粒子在运动，那么该粒子最终只有两种运动结果：一是凝聚在平面中心的种子上生长；二是运动到平面边缘后消失[①]。粒子和种子相遇后结成更大的"种子"。如此不断地进行下去，形成分形结构。可借用 DLA模型来解释城市集中和企业的集聚生长现象。关于城市集中生长现象，DLA模型相当于杨小凯的第二类聚集经济效果，"即使人们不居住在城市，他们也可以来到城市进行交易"[②]，"随着交易效率的不断提高，均衡的分工水平会上升，而社区数量及城市数量则会下降，每个城市的规模将会扩大"[③]，以及专业化经济程度越大和/或每对邻居之间的距离越短，分工的均衡水平越高。杨小凯还认为，随着交易效率的改进，分工水平增加，生产集中和市场一体化程度、经济结构的多样化程度都将增加。这里的生产集中含有两层意思：一是指企业聚集效应；二是指企业的规模效应。城市集中和企业集聚是相辅相成的，城市集中可以带动企业集聚；反过来，企业集聚也可以推动城市集中。

为了描述企业聚集的运动轨迹，设种子点为龙头企业，释放的粒子为创业企业。创业企业在平面正方网格中的背离和朝向 y 轴的跳动概率分别为 P 和 Q，背离和朝向 x 轴的跳动概率分别为 R 和 S，且 $P+Q+R+S=1$。如果 $Q>P$ 和 $S>R$，则龙头企业对

① 李金林：《DLA 分形结构成长过程的分析》，《青海师范大学学报（自然科学版）》2004 年第 3 期。
② 杨小凯：《经济学——新兴古典与新古典框架》，社会科学文献出版社，2003，第 286 页。
③ 杨小凯：《经济学——新兴古典与新古典框架》，社会科学文献出版社，2003，第 289 页。

创业企业有引力效应；反之，有排斥效应（见图 3 - 1）。企业流密度为 $q = q_x i + q_y j$，Fick 扩散定律（$q = -D_c \Delta \Phi$）可推广各向异性的扩散问题，$q_x = -D_c \left[a \left(\dfrac{\partial \Phi}{\partial x} \right) H_x + b \left(\dfrac{\partial \Phi}{\partial x} \right) (1 - H_x) \right]$ 和 $q_y = -D_c \left[c (\partial \Phi / \partial y) H_y + d (\partial \Phi / \partial y) (1 - H_y) \right]$ 分别为企业通量密度和扩散常数。在第一、二、三、四象限上，a、b、c、d 的值依次相应于 $a = P$，Q，Q，P；$b = Q$，P，P，Q；$c = R$，R，S，S；$d = S$，S，R，R。

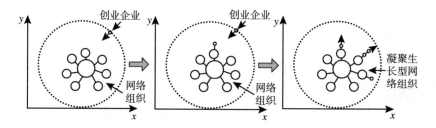

图 3 - 1　凝聚生长型网络组织的动态模型

而 $H_x = \begin{cases} 1 & (\Delta x > 0) \\ 0 & (\Delta x < 0) \end{cases}$，$H_y = \begin{cases} 1 & (\Delta y > 0) \\ 0 & (\Delta y < 0) \end{cases}$。由扩散场的连续性方程 $\dfrac{\partial \Phi}{\partial t} + \Delta \cdot q = 0$，有：

$$\frac{\partial \Phi}{\partial t} = -\Delta \cdot q = D_c \left\{ [aH_x + b(1 - H_x)] \frac{\partial^2 \Phi}{\partial x^2} + [cH_y + d(1 - H_y)] \frac{\partial^2 \Phi}{\partial y^2} \right\}$$

$$+ D_c \left\{ \left[\frac{\partial a}{\partial x} H_x + \frac{\partial b}{\partial x}(1 - H_x) \right] \frac{\partial \Phi}{\partial x} + \left[\frac{\partial c}{\partial y} H_y + \frac{\partial d}{\partial y}(1 - H_y) \right] \frac{\partial^2 \Phi}{\partial y^2} \right\} \quad (3-1)$$

式（3 - 1）是一个描述各向异性扩散的新的扩散方程。若 P、Q、R 和 S 为恒量，且 $\dfrac{\partial \Phi}{\partial t} = 0$，则有：

$$[aH_x + b(1 - H_x)] \frac{\partial^2 \Phi}{\partial x^2} + [cH_y + d(1 - H_y)] \frac{\partial^2 \Phi}{\partial y^2} = 0 \quad (3-2)$$

由式（3 - 2）可以得出各向异性 DLA 的分形维 D 的解析表达式①。

第三节　企业边界的弹塑性变形

众所周知，企业边界的演变轨迹有两种情况：外部交易内部化和内部交易外部化（见图 3 - 2）。它们又各自分为两种情况：外部交易完全内部化和外部交易亚市场化；内部交易完全市场化和内部交易亚市场化。外部交易完全内部化将导致企业规模边界的扩大，如企业兼并、收购等；外部交易亚市场化将导致企业能力边界的扩大，如凝聚生长型网络组织。内部交易完全市场化将导致企业规模边界的缩小，如企业分立；内部交易亚市场化也将导致企业能力边界的扩大，如内生生长型网络组织。企业边界的这些变化既包括横向变化，也包括纵向变化。企业边界横向变化的目的是为了获得规模经济或范围经济，即企业通过加强或改变与竞争对手的横向联系，共享客户、销售渠道、技术等资源，以降低产品成本。企业边界纵向变化的目的是为了获得核心竞争优势，即企业通过加强或改变纵向价值活动联系，既可提高企业的专业化程度，以获得快速响应多变市场的需要，又能促进企业尽心于专用资产的投资，获取优于竞争对手的资源优势。企业边界之所以发生这些变化，其根本原因在于外界环境压力。

一　环境对企业边界变形的影响

在信息社会里，外界环境压力主要是指环境的不确定性。经济

---

① 田巨平、姚凯伦：《各向异性扩散 DLA 集团的豪斯道夫维数与标度性质》，《物理学报》1998 年第 9 期。

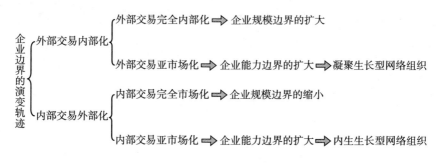

图 3 - 2　企业边界的演变轨迹

全球化带来了超强的竞争环境和技术，以及市场需求的快速变迁，企业的预测和控制能力均显著降低。它给企业带来了极大的压力，使企业必须克服自身的惰性进行技术创新和组织创新，从而推动了企业边界的变动。当前，企业边界如此大规模变动的目的是为了建立企业的竞争优势，以获取基于核心能力的超额利润。奈特（Knight）认为，不确定性是利润的真正来源，企业通过边界调整，利用中间产品与服务的交易来降低不确定性，并创造价值。例如，外包行为的大量发生是由于市场需求的不确定性增加，而战略技术联盟的出现是由于技术迅速变迁引起的不确定性增加。生产由企业内部分工协作来组织转向企业间分工协作网络来组织应该是分工发展的必然趋势，而这种演变在 20 世纪 80 年代以后明显地表现出来。

二　企业边界的弹塑性变形模型①

模型的前提假设是企业具有经济人行为，那么影响企业边界变动的因素有两个：压力和应力。压力产生于企业外部环境的不确定性；应力产生于企业的内部资源（核心资源和非核心资

---

① 朱其忠：《基于弹塑性力学的企业边界变形与跨组织团队管理》，《科学学与科学技术管理》2009 年第 8 期。

源）。资源属性不同，企业的应力变化也不同。对于非核心资源，应力的变化从外向内呈增大之势；对于核心资源，应力的变化则相反（见图 3 - 3）。

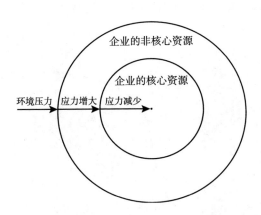

图 3 - 3　企业的资源类型与应力变化关系

压力和应力之间存在着对应关系，有压力才有应力。压力仅是应力的诱导因素，而不是决定因素，企业应力是由企业内部资源属性所决定的。应力大小决定着企业边界变动的深度和类型（见图 3 - 4）。

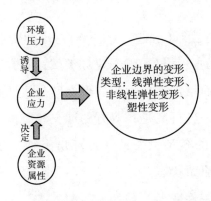

图 3 - 4　影响企业边界变形的主要因素

人是感情动物，随着交往的增多，"心灵的碰撞会产生友谊火花"。企业间的交往，实质上是人的交往，是一个随着交易次数的增多而不断深化的过程。所以，企业边界的变形类型有三种（也是企业边界变形的三个阶段），如图3－5所示。

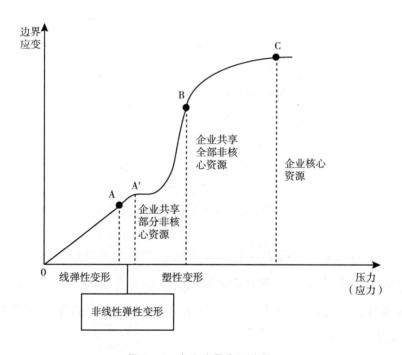

图3－5　企业边界变形阶段

（1）线弹性变形（阶段）（0－A）。这种变形（阶段）的特征是：企业之间的关系仅局限于业务领域；双方交往的次数随商品交易量的增加而增加，应力与变形之间呈线性关系；彼此目标孤立，互不协调，各行其是；双方的冲突和摩擦不断，竞争方式是"你死我活"的零和竞争；一旦环境有变，压力减少，双方关系即可退回到原始状态。

（2）非线性弹性变形（阶段）（A－A'）。这种变形（阶段）的特征是：企业之间的关系不仅包括业务领域，而且还包括社会领域，以使它们自身区别于其他的组织和集团；企业双方求同存异，开始从以前关注彼此差异转变为关注共同利益，应力和变形之间不再为线性，但仍为弹性；双方开始交换意见，出现了不定期协调机制；双方的冲突和摩擦减少，竞争中有了一定程度的合作。

（3）塑性变形（阶段）（A′以后）。这一变形（阶段），随着环境压力的增大，企业边界呈非线性变化：先为应变硬化，后为应变软化。

其一，应变硬化（阶段）（A′-B-C）。从 A′点到 B 点，随着环境的快速变化，企业边界变形速度加快，此时企业共享的仅是部分非核心资源。B 点以后，虽然环境压力在增大，但企业边界变形速度开始放慢，至 C 点达到最大值，此时企业共享的是全部非核心资源。

其二，应变软化（阶段）（C 点以后）。在此阶段，随着应变增加，而应力却减少，变形产生局部化和不均匀现象。对于企业来说，具体表现为：一旦企业丧失了核心资源的掌控能力，即使不是全部核心资源，其独立性也同样遭到了破坏。换句话说，企业之间发生了兼并。鉴于此，本书所研究的塑性变形不包括此阶段。

塑性变形（阶段）的特征是：随着双方高层和业务人员的反复和密切接触，信任度增加，相互之间产生了情感和友谊；双方目标开始交融，并统一化；企业之间相互帮助，互利互惠，组建了许多跨组织团队，以解决共同面临的业务和技术难题；彼此的冲突多是建设性的，合作多于竞争；企业网络的聚集效应逐渐发挥到最大。

三　企业边界弹塑性变形的特征

传统的经济学理论认为，企业与市场之间有着明显的界限，它们是组织结构类型的两个极端：企业有边界，市场无边界。企业的边界位于其边际成本等于边际收益之处，市场的边界趋于无穷大。然而，随着网络组织、虚拟企业等一些新型经济组织的出现和盛行，产生了三分法。也就是说，在黑（企业）、白（市场）之间还存在一个灰色地带，呈模糊性。在这一模糊地带，企业边界发生了一定程度的融合。

影响企业边界融合的因素除了管理成本、交易成本、网络成本等理性因素以外，还存在诸如文化、情感等非理性因素。理性因素与企业的物理边界（规模边界）有关，非理性因素则与企业的社会和心理边界（能力边界）有关。

（一）企业的物理边界

企业的物理边界包括两个部分，主体部分是由有形的实体如物质资源、金融资源、人力资源等所形成；辅助部分是由那些能够制约组织成员之间、组织内部成员及其外部环境之间可能发生的交换类型的规则和规定所形成。物理边界是企业实现稳定性和可预见性的有效途径，它在企业内部形成了一种约束效应，专注于对企业内现有知识的充分利用[①]。由于企业的物理边界是对有形资源的有效阻断，以帮助企业形成自己独特的个性，所以企业之间界限分明，交往仅局限于业务领域，双方以竞争为主。此时，企业边界的变形处于线弹性变形阶段。

（二）企业的社会边界

企业的社会边界是企业从文化特殊性上来使自己区别于其他企业或组织，因为一种强烈的统一意识能够拉近人们和企业之间的关系。文化的特殊性并不是单独存在的，它为社会关系所维

---

① 尼尔·保尔森、托赫·尼斯等：《组织边界管理——多元化观点》，经济管理出版社，2005，第30页。

系、修改甚至改造，所以企业的社会边界依赖于社会交互作用而生存。在我国，企业的社会边界是由"五缘"文化来决定的。它规定着较高的可信度，通过增加合作成分来维持现状并抵挡做出改变的意图，如企业集群。所以，"五缘"文化导致企业边界发生了部分交融，关系资源的重要性凸显。此时，企业边界处于非线性弹性变形阶段。

（三）企业的心理边界

企业的心理边界描述那些帮助群体交流、做出行为以及加深他们对特定事物的理解的特定术语和符号，它存在于结构严谨的专业领域里的信息传递过程中。在心理边界之内，企业员工通过认知、学习、文化和决策来探索世界的意义。心理边界对于一个人理解世界是至关重要的。在这方面，他们在群体界线之内及之外都形成了一个行动的基础。[①] 所以，企业的心理边界是由无形的信息资源所形成，尽管会对自身形成局限，但它也为新知识的产生奠定了基础。不断产生和积累的新知识，特别是关于如何协调生产技能和有机结合多种技术流的学识构成企业的核心知识，这些知识具有高度的意会性和路径依赖，是难以转移和不可模仿的，这决定了企业的异质性，也构成了企业竞争优势的源泉。企业心理边界的产生增强了企业之间的合作力，从而使企业获得更广泛的学习机会和风险分担，消除了企业的一些"能力陷阱"。此时，企业边界处于塑性变形阶段。

从有形资源到无形资源、从线性作用到非线性作用、从弹性变形到塑性变形、从物理边界到心理边界，不仅企业之间的关联

---

① 尼尔·保尔森、托赫·尼斯等：《组织边界管理——多元化观点》，经济管理出版社，2005，第33页。

度逐渐增强，而且企业的能力边界也得到了扩展，企业从个体演变为群体，企业边界变得越来越模糊，并产生了涌现性，如图3－5中的AB部分。涌现性是指系统具有，而组成系统的单个要素不具有的性质，表现为"整体大于部分之和"，它是系统的适应性主体之间非线性相互作用的结果。从图3－6中可以看出，每个企业的能力边界都较以前有了扩大，从以前的虚线边界到现在的粗实线边界。

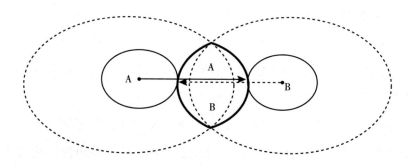

图3－6　弹塑性变形下的企业边界结构和模糊性

注：A表示A企业，B表示B企业；虚线圆表示企业的资源边界；细实线圆表示企业的核心资源边界；粗实线表示企业的塑性变形边界（左边为企业A，右边为企业B）；交界处AB表示企业A和B的共享资源及边界；箭头表示企业能力延伸方向。

四　企业边界的塑性变形与跨组织团队建设[①]

在大多数情况下，能够形成企业核心能力、维持企业持续竞争优势的关键不是土地、劳动、资本等传统要素，而是知识、技术、社会资本等无形资源。在其中，企业所掌握的知识特别是隐性知识尤为关键，企业对知识的吸收、传递、转化和应用的能

_____

① 朱其忠：《基于弹塑性力学的企业边界变形与跨组织团队管理》，《科学学与科学技术管理》2009年第8期。

力，是其竞争差异的根本所在。因为知识等无形资源可以共享和无限次重复使用，所以它具有非线性放大作用，满足边际收益递增的新经济规律，从而导致了企业的能力边界与规模边界不相一致的动态变化，中间出现了一个模糊地带。这个模糊地带慢慢地培育出跨组织团队。

（一）企业边界模糊是跨组织团队产生的前提

由于每一个企业所拥有的知识是有限的，所以没有任何一个企业具有实现价值链中每一项活动所需的全部核心能力。每个企业只能在它最擅长的方面形成核心能力，这进一步导致了所有的企业都必须与外部企业建立联系，获取自己所需的但被其他企业所拥有的能力，以便完成整个价值增值活动。当企业从外部获取相关的知识时，其能力边界将会扩张。企业从外部获取知识的途径有多种，其中效率最高的是通过与其他企业进行合作组建学习型跨组织团队，相互沟通、交流与学习，从而使得知识在网络各节点成员之间进行传递和共享，既避免了纵向一体化的高成本和缺乏灵活适应性，又使知识获取的效果更佳。由此可见，企业边界模糊化的本质是企业之间合作程度的深化以及合作范围的拓展。

（二）跨组织团队的特点

跨组织团队的特点是"随需而变"，包括以下四个方面的含义。

一是跨组织团队是一个功能团队。跨组织团队是为了完成某些特定任务而组建的，目的性非常明确。

二是对团队成员实行动态化管理。跨组织团队的组建流程可以是非正式、半开放的，组织机构、管理流程、策略、模式和时间应该是可以改变的、动态的，无论成员身处何地，都可以在一个统一的平台上沟通与协作。

三是跨组织团队具有文化多元性。建立跨组织团队的基础是企业的心理边界，而不是社会边界，因为社会边界强调的是文化特殊性，心理边界强调的则是文化同一性。在心理边界内，跨组织团队通过运用先进的技术，能够提高并增加团队成员与具有不同文化背景的同事相互交流的能力和机会，产生"鲶鱼效应"，并克服由时间和文化差异带来的成员间缺乏的协调和信任，这也是多元文化主义追求的目标。多元文化主义是一个逐渐改变的过程，它包括学习、识别、理解和认同文化①。

四是跨组织团队实行自我管理。对跨组织团队的管理必须依靠信息技术，在目标管理的基础上实现自我管理。领导者更多充当导师、教练员的角色，运用的管理手段应是非职位权力，如个人魅力、专长和情感等，而不是职位权力。跨组织团队的高度自治会帮助团队实现更高的效率。跨组织团队实现自我管理的前提是成员间必须相互信任（也是心理边界产生的前提）。没有信任，跨组织团队将形同虚设，更谈不上知识共享。信任的发展不仅需要通过面对面的交流或者沟通技术、视频会议等来消除空间差异，而且需要建立一系列统一的社会价值观、文化理念和预期。

（三）跨组织团队知识管理的重要性

虽然跨组织团队是动态的，但保持相对稳定性特别重要，因为跨组织团队管理的一个重要内容是知识管理，它包括知识沉淀和延续管理。知识管理离不开心理边界，因为心理边界为新的知识和企业边界奠定了基础。在这里，心理边界不仅起到增加企业

① 胡浩：《文化多元、沟通协调与全球虚拟团队管理》，《科技管理研究》2006 年第 12 期。

和个人知识积累的作用，而且也起到保护膜的作用，企业或个人用它来保护自身不受来自它或他希望了解的世界的侵害。企业不仅要重视知识运营和积淀，而且还要通过规范的制度，让知识充分地转移到企业可以控制的位置，整合为能力，提炼为智慧，成为一种不断增加的核心资源，形成团队的创新能力，从而不断地扩大企业的能力边界。

总之，规模边界体现的是有形资源之间的弹性关系，它是显性的，通常以实物为形态，主要表现为企业的物理属性。按照传统生产理论，其规模大小或边界由资源之间的配比关系所决定。能力边界体现的是无形资源之间的塑性关系，它是隐性的，通常以知识为形态，主要表现为企业的心理属性。按照新经济理论，其规模大小或边界由学习中的人际关系所决定。由于经济人假设的存在，引发每个企业都专注于自己的核心资源和能力建设，而将非核心资源和能力拿出来共享。所以，无论是规模边界还是能力边界，均由企业的核心资源和能力所决定，但程度却由于它们属性的不同而有所差别，从而使规模（物理）边界和最大能力（心理）边界之间出现了模糊地带。模糊地带的稳定与否直接关系到企业之间共生能力的大小。一般来说，企业边界越稳定，企业之间共生能力就越强。在模糊地带组建跨组织团队，并对其进行有效的管理，能够增强企业边界的稳定性，因为跨组织团队能够提升不同企业之间的协调能力和知识共享程度。

第四节　企业边界的弹塑性变形与
网络组织共生优势

网络组织共生优势是指网络组织中成员企业之间以契约为纽

带，通过相互合作来实现资源和核心能力的互补融合，从而达到获取新的竞争优势目的的一种战略行为。简而言之，它是指成员企业之间的优势互补、合作共生。所以，网络组织的共生优势与企业边界的塑性变形密切相关。

一 企业边界弹塑性变形的基本假定

与其他科学一样，研究企业边界的弹塑性变形必须对企业的内部情况进行抽象，提出若干假设作为研究的前提，其目的在于简化分析问题的数学难度。

假设一：连续性。"每一个企业都是用来进行设计、生产、营销、交货以及对产品起辅助作用的各种活动的集合"①，这些活动的开展不仅需要耗费一定的资源，而且还需要文化作为支撑，它们涵盖了从原料采购到产品销售的整个过程，对企业利润有所贡献，缺一不可。所以，我们可以把企业看成一种完全密实的连续"介质"，所有活动充满了企业所占有的全部空间，并在整个变形过程中始终保持其连续性不变。此假设的目的在于：说明企业的边界变形和位移等变量是连续的，可用坐标的连续函数来描述它们的变化规律。

假设二：均匀性和各向同性。企业内部的价值活动、资源、文化的弹塑性力学性质相同，且它们本身和在各方向上的性质也相同。此假设的目的在于：表征企业的弹塑性常数不随空间坐标的位置和方向变化而产生变化。

假设三：小变形性。企业的小变形性是指企业在外界环境的作用下，所产生的变形，程度相对于整个企业来说非常微小。此

---

① 迈克尔·波特：《竞争优势》，陈小悦译，华夏出版社，1988，第34页。

假设的目的在于：当我们讨论企业的平衡和发展问题时，一则可以不考虑因边界变形而引起的企业整体结构变化；二则可以省略应变的高阶微量，即略去二次及二次以上的幂次项，从而使得平衡条件与几何变形线性化。

二　企业边界的弹塑性变形方程

（一）坐标变量的确定

企业的发展过程受多种因素的影响，既有外部因素，也有内部因素。根据矛盾的对立统一规律，事物发展的根本原因是内因，外因只有通过内因才起作用。通过对国内外学者有关企业生命周期、寿命和危机研究成果的归纳、总结得出：影响企业发展的内因主要包括三个方面。企业文化，用变量 x 来表示，如领导者才能、社会责任、管理和创新能力等；企业价值链，用变量 y 来表示，如产品研发、基础设施、服务、营销等；企业资源，用变量 z 来表示，如人力、技术、产品、财务、品牌等（见图 3-7）。它们既是企业建立竞争优势的源泉，也是企业边界保持稳定性的条件，设企业边界变形方程为：

$$F = f(x,y,z) \qquad (3-3)$$

1. 企业文化

企业如同人一样，由于经历不同而形成了与众不同的个性，即企业文化。它是企业在长期的生产经营实践活动中慢慢形成的、为全体员工所认同的、带有本组织特点的经营宗旨、价值观念、行为模式和企业形象的总和。企业文化的含义非常广泛，既包括精神文化、制度文化，也包括物质文化、行为文化和创新文化。它是个体文化和群体文化的统一，其作用在于

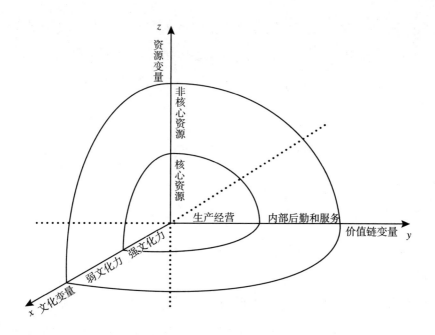

图 3 - 7　影响企业发展的主要因素或竞争优势的维度

激励、导向、约束和推动，使人们更加有效率地、愉快地去做事，使员工积极主动地去创造和实现自我价值。企业文化将企业的价值理念渗透到整个企业中，在企业内达成共识，并以此来指导行动，从而为形成不可模仿的核心竞争力奠定基础，它带来的竞争优势是一种绝对竞争优势[1]。由于每位员工的经历不同、价值观不同、进入企业的时间不同、距离权力中心的位置不同等，所以企业文化对他们的影响也不同，有强有弱。一般来说，价值观和经历越简单的员工，其文化力越弱，但可塑性越强；进入企业时间越长、距权力中心越近的员工，其文化力越强。

---

[1]　颜毓洁、李立立：《企业文化与核心竞争力的关系浅谈》，《商场现代化》2008 年第 3 期。

2. 企业价值链

根据迈克尔·波特的价值链理论，企业内部各项活动由基本价值活动和辅助价值活动构成。基本价值活动涉及产品的物质创造及销售、转移给买方和售后服务的各种活动，包括内部后勤、生产经营、外部后勤、市场营销和服务，像一条主线，贯穿于企业经营全过程，体现价值活动之间的纵向关系。对于企业来说，由于其内部后勤和服务直接面对的是顾客，受环境的影响最大，所以它们距离市场较近，位于企业的边缘。辅助价值活动是辅助基本活动并通过提供外购投入、技术、人力资源以及各种企业范围的职能来相互支持，包括基础设施、人力资源、技术开发、采购，体现价值活动之间的横向关系。辅助价值活动渗透到基本价值活动之中，共同对企业的相对成本地位做出贡献，并奠定了差异化的基础，从而形成企业的竞争优势。

3. 企业资源

资源是企业赖以生存和发展的基础，包括人力资源、金融资源、物质资源、关系资源、信息资源等。其中那些能够看得见、摸得着的资源，如人力资源、物质资源、金融资源等，被称为有形资源；而那些看不见、摸不着的资源，如关系资源、信息资源、品牌资源等，被称为无形资源。对这些资源的有效运用和不同资源间的协调将产生能力，表现为人与人之间、人与其他资源之间相互协调的复杂模式。从本质上讲，能力也属于无形资源。无形资源对于企业来说非常重要，它能够形成企业独特的优势，被称为核心资源，而其他的资源则被称为非核心资源。由于核心资源与非核心资源相比有三个方面的优点：异质性、难以模仿性和无法替代性，所以它是企业产生核心竞争力的基础和源泉。对于一个企业来说，核心资源往往处于企业资源的中心地位。

如果把企业作为一个整体来看，无法辨认企业的核心竞争力。竞争优势来源于企业在设计、生产、营销、交货等过程及辅助过程中所进行的许多相互分离的活动，它们都对企业的成本优势有所贡献，并导致了产品差异化的产生。例如，低成本商品分销系统、高效率的组装过程、出色的销售队伍等能够为企业创造成本优势，高质量原材料采购、快速反应的订货系统、卓越的产品设计等能够为企业创造产品差异化优势。

这些因素对企业竞争优势的影响，不仅各有侧重，而且还相互关联、相互作用。企业开展价值活动需要耗费一定的资源，其目的在于：使产品价值得到增值。衡量产品价值增值的标准是效率，包括生产效率和交换效率。生产效率体现在企业生产过程中，交换效率体现在不同价值活动的连接中。过去，效率受技术的影响较大，但现在主要受企业文化的影响。由企业价值链、企业资源和企业文化三个坐标变量可以确定企业中任一点的位置，并用以描述该点位置的变化。

（二）企业边界的弹塑性平衡方程

每一个企业由于其文化、资源、价值活动等不同，表现出特殊的个性。不同的企业有不同的个性。我们不妨把企业的个性抽象为不同的几何形状。在实际问题中，企业的内部状况和每一点的受力情况是复杂的，选用极坐标系可以方便问题的求解。

沿着几何体的径向方向和环向方向截取任一个单元体。其中，径向方向表示企业价值链、资源和文化的纵向交互作用关系，环向方向表示企业价值链、资源和文化的横向交互作用关系。这个单元体的中心角为 $d\theta$，内半径为 r，外半径为 $r + dr$，该单元体（企业）上的受力情况如图 3 - 8 所示。根据静力平衡条件，导出径向方向和环向方向的平衡微分方程。

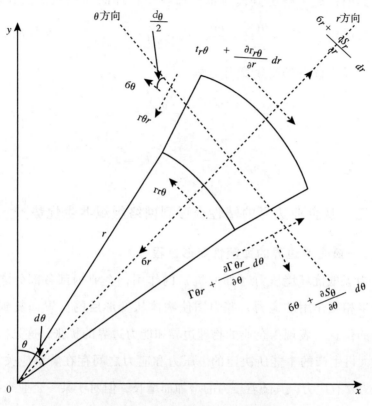

图 3 - 8　企业平面极坐标系单元体

1. 径向方向的平衡

$$\left(\sigma_r + \frac{\partial \sigma_r}{\partial r}dr\right)(r + dr)d\theta - \sigma_r rd\theta - \left(\sigma_\theta + \frac{\partial \sigma_\theta}{\partial \theta}d\theta\right)dr\frac{d\theta}{2} - \sigma_\theta dr\frac{d\theta}{2} +$$
$$\left(\tau_{\theta r} + \frac{\partial \tau_{\theta r}}{\partial \theta}d\theta\right)dr - \tau_{\theta r}dr + F_r rd\theta dr = 0$$

2. 环向方向的平衡

$$\left(\sigma_\theta + \frac{\partial \sigma_\theta}{\partial \theta}d\theta\right)dr - \sigma_\theta dr + \left(\tau_{r\theta} + \frac{\partial \tau_{r\theta}}{\partial r}dr\right)(r + dr)d\theta - \tau_{r\theta}rd\theta +$$

$$\left(\tau_{\theta r} + \frac{\partial \tau_{\theta r}}{\partial \theta} d\theta\right) dr \frac{d\theta}{2} + \tau_{\theta r} dr \frac{d\theta}{2} + F_{\theta} r d\theta dr = 0$$

其中，F_{θ}、F_r 分别代表单位体积力在环向和径向上的分量，式中还使用了 $\sin\left(\frac{d\theta}{2}\right) \approx \frac{d\theta}{2}$，$\cos\left(\frac{d\theta}{2}\right) \approx 1$。将上面两个式子整理得到极坐标下的平衡微分方程：

$$\frac{\partial \sigma_r}{\partial r} + \frac{1}{r} \frac{\partial \tau_{\theta r}}{\partial \theta} + \frac{\sigma_r - \sigma_\theta}{r} + F_r = 0 \qquad (3-4)$$

$$\frac{\partial \tau_{r\theta}}{\partial r} + \frac{1}{r} \frac{\partial \sigma_\theta}{\partial \theta} + \frac{2\tau_{r\theta}}{r} + F_\theta = 0 \qquad (3-5)$$

三 从企业边界的塑性变形到网络组织共生优势

（一）企业边界的弹塑性变形过程

为了抵抗环境压力（如危机）的作用，企业内部各部分之间将产生相互作用的应力，并力图使物体从变形后的位置回复到变形前的位置，表现为企业的物理边界和能力边界的扩张，这是由企业扩大再生产的本能所决定的。压力和应力之间存在着对应关系，有压力才有应力，其随着压力的增加而增长，但对于某一企业来说，应力的增长是有限度的，超过这一限度，企业要么破产，要么被兼并，这个限度被称为企业的极限应力。企业的应力是由企业素质决定的，压力仅是应力的导火索，不是应力发生的根源，它可以在一定条件下诱发或激化企业内部积累的各种矛盾，使企业内部矛盾加重。企业边界受力产生变形时，企业内各点处变形程度一般并不相同，用以描述一点处企业边界变形程度大小的力学量被称为该点的应变。

1. 企业边界的应变位移

在几何体的极坐标中，u_r 和 u_θ 分别表示企业边界受市场压力后的径向位移和环向位移。ε_r、ε_θ 及 $\varepsilon_{r\theta}$ 分别表示径向应变、环向应变和剪应变。因企业边界变形而引起的应变位移分为三种情况。

一是径向位移（见图 3 - 9）。线元 AB 移动到 $A'B'$，线元 AC 移动到 $A'C'$，由 $AB = dr$，$AC = rd\theta$，$AA' = u_r$ 得：$BB' = u_r + \dfrac{\partial u_r}{\partial r}dr$，$CC' = u_r + \dfrac{\partial u_r}{\partial \theta}d\theta$，则应变为：

$$
\begin{cases}
\varepsilon'_r = \dfrac{A'B' - AB}{AB} = \dfrac{(u_r + \frac{\partial u_r}{\partial r}dr) - u_r}{dr} = \dfrac{\partial u_r}{\partial r} \\[3mm]
\varepsilon'_\theta = \dfrac{A'C' - AC}{AC} = \dfrac{(u_r + r)d\theta - rd\theta}{rd\theta} = \dfrac{u_r}{r} \\[3mm]
\varepsilon'_{r\theta} = \dfrac{1}{2}\dfrac{CC' - AA'}{AC} = \dfrac{u_r + \left(\frac{\partial u_r}{\partial \theta}d\theta\right) - u_r}{2rd\theta} = \dfrac{1}{2r}\dfrac{\partial u_r}{\partial \theta}
\end{cases}
\tag{3 - 6}
$$

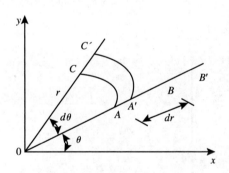

图 3 - 9　企业边界的径向位移

二是环向位移（见图 3 - 10）。线元 AB 移动到 $A''B''$，线元 AC 移动到 $A''C''$，由 $AB = dr$，$AA'' = u_\theta$ 得：$BB'' = u_\theta + \dfrac{\partial u_\theta}{\partial r}dr$，$CC'' = u_\theta + \dfrac{\partial u_\theta}{\partial \theta}d\theta$，则应变为：

$$\begin{cases} \varepsilon''_\theta = \dfrac{A''C'' - AC}{AC} = \dfrac{CC'' - AA''}{AC} = \dfrac{\left(u_\theta + \dfrac{\partial u_\theta}{\partial \theta}d\theta\right) - u_\theta}{rd\theta} = \dfrac{1}{r}\dfrac{\partial u_\theta}{\partial \theta} \\ \varepsilon''_{r\theta} = \dfrac{1}{2}\left(\dfrac{BB'' - AA''}{AB} - \dfrac{u_\theta}{r}\right) = \dfrac{1}{2}\left(\dfrac{\partial u_\theta}{\partial r} - \dfrac{u_\theta}{r}\right) \end{cases} \quad (3-7)$$

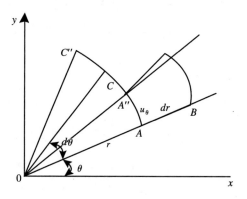

图 3 – 10 企业边界的环向位移

三是双向位移。综合径向位移和环向位移后得企业边界的双向位移，其应变为：

$$\begin{cases} \varepsilon_r = \varepsilon'_r = \dfrac{\partial u_r}{\partial r} \\ \varepsilon_\theta = \varepsilon'_\theta + \varepsilon''_\theta = \dfrac{1}{r}\dfrac{\partial u_\theta}{\partial \theta} + \dfrac{u_r}{r} \\ \varepsilon_{r\theta} = \dfrac{1}{2}\left(\dfrac{\partial u_\theta}{\partial r} + \dfrac{1}{r}\dfrac{\partial u_r}{\partial \theta} - \dfrac{u_\theta}{r}\right) \end{cases} \quad (3-8)$$

2. 应变和应力的关系

设企业的应力为 M，外界冲击力为 c，则：

$$M = m(x, y, z; c) \quad (3-9)$$

由式（3 – 3）和式（3 – 9）可以得出企业的应变与应力之间的关系为：

$$F = h(m; c) = h(m) \quad (3-10)$$

在弹性变形阶段，F'＝常数，企业的应变与应力之间呈线性关系，说明：环境压力仅发生于交易活动过程中，位于企业的边界上，只是对产品的销售量产生影响，且时间短暂；一旦压力消失，企业边界立即恢复到原来的状态。在塑性变形阶段，由于F'为变量，企业的应变与应力之间呈非线性关系，说明：压力已经深入企业内部，所以即使压力消失，企业也难以恢复到原来的状态。

3. 企业边界的塑性变形与应变能的增加

危机对企业来说有两层含义：危险和机遇。危险将导致企业能力边界的"收缩"；机遇将导致企业能力边界的"扩展"。机遇促使企业边界迅速扩张，追求规模大型化，这是20世纪90年代以前企业的做法。边界扩张表现为企业向外做虚功，因业务分散而导致核心能力降低。危险促使企业边界收缩，集中资源，表现为企业向内做虚功。根据企业适应性的不同，企业边界收缩分为两种形式：被动收缩和主动收缩。被动收缩是指企业迫于环境压力变卖资产，缩小规模，是企业的撤退战略，导致企业边界产生弹性变形，它只会带来企业价值的转移，导致各部门因信心下降而软化。从表面上看，企业失去的是非核心资源，但最终将危及企业的核心资源，使企业丧失独立性。主动收缩是指企业在市场压力下主动采取措施，如剥离、出售与自己主业无密切关联性的事业部或子公司，实施虚拟化经营，导致企业边界发生塑性变形，带来的是企业价值的增加。企业边界的主动收缩是企业的"以退为进"战略，表现为企业向内做虚功，因资源集中而导致核心能力提高。在企业边界的主动收缩过程中，由于外力是缓慢施加给企业的，所以不会导致企业产生加速度，可将其视为静力，从而忽略企业的动能，同时不必考虑企业文化的变化。

对于图3－8、图3－9中的微几何体，应力等于作用在其表面上的外力。由于各应力分量所形成的合力都只在与它指标相同的应变分量所引起的变形位移上做虚功，所以企业所做虚功是各应力分量在其相应应变分量上所做虚功之和，$W = \varepsilon_r W_r + \varepsilon_\theta W_\theta + \varepsilon_{r\theta} W_{r\theta} = \varepsilon_r \frac{\partial \sigma_r}{\partial r} dr + \varepsilon_\theta \frac{\partial \sigma_\theta}{\partial \theta} d\theta + \varepsilon_{r\theta} (\frac{\partial \tau_{\theta r}}{\partial \theta} d\theta + \frac{\partial \tau_{r\theta}}{\partial r} dr)$，于是单位体积的应变能为：

$$U = \int_0^{\varepsilon_{ij}} \sigma_{ij} d\varepsilon_{ij} = \int_0^{\varepsilon_{ij}} dU \qquad (3-11)$$

其中，dU 为应变能增量，它是边界产生的应变增量所引起的应变能增加量。

根据能量守恒定理，企业变形所做虚功应全部转化为应变能。对于企业的弹性变形，由于企业采用的是被动收缩战略，所以应力所做的弹性虚功具有可逆性，它将随着环境的好转、压力的消失而消失，或者随着企业的破产而消失；对于企业的塑性变形，由于企业采用的是主动收缩战略，所以应力所做的塑性虚功具有不可逆性，它将随着企业的合作而被分散储存于各部门之中。塑性变形不同于弹性变形之处在于变形的非线性，从而使得其应变具有累积效应，无论环境如何变化，只要产生新的塑性变形，塑性虚功总是增加的。

（二）网络组织的共生优势

企业边界因变形而做虚功，将引起企业内部涨落的产生。如果市场需求的变化对企业的影响是短期的，那么企业仅有弹性变形发生，表现为微涨落。随着时间的推移，这种微涨落很可能被放大，如市场需求变化的持续影响，产生巨涨落，导致企业边界塑性变形的发生。从平衡到不平衡再到平衡，从有序到无序再到有序是企业的自组织现象和一条发展规律。

　　企业是一个开放的系统，它的发展壮大离不开与外界进行物质和能量交换，从环境吸收低熵①物质，如原材料等，向环境排放低熵产品和高熵废弃物，或者从高文化处输入产品，向低文化处排出产品，从而将熵耗散到外界，以维持自身的低熵态。这一过程需要力的作用方能实现。

　　假设有两个企业 A 和 B（见图 3 - 11），它们各自有不同的企业文化和压力，即各自处于一个平衡态，则由 A 和 B 组成的开放系统 AB 处于非平衡状态。该状态比原先两部分文化、压力都相等的平衡态有序，原因在于文化、压力朝一定方向变化：由高向低。一方面，企业文化和压力的差异促使系统 AB 离开平衡态，企业 A 和企业 B 之间发生从高文化到低文化的产品流动，熵也随之不断地产生。随着交往的加深，企业边界由弹性变形转变为塑性变形，产生模糊地带$\overline{AB}$。在$\overline{AB}$处，两种企业文化逐渐融合，并分别与各自企业平衡。根据热力学第零定律，A 企业文化和 B 企业文化也相互平衡。另一方面，由于两个企业各自处于确定的平衡态，根据能量守恒定律，流入每个企业的产品必等于流出该企业的产品。再由于每个企业都有自己的文化，所以随产品流入的熵也必等于随产品流出的熵。从以上分析可知，交界处$\overline{AB}$也是一个开放的系统，加之涌现力的作用，致使在该过程中从高文化企业减少的熵小于低文化企业增加的熵，其差额部分便完全耗散到外界。因此，无论是企业 A 还是企业 B，均因共享非核心资源，而进一步拓展了自己的核心资源，增强了其核心竞争力，并实现了网络组织共生。

---

① 熵是测量无序状态的定量量度。如果把有规则排列的状态看成低熵的话，那么混乱状态就是高熵。耗散结构论认为：物质世界的状态总是自发地从"低熵"到"高熵"转变成无序，社会经济系统也不例外。

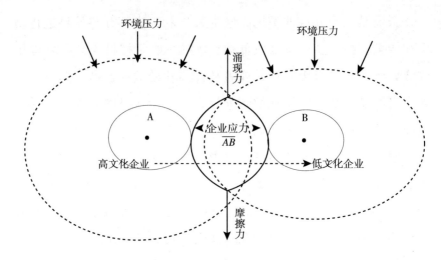

图3-11 企业边界应变位移与其竞争力增强过程

注：A 表示 A 企业，B 表示 B 企业；虚线圆表示企业的资源边界；细实线圆表示企业的核心资源边界；粗实线分别表示企业 A 和 B 的塑性变形边界（A 左 B 右）；交界处$\overline{AB}$表示企业 A 和企业 B 的共享资源及边界；箭头表示企业边界的受力分布。

第五节　本章小结

企业经过不断地分形、凝聚，最终将产生网络组织。根据产生路径的不同，笔者把网络组织分为两种类型：内生生长型网络组织和凝聚生长型网络组织。两者既有区别又有联系。它们之间的区别为：内生生长型网络组织是企业自我繁殖的结果，体现的是企业的自组织能力；凝聚生长型网络组织是企业相互聚集的结果，体现的是企业之间的吸引和群生能力。它们之间的联系是：两者相互渗透，相互影响。凝聚生长型网络组织中有内生生长型企业，内生生长型网络组织中有凝聚生长型企业；凝聚生长型网络组织在一定时期内能转化为内生生长型网络组织，内生生长型网络组织在一定时期内也能转化为凝聚生长型网络组织。

20 世纪 80 年代以来，信息技术革命促使企业规模发生了重大的变化——巨型化和小型化。但实践证明，成功者不足一半。究其原因，许多经济学家和管理学家各自从不同的角度进行了解释。笔者认为，导致企业边界发生不一致变化的因素是环境压力。环境压力促使两个企业之间出现了模糊地带。模糊地带的稳定与否直接关系到企业抗御风险能力的大小。在模糊地带组建跨组织团队，并对其进行有效的管理，能够增强企业的稳定性。

市场中的任何组织都难以避免遭受危机的影响。笔者依据弹塑性变形理论建立了企业边界的弹塑性变形模型，具体分析了企业共生能力增强的过程。如同实物一样，企业在外界环境变化的冲击下，边界会发生弹塑性变形，其平衡态是环境的压力和企业的应力、企业之间的摩擦力以及网络组织的涌现力等综合作用的结果。通过分析可知，导致企业危机产生的根源并非环境压力，环境压力仅仅是一个"导火索"，而根源是企业自身素质，包括企业文化、资源和价值链等因素。这些因素在环境压力下将产生应力，以抵抗压力的冲击。一般来说，企业的应力越大，其共生能力也越强，危机对企业的影响便越小。在应力的作用下，企业边界将发生塑性变形。在该变形过程中，企业通过资源共享，扩展其能力边界，逐渐将势能转化为动能而做虚功，产生整体涌现性。这一过程由于存在于一定的时间、空间之中，并随之发生变化，所以具有独特性，其他企业难以模仿，从而成为企业核心竞争力的源泉和基础。

第四章　专业化分形视角下的网络
组织摩擦与共生风险

　　一个国家或地区的经济发展离不开企业的贡献，其数量和质量直接关系到一个国家或地区的前途和命运。但企业的发展并非一帆风顺，在前进的道路上可能会遇到各种各样的风险，导致生命周期缩短。据美国《财富》杂志报道，美国大约62%的企业寿命不超过5年，只有2%的企业存活达到50年，中小企业平均寿命不到7年，大企业平均寿命不足40年。《日经实业》的调查显示，日本企业平均寿命为30年。在台湾，企业的平均寿命为13年。有关资料也显示，目前全球企业的生命周期正在不断缩短。20世纪70年代的企业平均寿命为30年，到了90年代末期，已降至15年①。改革开放30年来，我国超过10年的企业凤毛麟角，集团公司的平均寿命为7～8年，中小企业的平均寿命更短，仅3～5年。2005年以来，中国发生了诸如吉林石化事故、健力宝股东危机、雀巢和三鹿奶粉社会责任缺失、SK－Ⅱ公共关系陷阱等一系列重大事件，均说明了企业的脆弱性。

---

　　① 周颖杰：《我国企业的寿命及影响因素分析》，《商场现代化》2005年第20期。

风险可以降临到任何企业身上，尤其是在现代社会迅速发展、科技革命日新月异、经济环境瞬息万变的市场环境下，企业的运营风险不断增大，世界上永远不会存在"常胜将军"。一般情况下，企业规模越大，企业构成的要素越多，企业面临的风险越大。一旦发生，企业所遭受的损失也越大。虽然网络组织依靠成员企业之间的资源共享，能够产生亚市场效应，起到缓冲器的作用，减少市场对企业的冲击，但是亚市场也同样存在风险。它主要受成员企业之间协调能力的影响，仅为成员企业通过其影响力进行部分控制。本章研究的重点是亚市场风险，即网络组织共生风险，它产生于成员企业的经济人行为，是成员企业边界相互摩擦的结果。

第一节　网络组织摩擦的产生

一　理论基础：从有形摩擦到无形摩擦

摩擦学是物理学中的概念，是一门研究相对运动的表面及相关行为的技术科学，包括研究摩擦、磨损和润滑。在当今社会生活中，摩擦现象无处不在，其存在形式也多种多样。衡量摩擦的指标是摩擦力，它是由于外力的作用，使两个互相接触的物体发生相对运动或有相对运动趋势时，在接触面上产生的一种阻碍相对运动的力。摩擦力和运动力是一对矛盾，是事物存在和发展的两个必不可少的条件。

摩擦力有静摩擦力和动摩擦力之分。当一个物体在另一个物体表面上具有相对运动的趋势时，所受到的阻碍物体运动的力，叫静摩擦力。静摩擦力的产生需要满足三个条件：两个物体必须紧密接触；两个物体必须有粗糙的接触面；两个物体必须具有相对运动的趋势。当一个物体在另一个物体表面上具有相对运动时，所受到的阻碍物体运动的力，叫动摩擦力。摩擦力实际上是由于两个物体的分子被虚弱地连接在一起，然后又被分开而形成的。摩擦力的大小受两个因素的影响：一是接触面间的压力大小。当接触面粗糙程度一定时，接触面间的压力越大，摩擦力越大。二是接触面的粗糙程度。当接触面间的压力一定时，接触面越粗糙，摩擦力越大。

按照摩擦主体的特征，摩擦分为有形摩擦和无形摩擦。有形摩擦也被称为机械摩擦，是有形物体之间的摩擦，如机器运行、汽车行驶、心脏跳动等，是一种纯自然现象，属自然科学研究范畴；无形摩擦也被称为冲突摩擦，是无形物体（社会主体）之间的意识、行为所发生的冲突或破坏，如国家外交、企业管理、家庭关系等，是一种纯社会现象，属社会科学研究范畴。由于无形摩擦理论来源于有形摩擦理论，是有形摩擦理论的延伸和拓展，所以它同样可以适用有形摩擦的相关理论。关于有形摩擦理论的研究，不同的学者有不同的见解。其中，比较著名的有黏着摩擦理论。黏着摩擦理论最早是由德萨格利于1724年提出的，鲍登（1924）、阿恰德（1953）、克拉盖尔斯基（1962）对其进行了发展。黏着摩擦是由于物体表面的塑性接触而使接触点产生瞬时高温，相互之间发生黏着，并生成很强的结合力。

二　网络组织摩擦产生的内因

网络组织摩擦产生的内因是经济人的自利本性。经济人假设出自斯密1776年的《国民财富的性质和原因的研究》一书，是经济学"显学化"的基础。随着社会经济的发展，人们对经济

人的认识也在不断地深入，由经济个人拓展到经济行为主体
（个人、家庭、企业和政府等），并不断融入一些伦理、道德、
政治因素，使经济人假设逐渐广义化。目前，大多数经济学者所
解释的经济人假设，大致包含三个要点：经济人假设是经济生活
中一般人的抽象；经济人在经济活动中的行为是理性的；经济人
的本性是自利的。关于经济人的理性假说，西蒙提出了质疑，引
出了有限理性概念，认为行为主体打算做到理性，但现实中却只
能有限度地实现理性。现实中由于风险和成本的存在，人们只能
在决策过程中寻求满意解而难以寻求最优解。经济学理性主义坚
持"人的自利本性"是一切经济行为的（至少是经济行为研究
者的）出发点，这是亚当·斯密的核心思想，也是被作为"经
济学帝国主义"里程碑的贝克尔 1976 年的著作《人类行为的经
济分析》的核心思想。① 自利的反面是他利。如果把人的自利行
为看成经济人核心的话，那么人的他利行为则是集体人的核心。
从自利到他利、从经济人到集体人仅仅是概念外延的扩大，其本
质仍然是一致的。"从本质上，他利也是一种自利，从自利的本
性说，人好像希望更多地给自己带来自利，而给他人带来更少的
利益，因此会存在损人利己的倾向，但是，就算损人利己在短期
是可以发生并存在的，但是稍微长远地看来，这种只有自利没有
他利的行为迟早会使自利损失殆尽。在自利时要突破人性的
'损人利己'的弱点，这样才是更好的自利。"因此，"自利是他
利的基础"②，经济人是集体人的基础。换句话说，集体人假设
中隐藏着经济人假设。对它的含义进一步拓展，得出：合作中包

---

① 杨依山、王金利：《"经济人"假设的历史演变及再探讨》，《理论学刊》
2007 年第 8 期。
② 魏江林：《浅析经济人假设与利己主义》，《经济师》2008 年第 1 期。

含竞争。

对于网络组织来说，由于其内部各企业是独立经营主体，每一个企业都具有经济人的自利本性。这必然会导致它们为争夺经济利益而相互冲突，从而产生网络组织摩擦。

三 网络组织摩擦产生的基础

网络组织是由众多产业相关或同一产业价值链上的企业组织在一起形成的协作团队。由于网络组织是由跨边界合作形成的新型组织，企业之间的分工形成了相互依存的网络，相互结合能产生一种协同效应，从而形成了约束企业之间长期相互依存关系的多样化合约①。

由于网络组织并非实体物质，所以其内部的摩擦属无形摩擦。这种摩擦现象同样可以用黏着摩擦理论来解释。

（一）企业的"粗糙表面"是网络组织产生的前提

企业是社会经济发展到一定阶段的产物，作为一个社会细胞，企业与社会存在着千丝万缕的联系。一方面，它从市场上获取自身发展所需要的各种各样的资源；另一方面，生产的产品也必须通过各种渠道销往市场。这些与市场密切接触并不断从市场当中吸取营养的部门就像一个个微凸起或触角，形成了企业"粗糙的表面"（衡量指标是粗糙度或光洁度或开放化——企业各部门开放的程度）。每个企业都有"粗糙的表面"，并不断地相互碰撞、接触。网络组织正是在这种碰撞、接触中才得以产生。

（二）企业的塑性变形是网络组织产生的条件

信息社会使得企业面临的环境更加复杂，更加难以控制，企

---

① 孙国强：《网络组织前沿领域研究脉络梳理》，《外国经济与管理》2007年第 1 期。

业面临的压力越来越大，最终导致企业间接触表面产生弹性摩擦变形和塑性摩擦变形。如果企业在外界压力减小的情况下，其接触表面逐渐恢复为原始形状，则被称为弹性摩擦变形，企业之间为弹性接触状态。当企业面临的外界环境压力很大时，企业表面微凸起接触区域的应力将达到企业本身的压缩屈服极限，企业表面不能恢复为原始形状，此时产生的变形为塑性摩擦变形，企业之间为塑性接触状态。弹性摩擦变形的结果是，企业依旧独立，产生不了网络组织。只有塑性摩擦变形，企业表面才能具有黏着效应，形成网络组织。

（三）边界模糊是网络组织形成的标志

"网络组织是多个企业在重复交易中所形成的一种经济组织，它既非市场组织又非科层组织，是两者的渗透和融合。"[1]也就是说，网络组织的形成是企业流程再造及其业务逐渐核心化的过程——市场的压力迫使合作企业主动对自身价值链进行分解，并与其他企业一起进行重新组合，形成价值网络。这一重组的过程即企业边界渗透和融合的过程。此时企业与企业之间的边界不仅是模糊的，而且是动态变化的，这也促进了企业边界向更具开放性和渗透性的方向发展[2]。网络组织边界的模糊是不同企业接触点的部门发生黏着的结果。

在网络组织内部，每一个成员企业都有粗糙的表面，从而企业之间能够密切接触。由于经济人行为，企业内部又具有弹性应力的回复作用，使得这种黏着仅仅是界面黏着，共享的是非核心资源，这也是网络组织不同于科层组织之处。因此，经济人行为

---

[1]　喻卫斌：《试论网络组织的边界》，《广东社会科学》2007 年第 2 期。

[2]　蒋峦、蓝海林、谢卫红：《企业边界的渗透与模糊》，《中国软科学》2003 年第 4 期。

是网络组织摩擦力产生的基础。换句话说，不同的经济人之间在外部市场的压力下，由于利益追求的差异而产生摩擦。当两个成员企业同步发展时，相互之间所产生的摩擦力是静摩擦力，它是网络组织内部企业之间合作的结果，合作是网络组织稳定的基础；当两个成员企业非同步发展即一个成员企业比另一个成员企业发展速度快或慢（表现为相对运动）时，相互之间所产生的摩擦力是动摩擦力，它是网络组织内部企业之间竞争的结果。这里的竞争有两个方面含义：建设性竞争和破坏性竞争。建设性竞争是网络组织的内部激励，对网络组织的发展起着促进作用；破坏性竞争是网络组织的内部损害，对网络组织的发展起着阻碍作用。

根据摩擦理论，摩擦力是黏着效应和犁沟效应产生的阻力之和。同样，在网络组织的摩擦力中，也存在犁沟力。当两个实力悬殊的企业形成网络组织时，由于实力较小企业的塑性流动（具有黏性），实力较大的企业将在实力较小企业的表面"犁出一条沟"，表现为大企业对小企业的主导地位，这一现象被称为"犁沟效应"，它是由小企业对大企业的依附性所决定的。由犁沟效应产生的犁沟力，一方面增强了网络组织的稳定性，这是因为大企业能够为小企业提供技术、资金、人才等方面的支持；另一方面也给网络组织带来了风险，这是因为大企业对小企业的控制而导致的收益分配不公。在该类型组织结构中，由于大企业处于主导地位，是网络组织运行的核心，所以被认为是网络组织的核心企业模式。在该组织模式下，核心企业以契约规定的地位和自身的威信监督契约的执行，维护网络组织的运行，在网络组织中发挥主导作用。当两个实力相近的企业形成网络组织时，经济人假设也会使网络组织产生犁沟效应。这种犁沟是相互的、肤浅的，是企业之间相互作用和影响的结果。这是网络组织的平行模式（非核心模式）。在该组织模式下，成员企业通过契约和社会资本来协调企业之间的活动，围绕特定的任务组建临时性的网络组织。

第二节　影响网络组织摩擦的因素

网络组织摩擦是因为多个独立企业边界之间有相互作用而引起的，其结果产生摩擦力。除此之外，还有一些因素影响网络组织摩擦力的大小，如市场压力、企业文化、企业接触面、企业信息化程度等。

一　外界环境压力

在当今信息社会条件下，外界环境发生了显著变化：一是变化速度在加快，主要表现在技术更新、产品换代和消费者需求等方面。二是复杂性在增加，主要表现在构成要素、影响因素和预测能力等方面。外界环境的这些变化使得企业竞争压力增大。压力再通过传递和变换，成为摩擦力，在促使网络组织形成的同时，也增加了其内部冲突。在一定限度下，压力与摩擦力之间呈正比例关系。一旦超过此限度，压力将和摩擦力无关。

二　企业的接触面

企业接触面的大小可用企业表面的粗糙度来表示，即企业边界上微凸起（开放性部门）的多少。"从摩擦机理看，表面越平整，黏着作用越显著，使摩擦系数增大；表面越粗糙，犁沟作用越显著，也使摩擦系数增大；因此，相对于表面光洁度的改变，摩擦系数有一个极小值。从接触性质看，弹性接触下，表面越光洁，真实接触面积越大，黏着作用使摩擦系数越大；塑性接触下，表面光洁度对真实接触面积的影响不大，因而对摩擦系数的影响也不大。"① 对于网络组织来说，其类型不同，企业开放性部门的多少对摩擦力的影响也不同。①核心型网络组织。无论是增加还是减少开放性部门，摩擦系数都会增大，但增加的幅度会有差别。企业各部门开放程度越高、越一致（表面越光洁），即双方人员交往得越"充分"，黏着效应越强。企业各部门开放程度差别越大（表面越粗糙），犁沟效应越强。②平行型网络组织。由于其犁沟作用是相互的，且不显著，所以企业表面越光洁，相互接触得越充分，黏着效应越大，摩擦系数越大。

三 承载的时间

摩擦系数随着承载时间的延长而上升，并且趋于定值。网络组织面临市场压力持续的时间越长，企业开放程度会越来越高，接触的人员也会越来越多，表现为企业接触面增大，其结果有三：一是企业之间的黏着效应加强；二是开放性部门抗压屈服极限降低，使黏着面积扩大；三是界面两侧相互扩散的时间比较充分，使黏着作用比较牢固。因此，随着承载外界压力时间的延长，网络组织将有越来越向企业内部交易转化之势。

四 企业文化

企业文化被称为企业的个性，是一个综合概念，包括信仰、价值观、行为规范等。企业文化是在特定环境中形成的，由于所处环境的差异，不同企业的文化具有不同的特征。人们通常把企

---

① 陆大雄：《摩擦学导论》，北京出版社，1990，第220页。

116

业文化分为"保守"与"开放"两种类型。一般而言，保守型的企业文化限制员工的创新能力，阻碍企业间知识的流动与转换，从而增加了企业间信息共享的难度。开放型的企业文化则鼓励员工的创新能力，提倡员工与其他企业的员工之间进行各种信息交流，增进了解，培养感情，这就必然有利于企业间的信息、知识共享。由于网络组织中的各成员企业来自不同的地区，甚至是不同的国家，其自身文化背景具有很强的异质性。因此，企业间一般都存在文化距离。文化距离使得网络组织中单个企业的整合、协调和交流变得比较困难，由此产生的摩擦与矛盾将直接影响网络组织的良性互动关系。因此，企业间文化的差距是影响网络组织摩擦的一个重要因素。

五　企业的信息化程度

网络组织是一种学习型组织，具有为生存与适应环境而学习的创新能力。网络组织的高度分散特性使决策中心向相关知识存在的活性节点转移。在实现信息、知识共享的过程中，每个节点都处于不断运动或流动的状态，且具有决策功能。节点之间的通过协同关系或临近吸聚方式形成整体网络结构。具有决策能力的活性节点是构成网络组织的基本要件。[1] 每个节点工作的有效性是提高网络组织运行效率的根本保障。它有两个重要的衡量指标：信息传递的时效性和准确性。网络组织中的层次越多，上下层流动信息中转次数就越多，流动的时效性就减弱。但是，如果减少网络层次，那么网络节点之间的跨度必然增大，此时信息流通的时效虽然增强了，但

---

[1]　叶满昌、吴宗杰：《基于信息技术的网络组织研究》，《山东理工大学学报（社会科学版）》2006 年第 3 期。

准确性却降低了。①"两难选择"会降低网络组织运行的效率。

总之,摩擦是客观存在的,人们无法消灭它。对网络组织来说,只要经济人假设存在,摩擦就会存在。摩擦有利有弊。一方面,有些摩擦如建设性冲突等,能够在网络组织内部形成"鲶鱼效应",减缓外部压力对网络组织的冲击和影响,推动网络组织不断发展。另一方面,网络组织在运行过程中还会产生一些不利的摩擦,如人际冲突、本位利益等,给网络组织带来风险。

第三节 从网络组织摩擦到共生风险

一 网络组织共生风险的产生

网络组织共生风险是指网络组织在共生过程中,由于成员企业的相互作用所产生的、能够给网络组织带来损失的各种不确定性。网络组织中的一些不利摩擦很容易导致网络组织共生风险的产生,因为网络组织是由一些具有独立地位的企业以长期契约的约束形式组成的一个长期互存的利益共同体。该利益共同体通过资源共享,对物流、资金流、信息流进行控制,从产品研发、原材料采购、产品制造到产品销售、售后服务,将供应商、生产商、销售商、竞争者,甚至是最终用户紧密连成一个整体,以产生整体涌现性。它可以使得参与企业节省更多的市场交易费用,充分利用自身资源发展自己的核心业务,培养自身的核心能力,降低内部成本。理想的网络组织共生模式是:在网络组织中,各

---

① 王德禄、李子祎:《基于信息熵理论的网络组织结构分析》,《现代管理科学》2007年第1期。

成员企业信息充分共享，各自的决策系统的制定不能违背整个网络组织决策系统的规划和安排，保证各成员企业都能清楚地观察物流、资金流和信息流，在最优的资源协调、合作和共享中，降低各个环节的延迟时间和交易费用，并消除风险的扭曲放大作用。但实际情况是：各个成员企业都是独立的经济主体，这些主体之间具有竞争、合作、动态等多种性质的供需关系。这些主体的复杂性表现在主体的分散性和主体的性质差异两个方面。一方面，构成某一网络组织的成员企业在地理上是分散的，分散范围可能是某一地区、某一省份或国家，甚至分布在全球；另一方面，每个成员企业具有自己的目标、经营策略、组织结构和发展动力等。而每一个成员企业的目标都是希望通过不断提高自己的适应能力来提高竞争力，从而获得利润，由于它们均具有主观能动性、个人理性，所以以前集权式的管理方法在网络组织中变得不可使用。同时，网络组织管理的复杂性还与各企业在组织结构、企业文化、信息基础结构以及资源状态等方面的因素有关。例如，各企业为了自身的利益不愿与其他企业共享某些重要信息，不愿牺牲自身的利益去获取网络组织整体的最大利益等。因此，成员企业总是为了自身的利益而进行资源的自我封闭，它们之间的合作往往带有短期倾向，人为地增加了各成员企业之间的资源壁垒和沟通的障碍，从而使其面临风险，这就需要网络组织不断探索新的协调手段。

二　网络组织共生风险的类型

企业网络是网络经济在企业管理上的映射，它的产生是因为不同企业之间的控制是存在差异的。企业为了实现自己的战略目标，必须要和其他企业建立各种联系和互动关系以利用对方的资源。网络组织相对于单个企业来说，通过企业之间共生获得的竞争优势是显而易见的，但在共生过程中也面临着一定的风险。

（一）企业合作竞争风险

动态性是网络经济的一个重要特点。同样，它也是网络组织的一个重要特点，不仅体现在信息和知识的流动过程中，而且还体现在合作式竞争中。在合竞式的网络组织中，企业是独立的个体，各有各的利益需求（存在经济人假设），所以企业在他利行为中必然存在自利行为，而他利行为常常会掩盖自利行为，即合作掩盖竞争。这样，竞争逐渐地从显性化走向了隐性化。竞争的隐性化必将孕育一场危机。不同企业合竞关系的建立和维持必须有一套较完善的方案以及协议。合作之前企业应该对实施方案做充分的利弊分析，尤其是应对可能出现的问题进行周密的考虑。在这些问题中，一部分是在合竞之前就可以预见到的，但由于企业对自身的认识不足以及对合作伙伴了解不够，常常会对可能出现的问题没有制定对应的配套措施。另一部分问题是在制订方案时，各成员企业对实施合竞可能出现的问题没有考虑周全，进而不可能对这些问题制定相应的配套措施，一旦这部分问题发生，就有可能导致合作失败①。

（二）文化和战略融合风险

由于网络组织的每个成员企业的历史、经历等各不相同，因而它们具有独特的行政系统、管理风格和企业文化。所以，即使它们是网络组织的一员，在路径依赖的作用下，职业道德、劳动生产和决策风格等必然会存在一些矛盾和冲突，它们将直接影响

---

① 张军、王丽敏：《网络组织中企业合作竞争的风险研究》，《生产力研究》2007 年第 22 期。

合作伙伴解决问题和处理矛盾的方式，并使得成员企业之间的战略兼容相当困难。尤其是在跨国网络组织中，成员企业文化的管理与整合、员工之间的心理融合、经营战略的适应性调整等，对网络组织的平稳运行都非常重要，否则将出现风险。

（三）模块化整合风险

模块化的网络组织既有有利的一面，"模块化网络组织为知识流动提供了网络平台，同时模块化网络组织的制度和结构特性也有利于促进知识的流动和整合"①，但也有不利的另一面，这种高度分权的松散型运行模式在使网络组织具有柔性大等优点的同时，也使它在运作中可能遇到更多危机，因为在网络组织内部存在市场和行政的双重机制，相对于单一企业来说，其管理难度更大。由于成员企业的利益与冲突不能用行政命令的方式解决，客观上要求合作各方既要保持相对的独立性，又必须建立并运行一个科学的管理系统来维持组织的正常运作，发挥网络组织的功效，然而要做到这一点并不容易。

（四）信任风险

网络组织主要依靠成员企业间的隐性契约来维持，即以所谓的信任与承诺等人文因素来维持成员企业的长期合作与竞争关系。相互信任是网络组织建立和发展的基础与关键，是一个复杂的社会心理现象，涉及很多层面和维度：一则它与未来的不确定性紧密相连；二则它是建立在信息对称性基础之上的。相互信任是网络组织内各个节点，在面对未来不确定性时，所表现出来的相互信赖，是彼此间对自身在未来行动中的一种承诺。相互信任

---

① 余东华、芮明杰：《基于模块化网络组织的知识流动研究》，《南开管理评论》2007 年第 4 期。

在不确定性面前具有很大的脆弱性。在网络组织中，各成员企业
为了维持自己的核心竞争力，必然会采取一些保护和防范措施，
以避免核心技术发生泄漏，而与此同时，他们又希望对方能毫无
保留地进行合作，以便自己能在合作中获得最大的效益。这就造
成企业最终从自身的利益出发，有保留地进行合作，导致合作企
业间的信任与亲密程度降低。一旦网络组织中出现了不信任行
为，其所造成的潜在损失将远远大于由相互信任行为而预期得到
的收益。换一个角度，由于网络组织内各成员企业的相互信任，
减少了它们对其他供应商或销售商的了解，从而导致了成员企业
之间的信息不对称。同时，网络组织的虚拟性也进一步加剧了这
种信息不对称。信息的不对称性是各种机会主义行为滋生的温
床。从信息经济学的角度讲，信息不对称从时间上可分为两种情
况：一种是发生在当事人签约前，被称为"隐藏信息"，由此产
生"逆向选择"的风险；另一种发生在签约之后，被称为"隐
藏行为"，由此产生"败德行为"风险。

（五）蝴蝶效应风险

网络组织形成和发展于企业之间的非线性相互作用，是企业
不断分形的结果。分形导致混沌，混沌的重要特点是对初始条件
的极度敏感性（蝴蝶效应）。成员企业之间的交互风险在网络组织
中很可能被蝴蝶效应加以放大，产生风暴，危及网络组织的寿命。
所以，网络组织是一把"双刃剑"，一个诱因（机会）可能会很
快地造就一个世界"五百强"。同样，一个诱因（威胁）也可能
使一个世界"五百强"轰然倒塌，甚至造成国家经济的崩溃。

三 网络组织共生风险对效率的影响

网络组织共生风险产生在成员企业的边界上，是成员企业相

互摩擦的结果。对于网络组织共生风险，如果不加以有效控制的话，最终将会影响网络组织运行效率，导致 X 低效率的产生。X 低效率是一种亚市场配置低效率，它不同于市场配置低效率。市场配置低效率是由产品的市场价格偏离其边际成本所造成的；X 低效率是因网络组织内部人际关系活动而非市场活动造成的那种类型的低效率，它缘于跨企业人员所组成的集合活动的低效率。网络组织中的跨企业群体（位于网络组织的节点上）是为达到网络组织共生目标，以统一的步调相互依存地行动着的群体，它的工作效率对网络组织的共生效果有着重要的影响。影响 X 低效率的因素有两个：跨企业群体的团结性和对网络组织目标的认同。一个跨企业群体的团结程度能够导致其成员行为的协调或不协调。在网络组织的跨企业群体中，由于其成员隶属于不同的企业，所以针对他们往往有不同的激励措施。激励措施有物质激励和精神激励两种形式：物质激励形式多种多样，包括工资、奖金、公司赠送保险、各种福利津贴、优先认股权证等，由于每位员工的需要不同，所以物质激励对他们的效力也不同；精神激励包括适时表扬、设计良好的工作环境、让员工参与管理、丰富工作内容等，相比物质激励，这些措施所费金钱很少，但可以有效地唤起员工的主人翁精神，使之在工作中充满活力与自豪感，从而提高效率。不同成员企业的不同的激励措施很可能会降低跨企业群体的团结程度，导致它们行为的不协调，从而产生 X 低效率。跨企业群体对网络组织目标的认同与否则决定其努力方向是否一致。在网络组织的跨企业群体中，由于经济人行为的影响，企业目标与网络组织目标不一定一致，从而导致跨企业群体的目标与网络组织目标的差异，则怠工或惰性行为可能发生，产生 X 低效率。

第四节　网络组织共生风险的传导
与其稳定性的关系

产生在企业边界上的 X 低效率能够在企业内部和企业间进行传递，并不断被放大，产生连锁效应，生成各种各样的风险，使该企业渐渐丧失原有功能，直至最后完全失效。

一　网络组织共生风险的企业内传导

令 X 低效率的程度为 x，$(1 - x)$ 表示网络组织通过群体动力机制能够进一步提高的效率部分（或对 X 低效率进行控制部分）。用 k 表示 X 低效率在企业内部传导的速度，在不同的成员企业里，有不同的 k 值，则 X 低效率的非线性传导模型为：

$$\frac{dx}{dt} = x_{t+1} = kx_t(1 - x_t) \qquad (4-1)$$

对于不同的 k 值，X 低效率的传导形状也不同，k 值大小与成员企业的管理水平、企业文化等因素有很大的关系。随着 k 值的增大，X 低效率的传导形状变得越来越尖，表明 X 低效率的传导速度在加快（见图 4-1、图 4-2）。x_t 是某一成员企业在第 t 个时点上 X 低效率的程度。因为①效率不能为负值；②在一定的时期内，由于人性和环境压力的影响，X 低效率的提高有一个极限，所以 $0 \leq x_t \leq 1$。当 $x_t = 0.5$ 时，x_{t+1} 有一个极值。根据研究的实际意义，可知 $0 < x_t < 1$。该方程有两个不动点 $x_1 = 0$ 和 $x_2 = (1 - 1/k)$。根据稳定性条件，要使该方程在不动点 x_2 处保持稳定，必须使：

$$|x'_{t+1}(x_1)| = |x'_{t+1}(x_2)| < 1，即 1 < k < 3$$

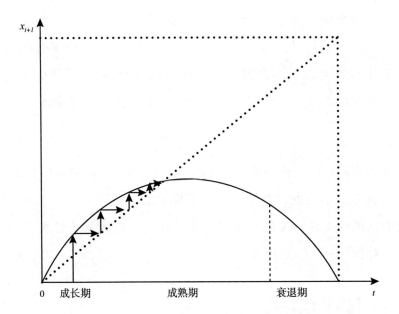

图 4 - 1　当 $k = 2.8$ 时 X 低效率的传导曲线

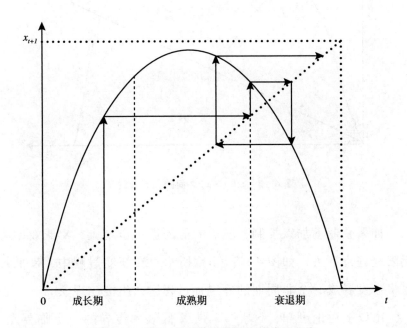

图 4 - 2　当 $k = 3.8$ 时 X 低效率的传导曲线

也就是说，不论 X 低效率的初始程度如何，只要 X 低效率在企业内部的传导速度 k 保持在 1 和 3 之间，X 低效率都将稳定在这个常数上，而不会被放大，转变成企业风险。当 $k > 3$ 时，X 低效率将被放大，生成企业风险。由式（4-1）迭代，得：

$$x_{t+2} = k^2 x_t(1 - x_t)[1 - kx_t(1 - x_t)] \qquad (4-2)$$

当 $k < 3$ 时，有一个稳定的不动点（见图 4-3）；当 $k > 3$ 时，有三个不动点，其中一个是不稳定的（见图 4-4）。经过一定时间的演变后，X 低效率将再次被放大，生成危害性更大的风险，如图 4-5（a）所示。

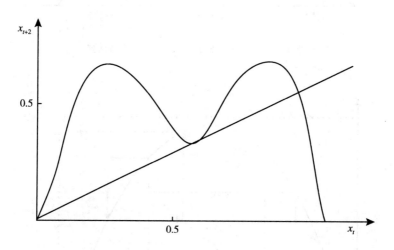

图 4-3 x_{t+2} 与 x_t 之间的关系曲线

如果企业不加以控制，随着 k 值的进一步增大，X 低效率将无限地进行下去，如图 4-5（b）所示。在演变过程中，X 低效率将会发展成一个非周期的确定性过程，产生混沌现象。

由以上讨论可知，k 等于 3 是 X 低效率传导的一个临界点，在该点处，原来稳定的不动点开始变得不稳定起来，使一些吸引

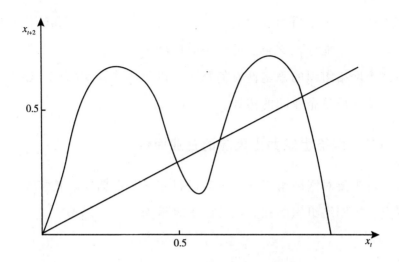

图 4 - 4 x_{t+2} 与 x_t 之间的关系曲线

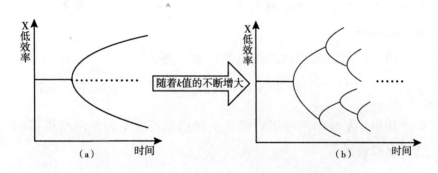

图 4 - 5   随着 k 值的变化 X 低效率演变的轨迹

子变为排斥点。因此，k 作为影响 X 低效率在企业内部传导的重要因子，对网络组织的稳定性有着重要的影响，既有利又不利。一般来说，k 值小，说明企业自身的"免疫力"较强，能够抵御一些风险的侵袭，使企业发展处于较为平稳的状态；相反，k 值大，说明企业自身的"免疫力"较弱，难以抵御一些风险的侵袭，企业发展不平稳，容易进入失效状态。

对网络组织中某一成员企业来说，X 低效率在其内部传导并产生风险,不是瞬间发生的,而要经历一个不断放大和转化的过程,最终才能导致该企业处于失效的状态。该成员企业的失效将对整个网络组织的稳定性有何影响,以及影响程度如何,还要研究风险在成员企业间的传导。

二 网络组织共生风险的企业间传导

首先要对网络组织共生风险进行测量,根据风险转移算法的特点,将网络组织的独立风险因子表示为:

$$r_i = p[\,|\lambda_i - \bar{\lambda}_i|\,] \qquad\qquad (4-3)$$

其中,i 表示网络组织中第 i 个成员企业,λ_i 表示该企业的实际状态,$\bar{\lambda}_i$ 表示该企业的期望状态,p 表示实际状态偏离期望状态的概率。

同理,网络组织的共生风险可表示为:

$$R = p[\,|\lambda - \bar{\lambda}|\,] \qquad\qquad (4-4)$$

其中,λ 表示网络组织的共生期望状态,$\bar{\lambda}$ 表示网络组织的共生实际状态。

按照成员企业之间产品关系的不同,网络组织可以分为三种结构类型:价值链型网络组织、同构型网络组织和核心型网络组织。

(一) 价值链型网络组织

价值链型网络组织是按照产品价值增值活动顺序,由企业聚集而成的网络组织形式。在价值链型网络组织中,每一成员企业仅占据整条产品价值链中的一个或几个环节,且在该环节拥有核心竞争力(见图4-6)。成员企业与成员企业之间是供应链式的串行关系,通过资源共享、风险共担,共同满足消费者的需求。

价值链型网络组织很脆弱，一旦其中某个成员企业发生故障，将导致整个网络组织的瘫痪或瓦解。

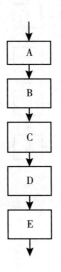

图 4 – 6　价值链型网络组织

（二）同构型网络组织

同构型网络组织产生于同构型企业集群，它是由众多生产同类产品的竞争性企业聚集而成的网络组织。在同构型网络组织中，每一成员企业占据的是整条价值链中的同一环节，通过共享供应商和（或）销售商，以及其他基础设施或技术合作、战略联盟等来实现规模化经营，以满足消费者多样化的需求。成员企业之间是一种伙伴似的战略联盟并行关系，所以整个网络组织的协作力要高于同构型企业集群（见图 4 – 7）。同构型网络组织的稳定性要高于价值链型网络组织，即使其中一个或几个成员企业失效，只要有一个成员企业能够正常运行，整个网络组织就不会瘫痪，但该网络组织的运行稳定性却大为降低。

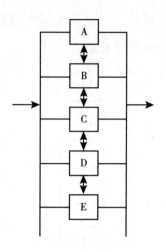

图 4 - 7 同构型网络组织

（三）核心型网络组织

核心型网络组织是在核心型企业集群的基础上发展而来的，是对核心型企业集群的优化和扬弃。在核心型企业集群中，核心企业与其他成员企业之间的关系有三种形式：共栖、互利共生和寄生。共栖是指双方能够和平共处，其中一方受益，而另一方既不受益，也不受损；互利共生是指双方能够和平相处，且在资源上相互依赖，长期共存共荣，实现"共赢"；寄生是指双方共同生存，但其中一方受益，另一方受损。核心型网络组织是一种互利共生式网络组织，企业之间"同生死，共患难"（见图 4 - 8）。核心型网络组织的稳定性比前两种类型都要高，原因在于核心企业的"宿主"作用，只要它稳定，整个网络组织就稳定，但其他成员企业并不是可有可无的，如果其中一个或几个发生故障，虽不至于危及网络组织的生存，但对整个网络组织的效率将产生一定的影响。

三种网络组织共生类型，就有三种状态风险测量的方法，分

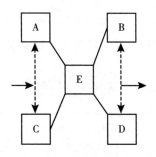

图 4 - 8　核心型网络组织

别如下。

对于价值链型网络组织，其共生风险可以利用传统的方法加以确定，即：

$$R_{串} = 1 - \prod_{i=1}^{n}(1 - r_i) \qquad (4-5)$$

其中，r_i 表示独立风险因子。

对于同构型网络组织，为得到其共生风险的整体效果，首先需要识别其中风险的关键要素，这可以通过风险的逐步检查法来实现。具体内容是：第一，把网络组织中的每一个成员企业都设定为控制点，用以跟踪风险传导的过程。第二，测量各控制点面临的风险值 R_i，并求得相邻控制点间的风险增量 $\Delta_{i,i+1} = R_i - R_{i+1}$。第三，确定初始至结束控制点间的风险增量 $\Delta_{n,1} = R_n - R_1$，则它们的比值 $E_i = \Delta_{i,i+1}/\Delta_{n,1}$ 取极小值时，对应的控制点 i 和 $i+1$ 即为所求的风险关键要素，它所对应的风险值即为所求网络组织的共生风险 $R_{并}$。

对于核心型网络组织，由于它结合了价值链型网络组织的串行和同构型网络组织的并行特点，所以不妨设 $R_{混}(t)$ 为 t 时刻在该型网络组织中成员企业风险的度量值，它可由 $R_{串} \otimes R_{并}$ 决定；α 为网络组织风险因子，体现了各成员企业间的相互影响力；β

为成员企业风险因子的传导系数；M 为成员企业风险的阈值（能够引起企业做出反应的最低值），则有：

$$\frac{dR_{混}(t)}{dt} = \underbrace{\alpha[M - R_{混}(t)]}_{\text{风险在成员企业间传导}} + \underbrace{\frac{\beta R_{混}(t)}{M}[M - R_{混}(t)]}_{\text{风险在成员企业内部传导}}$$

$$(4-6)$$

该公式集中反映了企业风险在网络组织中的传导过程，它不仅考虑了网络组织中成员企业内部的风险（上式右端后项），而且考虑了网络组织中风险的互动耦合因素（上式右端前项）。在最简单的层次上，我们可以把网络组织的共生风险看成一系列串联（价值链型网络组织）、并联（同构型网络组织）和混合联（核心型网络组织）任务的稳定性。每一个成员企业的稳定性最终形成了整个网络组织的稳定性。

第五节　本章小结

网络组织是一种合作与竞争并存的亚市场结构形式。竞争缘于成员企业的经济人行为，各自有各自的利益追求；合作缘于外界环境的压力，成员企业共同规避市场风险。笔者认为，企业在交互作用中必然会产生各种各样的摩擦，导致企业边界发生变形，产生 X 低效率，它存在于亚市场之中，不同于市场配置低效率。X 低效率是因网络组织内部人际关系活动而非市场活动造成的那种类型的低效率，它缘于跨企业人员所组成的集合活动的低效率。对于网络组织来说，风险是客观存在的，只要"经济人假设"存在，风险就会存在，并与其伴随始终，所以网络组织无法消灭它。风险有利有弊。一方面，有些风险如建设性冲突等，能够在网络组织内部形成"鲶鱼效应"，减缓外部压力对网络组织的冲击和影响，成为网络组织存在的基础和产生整体涌现性的条件，推动网络组织不断发展；另一方面，网络组织在运行过程中也会产生一些不利的风险，如人际冲突、本位利益等。这些不利因素起初可能很小，但如果经过网络组织内部的非线性放大，将会产生一场"风暴"，给予网络组织毁灭性的打击，所以对于此类风险，网络组织应该加以关注和控制。

第五章　网络组织共生稳定性分析

从国内外企业边界理论的研究中，我们可以看出人们关注的重点逐渐从静态的企业物理边界观[1]走向动态的企业能力边界观[2]。随着科技进步的加快，以及经济全球化的发展，企业组织所面临的环境日益动态化。在新的条件下，企业组织边界更是表现出动态变化的趋势。John W. Gardner 曾认为分工是组织的核心问题，没有公司、部门、科室等结构划分，综合的现代组织不可能存在下去，它是为实现过去某一目标而设立的，这些目标现在有效，将来未必有效。大多数组织的结构是为了解决已经不存在的问题，内部结构的灵活性是防止组织衰败的重要原则之一。灵活性对于网络组织来说同样重要，一方面，它是网络组织快速适应市场环境变化的重要法宝；但另一方面，它也会降低网络组织的稳定性。那么，如何在保持灵活性的基础上，提高网络组织的稳定性将是本章所要研究的内容。

---

[1]　企业物理边界观认为组织的边界是明确、清晰与固定的。
[2]　企业能力边界观认为企业的边界是随环境条件的变化而变化的。

第一节 网络组织共生稳定性概述

一 网络组织共生稳定性的特点

X 低效率和混沌现象会给网络组织带来许多风险。对网络组织来说，成员企业之间的交互作用风险不仅永远存在，而且有些可能会成为网络组织提高自身竞争力和增加稳定性的关键。网络组织的共生稳定性依赖网络各节点的"无缝连接"。"无缝连接"，即企业边界的融合，表现为边界的模糊性。企业边界的模糊性降低了企业突然失效的概率，使得企业的运行状态呈现不确定性，所以分析网络组织的共生稳定性不能使用常规的方法，而应使用模糊可靠性分析方法。因为传统的可靠性分析包含两个基本假设：离散有限状态和概率。离散有限状态假设将系统指标的取值范围划分成若干部分，每一部分代表系统的不同状态；概率假设即完全用概率方式刻画系统的可靠性行为。常规可靠性理论是建立在概率论和数理统计基础之上的，概率论和数理统计又是建立在测度论基础之上的，而测度论又是基于经典集合论和二值逻辑的。由此可以推出：传统可靠性的理论基础是经典集合论和二值逻辑。在传统的可靠性分析中，市场中的企业只有两种状态：成功和失败。企业之间仅是互通有无、相互利用，彼此泾渭分明，以竞争为主，从而系统性能指标的取值范围被划分为截然不同的两个部分，一部分标志企业完好，另一部分标志企业失效，然后根据企业的实际指标值落入哪一部分来判断企业失效与否。很显然，这种划分在许多情况下严重脱离实际情况，因为它不能区分同一部分内不同指标值之间的差异，而不同部分交界处的相邻指标点间并无性能上的本质差异，却被分别划分为不同的状态。

实践表明，不管是企业集群还是网络组织，因遭受风险的冲击而导致协调失败的现象是极为普通的。例如，风险能够在网络组织内部扩散，使整个组织进入失效状态。从风险出现到整个网络组织解体并不是瞬间发生的，而要经历一个从"完好"到"故障"的过渡过程，表现为：网络组织共生风险从小到大、成员企业边界从弹性变形到塑性变形直至超过极限而破产等。这些中介过程是相互联系、相互渗透、相互转化的，呈现亦此亦彼的状态，这就是事件的模糊性。离散有限状态假设对此并不成立，而应以模糊状态假设替代。所谓模糊状态假设是指故障判据是模糊的，即在任一时刻，系统在某种程度上处于模糊正常状态，又在某种程度上处于模糊故障状态[①]。

二　网络组织共生稳定性有关的概念

与传统可靠性的主要指标类似，网络组织共生稳定性的主要衡量指标也有可靠度、故障率、平均寿命等，但这些指标的内涵远比常规可靠性的指标丰富、复杂。假设用 A_i 表示传统可靠性定义中的第 i 个清晰事件，用 $\tilde{A}_i$ 表示第 i 个共生功能子集所代表的模糊事件。

定义 5－1　在网络组织中，成员企业在一定的环境中，在预期的运行时间内，在某种程度上完成规定产品增值活动的概率，被称为企业关于 $\tilde{A}_i$ 的模糊可靠度，并记为 $\tilde{R}(\tilde{A}_i)$，

---

① 宋保维：《系统可靠性设计与分析》，西北工业大学出版社，2000，第176页。

简记为 $\tilde{R}$ 。

定义 5 – 2　在网络组织中，成员企业运行到某时刻 t ，在单位时间内发生某类模糊故障的概率，被称为企业的模糊故障率，并记为 $\lambda(\tilde{A}_i)$ ，简记为 $\tilde{\lambda}$ 。

定义 5 – 3　在网络组织中，企业无某类模糊故障运行时间的数学期望，被称为企业关于该类故障的模糊平均寿命，记为 $M\tilde{T}TF$ 。

$$\tilde{\lambda} = -\frac{d\tilde{R}}{\tilde{R}dt}, \quad M\tilde{T}TF = -\int_0^\infty t d\tilde{R} \qquad (5-1)$$

定义 5 – 4　若对论域（研究的范围）$U \subset [0,1]$ 中的任一元素 u ，都有一个数 $A(u) \in [0,1]$ 与之对应，则称 A 为 U 上的模糊集，$A(u)$ 称为 u 对 A 的隶属度，记为 $\mu_{\tilde{A}}(u)$ ，即论域中任一元素 u 隶属于模糊子集 $\tilde{A}$ 的程度的量，其取值范围为 $\mu_{\tilde{A}}(u) \in [0,1]$ 。当 u 在 U 中变动时，$\mu_{\tilde{A}}(u)$ 就是一个函数，被称为 A 的隶属函数。

隶属度 $\mu_{\tilde{A}}(u)$ 越接近 1 ，表示 u 属于 A 的程度越高；$\mu_{\tilde{A}}(u)$ 越接近 0 ，表示 u 属于 A 的程度越低。用取值于区间 $[0,1]$ 的隶属函数 $\mu_{\tilde{A}}(u)$ 表征 u 属于 A 的程度高低。

三　网络组织稳定性共生功能子集

为了解决如何用模糊子集表示共生功能的问题，必须应用模糊数学中的模糊语言表示，在功能前面加上"大"和"小"，从而得到了两个表示共生功能的模糊子集。这两个模糊子集都用 $\tilde{A}$ 表示。为了进一步区分大和小的各种程度，还需要对其进一步细分。

（1）$\tilde{A}_i$ 为"极大功能"模糊子集，$\mu_{\tilde{A}_i}(1) = 1$ ，则：

$$\tilde{R} = exp\left[-\int_0^t \tilde{\lambda} dt \right].$$

（2）$\tilde{A}_i$ 为"很大功能"到"较大功能"中任一模糊子集，$\mu_{\tilde{A}_i}(1) \neq 0$，则：

$$\tilde{R} = \mu_{\tilde{A}_i}(1) exp\left[-\int_0^t \tilde{\lambda} dt \right]$$

（3）$\tilde{A}_i$ 为"较小功能"到"极小功能"中任一模糊子集，$\mu_{\tilde{A}_i}(1) = 0$，若 $t \in [0, t_0]$ 时，则 $\mu_{\tilde{A}_i}(R(t)) = 0$；若 $t \in (t_0, +\infty)$ 时，$\mu_{\tilde{A}_i}(R(t)) \neq 0$。给定初始条件 $\tilde{R}(t_1) = \mu_{\tilde{A}_i}(R(t_1))R(t_1) \neq 0$，$t_1 > t_0$，于是有：

$$\tilde{R} = \begin{cases} 0, & 0 \leq t \leq t_0 \\ \tilde{R}(t_1) exp\left[-\int_1^t \tilde{\lambda} dt \right], & t > t_0 \end{cases} \qquad (5-2)$$

定义 5 - 5 模糊故障是指企业的性能指标在某种程度上超出了规定范围。不可修复的企业的模糊故障，被称为模糊失效。

由这个定义可知，共生功能模糊子集和模糊故障之间存在着一一对应的关系，即有多少种共生功能模糊子集，相应就有多少种模糊故障，如极大故障、很大故障、较大故障、较小故障、很小故障、极小故障等。

第二节　网络组织共生稳定性的计算

一　模糊可靠度与传统可靠度的关系

假设用 R_i 表示网络组织中第 i 个正常功能子集的传统可靠度，用 $\tilde{R}_i$ 表示网络组织中第 i 个共生功能子集的模糊可靠度；用 λ_i 表示网络组织中第 i 个正常功能子集的传统失效率，用 $\tilde{\lambda}_i$

表示网络组织中第 i 个共生功能子集的模糊失效率；用 $MTTF$ 表示网络组织的传统平均寿命，用 $M\tilde{T}TF$ 表示网络组织的模糊平均寿命；i 的取值范围均为从 1 到 n。

由模糊条件概率的定义可知：

$$P(A\Delta\tilde{A}_i) = P(\tilde{A}_i \mid A)P(A) \qquad (5-3)$$

根据传统可靠度 R 和模糊可靠度 $\tilde{R}$ 的定义可知：

$$P(A) = R \qquad P(A\Delta\tilde{A}_i) = \tilde{R} \qquad (5-4)$$

其中，Δ 为三角范算子；$P(\tilde{A}_i \mid A)$ 为在 A 出现的条件下，$\tilde{A}_i$ 出现的概率。隶属函数 $\mu_{\tilde{A}_i}(A)$ 为模糊条件概率，即 $P(\tilde{A}_i \mid A) = \mu_{\tilde{A}_i}(A)$，则：

$$\tilde{R} = P(\tilde{A}_i \mid A)R = \mu_{\tilde{A}_i}(R)R \qquad (5-5)$$

由传统概率论关于数学期望的定义，得：

$$M\tilde{T}TF = \int_0^{+\infty} t\left(\frac{d\tilde{F}(t)}{dt}\right)dt = \int_0^{+\infty} t\frac{d(1-R)}{dt}dt = -\int_0^{+\infty} td\tilde{R} = \int_0^{+\infty} \tilde{R}dt$$

$$(5-6)$$

由 $\tilde{\lambda} = -\dfrac{d\tilde{R}}{\tilde{R}dt}$ 和式（5-6）得：

$$M\tilde{T}TF = \int_0^{+\infty} \tilde{R}dt = \int_0^{+\infty} \exp\left(-\int_0^t \tilde{\lambda}dt\right)dt \qquad (5-7)$$

当 $\tilde{\lambda}$ 为常数时，式（5-7）可改写为：

$$M\tilde{T}TF = \int_0^{+\infty} \exp(-\tilde{\lambda}t)dt = \frac{1}{\tilde{\lambda}} \qquad (5-8)$$

$$\tilde{R} = \exp\left(\frac{-t}{M\tilde{T}TF}\right) \qquad (5-9)$$

二 模糊子集与隶属函数的关系

假设 $\bar{F}$ 是论域 U 上的一个模糊子集，是指对于任意的 $x \in U$，都给定了一个由 U 至闭区间 $[0，1]$ 的映射 μ_F[①] 即：

$$\mu_F : U \to [0,1]$$
$$x \to \mu_F(x)$$

用模糊数学中的记号表示为：

$$\bar{F} = \int_{x \in U} \frac{\mu_F(x)}{x} \qquad (5-10)$$

该式表示论域上的各个元素 x_i 与隶属函数 $\mu_F(x_i)$ 的值之间的对应关系。一维隶属函数的图形表示如图 5-1 所示。其中，x^U、x^L 为 x 的上、下限，d^U、d^L 为给出容差的上、下限最大值。

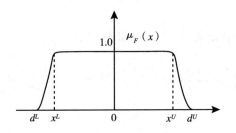

图 5-1 隶属函数

三 模糊风险概率的确定

用 y 表示网络组织中成员企业所受到的压力；用 x 表示成员企业的应力。如果成员企业的应力 x 在一定程度上小于压力 y，则它就不能完成所规定的共生功能，被称为模糊失效。如果使成

---

① 邵文蛟：《结构模糊可靠性分析》，《中国造船》1994 年第 4 期。

员企业能够在规定的时间内稳定地工作，则必须满足条件：

$$Z = x - y \mathrel{\widetilde{\geq}} 0 \qquad\qquad (5-11)$$

其中，"$\widetilde{\geq}$"为模糊大于等于号，表示 $x-y$ 在一定程度上大于等于零，而不是通常所说的一定大于等于零。符号"$\widetilde{\geq}$"直接来自模糊子集（模糊数的定义）而非模糊概率，它有着较强的实际意义。如果用 Z 代表风险函数，那么在不考虑模糊性的情况下，$Z>0$ 表示网络组织中成员企业能正常运行，一切正常；$Z<0$ 表示网络组织中成员企业遭受到破坏，正常功能丧失；$Z=0$ 表示网络组织中成员企业处于临界状态。如果考虑风险函数 Z 的模糊性，则必须引进容差，如给出应力和压力的容差最大值为 d^x 和 d^y，对临界状态而言，原来的一个风险曲面 $Z=x-y=0$ 变成具有随机取值性质的实数论域 R^n 上的一个模糊风险地带 $\widetilde{Z}$：

$$\widetilde{Z} = \{m \mid m \in R^n, \qquad -d^x \leq x(m) - y(m) \leq d^y\} \qquad (5-12)$$

其中，m 表示在模糊地带上的任一风险因素，但不同的 $m \in R^n$ 是有区别的，其隶属函数 $\mu_{\widetilde{Z}}(m)$：$R^n \to [0, 1]$ 表示任一风险因素 $m \in R^n$ 对网络组织中成员企业造成破坏的程度。

要想计算共生风险函数的表达式，首先必须知道随机变量 x、y 的分布规律，x 和 y 分布函数的概率密度曲线必定有相交的区域（见图 5-2）。在图 5-2 中，相交部分为网络组织的成员企业可能出现故障的区域，被称为风险区，在这里它仅是一个定性描述。

由此可见，网络组织中成员企业的共生稳定性可表示为：

$$\widetilde{R} = P(Z \mathrel{\widetilde{\geq}} 0) \qquad\qquad (5-13)$$

也就是说，网络组织中成员企业的模糊可靠度是随机风险 Z 取

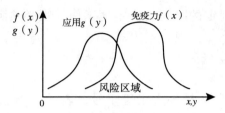

图 5-2 应力-免疫力分布曲线的相互关系

值在一定程度上大于或等于零时的概率，相应的累积失效概率为：

$$P_{\tilde{f}} = 1 - \bar{R} = P(Z \tilde{\leq} 0) \qquad (5-14)$$

设随机变量 x 和 y 的概率密度函数分别为 $f(x)$ 和 $g(y)$，其相应的分布函数分别为 $F(x)$ 和 $G(y)$。将风险区放大，设网络组织中成员企业某一给定应力为 y_1，则该应力落在小区间 d_y 内的概率为：

$$P\left(y_1 - \frac{dy}{2} \leq y_1 \leq y_1 + \frac{dy}{2}\right) = g(y_1)dy \qquad (5-15)$$

网络组织中成员企业的应力在一定程度上小于压力 y_1 的概率为：

$$P(x \tilde{\leq} y_1) = \int_{-\infty}^{y_1} \mu(x)f(x)dx \qquad (5-16)$$

其中，$\mu(x)$ 为隶属函数，其表现形式很多，如正态函数、哥西函数等。

1. 假设 $\mu(x)$ 为半梯形隶属函数[①]

$$\mu_F(m) = \begin{cases} 0 & x(m) \leq y(m) + d_y \\ \dfrac{y(m) + d_y - x(m)}{d_x + d_y} & y(m) + d_y < x(m) \leq y(m) - d_x \\ 1 & x(m) > y(m) - d_x \end{cases}$$

$$(5-17)$$

---

① 邵文蛟：《结构模糊可靠性分析》，《中国造船》1994 年第 4 期。

以 $\mu_F(m)$ 作为参数，将共生风险函数用确定性数学表示为：

$$\tilde{Z} = x(m) - y(m) - d = x(m) - y(m) - d_y + (d_x + d_y)\mu_F(m) = 0$$

$$(5-18)$$

其中，d 为风险容差。当 $\mu_F(m)$ 取不同值时，$\tilde{Z} = 0$ 在二维情况的曲线簇如图 5-3 所示。

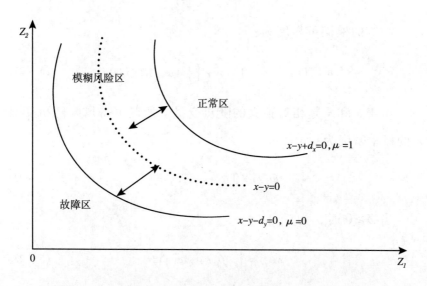

图 5-3　$\tilde{Z} = 0$ 的曲线簇

2. 假设 $\mu(x)$ 为正态隶属函数[①]

$$\mu(x) = \begin{cases} exp\left[-\dfrac{(x-x_0)^2}{k}\right] & |x-x_0| \leqslant \delta \\ 0 & |x-x_0| > \delta \end{cases} \qquad (5-19)$$

其中，$k > 0$ 为一选定参数，k 值决定因素 x 以 x_0 为中心可能会"摇摆"的程度。由于式（5-15）和式（5-16）中的

---

①　宋保维：《系统可靠性设计与分析》，西北工业大学出版社，2000，第184 页。

$g(y_1)dy$ 与 $\int_{-\infty}^{y_1}\mu(x)f(x)dx$ 是两个独立的随机事件，根据概率乘法定理可得它们同时发生的概率为 $g(y_1)dy\int_{-\infty}^{y_1}\mu(x)f(x)dx$。

这个概率为应力在 dy 小区间内所引起的故障概率。对整个压力分布，网络组织中成员企业的故障概率为：

$$P_{\tilde{F}} = P(x \tilde{\leq} y) = \int_{-\infty}^{+\infty} g(y)\left[\int_{-\infty}^{y}\mu(x)f(x)dx\right]dy \qquad (5-20)$$

相应的模糊可靠度为：

$$\tilde{R} = P(x \tilde{\geq} y) = \int_{-\infty}^{+\infty} g(y)\left[\int_{y}^{+\infty}\mu(x)f(x)dx\right]dy \qquad (5-21)$$

由于 x 和 y 是相对独立的随机变量，所以可得风险随机变量 Z 的概率密度为：

$$h(Z) = \int_y f(z+y)g(y)dy \qquad (5-22)$$

当 $Z \geq 0$ 时，为：

$$h(z) = \int_0^{+\infty} f(z+y)g(y)dy \qquad (5-23)$$

当 $Z < 0$ 时，为：

$$h(z) = \int_{-y}^{+\infty} f(z+y)g(y)dy \qquad (5-24)$$

风险随机变量 Z 在一定程度上小于零的概率就是模糊故障概率。

$$P_{\tilde{F}} = P(z \tilde{<} 0) = \int_{-\infty}^0 \mu(z)h(z)dz = \int_{-\infty}^0 \mu(z)\int_{-y}^{+\infty} f(z+y)g(y)dydz \qquad (5-25)$$

$$P_{\tilde{F}} = P(z \tilde{\geq} 0) = \int_0^{+\infty} \mu(z)h(z)dz = \int_0^{+\infty} \mu(z)\int_0^{+\infty} f(z+y)g(y)dydz \qquad (5-26)$$

144

四 价值链型网络组织的共生稳定性计算

因为在价值链型网络组织中，企业之间是串联关系，所以整个网络组织的共生稳定性问题可以被看成串联系统的共生稳定性问题。在上一章中已经阐明企业面临的风险主要来自企业内部，外界压力仅仅是诱导因素。对于网络组织来说，更是如此。因为在网络组织内部，企业通过其边界的塑性变形，互相扩大了各自的能力边界，减少了相互之间的压力和影响，增加了企业的稳定性。因此，在这里不妨假设价值链型网络组织中各企业发生模糊故障是相互独立的。已知串联系统的模糊可靠度为：

$$\tilde{R} = \tilde{R}_1 \otimes \tilde{R}_2 \otimes \cdots \otimes \tilde{R}_n = \prod_{i=1}^{n} \tilde{R}_i \qquad (5-27)$$

其中，$\tilde{R}_i$ 表示第 i 个企业的模糊可靠度，是一个模糊数，可表示为：$\tilde{R}_i = (m_i - \alpha_i, m_i, m_i + \beta_i)$；$n$ 表示网络组织中成员企业的个数；$\tilde{R}$ 表示网络组织的可靠度，是一个模糊数；$\prod$ 表示模糊乘法运算符号。

由式（5-27）可得：

$$\tilde{R} = (m_1 - \alpha_1, m_1, m_1 + \beta_1) \otimes (m_2 - \alpha_2, m_2, m_2 + \beta_2) \otimes \cdots$$
$$\otimes (m_n - \alpha_n, m_n, m_n + \beta_n) = \left(\prod_{i=1}^{n}(m_i - \alpha_i), \prod_{i=1}^{n} m_i, \prod_{i=1}^{n}(m_i + \beta_i) \right)$$
$$(5-28)$$

由式（5-27）可得网络组织的模糊可靠度与其成员企业的模糊可靠度之间的关系为 $\tilde{R} = \prod_{j=1}^{n} \tilde{R}_j$，所以根据模糊可靠度与模糊故障率之间的关系，可以得出如下结论。

若 $\mu_{jA_i}(1) \neq 0$，则网络组织的模糊可靠度为：

$$\tilde{R}_s = \prod_{j=1}^{n} \mu_{j\tilde{A}_i}(1)\exp\left[-\int_0^t \tilde{\lambda}_j dt\right] = \exp\left[-\int_0^t \sum_{j=1}^{n}\tilde{\lambda}_j dt\right]\prod_{j=1}^{n}\mu_{j\tilde{A}_i}(1)$$

$$= \mu_{s\tilde{A}_i}(1)\exp\left[-\int_0^t \tilde{\lambda}_s dt\right] \qquad (5-29)$$

其中，$\mu_{s\tilde{A}_i}(1) = \prod_{j=1}^{n}\mu_{j\tilde{A}_i}(1)$，$\tilde{\lambda}_s = \sum_{j=1}^{n}\tilde{\lambda}_j$。

又如果 $\tilde{\lambda}_j(j=1,2,\cdots,n)$ 为常数，则 $\tilde{R}_s = \exp(-t\sum_{j=1}^{n}\tilde{\lambda}_j)\prod_{j=1}^{n}$ $\mu_{j\tilde{A}_i}(1) = \mu_{s\tilde{A}_i}(1)\exp(-\tilde{\lambda}_{st})$。特别的，如果 $\tilde{A}_i$ 为 "极大功能" 模糊子集，则 $\tilde{R}_s = \exp(-\tilde{\lambda}_{st})$。

若 $\mu_{j\tilde{A}_i}(1)\neq 0$ 且 $\tilde{\lambda}_j(j=1,2,\cdots,n)$ 为常数时，则网络组织的模糊平均寿命为：

$$M\tilde{T}TF_s = \mu_{s\tilde{A}_i}(1)\int_0^\infty \exp(-\tilde{\lambda}_{st})dt = \frac{\prod\limits_{j=1}^{n}\mu_{j\tilde{A}_i}(1)}{\sum\limits_{j=1}^{n}\dfrac{\mu_{j\tilde{A}_i}(1)}{M\tilde{T}TF_j}} \qquad (5-30)$$

特别的，当 $\tilde{A}_i$ 为 "极大功能" 模糊子集时，$M\tilde{T}TF_s = \dfrac{1}{\sum\limits_{j=1}^{n}\dfrac{1}{M\tilde{T}TF_j}}$。

如果各个企业的模糊故障率都相等，均为 $\tilde{\lambda}$，且 $\mu_{j\tilde{A}_i}(1) = \mu_{\tilde{A}_i}(1)$ 和 $M\tilde{T}TF_j = M\tilde{T}TF$，$j=1,2,\cdots,n$，则 $\tilde{R} = \mu_{\tilde{A}_i}^n(1)\exp(-n\tilde{\lambda}t)$，$M\tilde{T}TF_s = M\tilde{T}TF\mu_{\tilde{A}_i}^{n-1}(1)/n$，特别的，当 $\tilde{A}_i$ 为 "极大功能" 模糊子集时，$\tilde{R} = \exp(-n\tilde{\lambda}t)$，$M\tilde{T}TF_s = M\tilde{T}TF/n$。

若至少有一个 $\mu_{j\tilde{A}_i}(1) = 0$，则：

$$\tilde{R}_s = \begin{cases} 0, & 0 \leq t \leq t_{0s} \\ \prod\limits_{j=1}^{n} R_j(t_{1j})\exp\left[-\int_{1j}^{t}\tilde{\lambda}_j dt\right], & t > t_{0s}, t_{0s} = \max\limits_{1\leq j\leq n}\{t_{0j}\} \end{cases} \qquad (5-31)$$

$$M\tilde{T}TF_s = \int_{0s}^{\infty}\prod_{j=1}^{n}R_j(t_{1j})\exp\left[-\int_{1j}^{t}\tilde{\lambda}_j dt\right]dt \qquad (5-32)$$

五　同构型网络组织的共生稳定性计算

与价值链型网络组织类似，在同构型网络组织中，企业之间是并联关系，所以可以把整个网络组织的共生稳定性问题看成并联系统的共生稳定性问题。由于各企业发生模糊故障是相互独立的，所以网络组织的模糊可靠度 $\tilde{R}_s$ 与其成员企业的模糊可靠度之间的关系为：[1]

$$\tilde{R}_s = \mu_{s\tilde{A}_i}(R_s)\left\{1 - \prod_{j=1}^{n}\left[1 - \frac{\tilde{R}_j}{\mu_{j\tilde{A}_i}(R_j)}\right]\right\} \qquad (5-33)$$

根据模糊可靠度与模糊故障率之间的关系，可得如下结论：

若 $\mu_{j\tilde{A}_i}(1) \neq 0$ $(j=1, 2, \cdots, n)$，则：

$$\tilde{R}_s = \mu_{s\tilde{A}_i}(R_s)\left\{1 - \prod_{j=1}^{n}\left[1 - \mu_{j\tilde{A}_i}(1)\exp\left[-\int_0^t \tilde{\lambda}_j dt\right]/\mu_{j\tilde{A}_i}(R_j)\right]\right\} \qquad (5-34)$$

当 $\tilde{\lambda}_j$ $(j=1, 2, \cdots, n)$ 为常数时，则：

$$\tilde{R}_s = \mu_{s\tilde{A}_i}(R_s)\left\{1 - \prod_{j=1}^{n}\left[1 - \mu_{j\tilde{A}_i}(1)\exp(-\tilde{\lambda}_j t)/\mu_{j\tilde{A}_i}(R_j)\right]\right\} \qquad (5-35)$$

又如果各企业的模糊故障率 $\tilde{\lambda}_j$ 为常数，且均等于 $\tilde{\lambda}$，$R_j = R$，$\mu_{j\tilde{A}_i}(R_j) = \mu_{\tilde{A}_i}(R)$ $(j=1, 2, \cdots, n)$，则 $\tilde{R}_s = \mu_{s\tilde{A}_i}(R_s)\{1 - [1 - \mu_{\tilde{A}_i}(1)\exp(-\tilde{\lambda}t)/\mu_{\tilde{A}_i}(R)]^n\}$。

特别的，如果 $\tilde{A}_i$ 为"极大功能"模糊子集，$\tilde{R}_s = \mu_{s\tilde{A}_i}(R_s)\{1 - [1 - \exp(-\tilde{\lambda}t)/\mu_{\tilde{A}_i}(R)]^n\}$。

若 $\mu_{j\tilde{A}_i}(1) \neq 0$，且 $\tilde{\lambda}_j$ 为常数 $(j=1, 2, \cdots, n)$，则：

---

[1]　李廷杰、高和：《并联系统的模糊可靠性》，《系统工程理论与实践》1990 年第 2 期。

$$M\tilde{T}TF_s = \int_0^\infty \mu_{s\tilde{A}_i}(R_s)\left\{1 - \prod_{j=1}^n\left[1 - \frac{\mu_{j\tilde{A}_i}(1)}{\mu_{j\tilde{A}_i}(R_j)}\exp\left(-\frac{\mu_{j\tilde{A}_i}(1)}{M\tilde{T}TF_j}t\right)\right]\right\}dt \quad (5-36)$$

又若各企业的模糊故障率 $\tilde{\lambda}_j$ 为常数，且均为 $\tilde{\lambda}$，$R_j = R$，$\mu_{j\tilde{A}_i}(R_j) = \mu_{\tilde{A}_i}(R)$，$M\tilde{T}TF_j = MTTF$，$j = 1，2，\cdots，n$，则：

$$M\tilde{T}TF_s = \int_0^\infty \mu_{s\tilde{A}_i}(R_s)\left\{1 - \left[1 - \frac{\mu_{\tilde{A}_i}(1)}{\mu_{\tilde{A}_i}(R_j)}\exp\left(-\frac{\mu_{\tilde{A}_i}(1)}{M\tilde{T}TF}t\right)\right]^n\right\}dt \quad (5-37)$$

特别的，当 $\tilde{A}_i$ 为"极大功能"模糊子集时，则：

$$M\tilde{T}TF_s = \int_0^\infty \mu_{s\tilde{A}_i}(R_s)\left\{1 - \left[1 - \frac{1}{\mu_{\tilde{A}_i}(R_j)}\exp\left(-\frac{1}{M\tilde{T}TF}t\right)\right]^n\right\}dt \quad (5-38)$$

六　核心型网络组织的共生稳定性计算

计算系统可靠度的方法很多，最小路集法是其中一种。网络系统可以被看成一些弧的集合。当这些弧正常时，能使系统正常运行，即能使输入节点和输出节点沟通，则称这些弧的集合为一路集。如果某个路集，任意地去掉一条弧（即该弧发生故障）将不再是路集，则称之为最小路集。图 4-8 可以得出，该类型网络组织有四个最小路集，分别为：$A_1 = \{A，E，B\}$，$A_2 = \{A，E，D\}$，$A_3 = \{C，E，D\}$，$A_4 = \{C，E，B\}$，系统的传统可靠度为：[1]

$$R_s = P(A_s) = P(\bigcup_{i=1}^n A_i) = \sum_{i=1}^m P(A_i) - \sum_{i<j=2}^m P(A_i \cap A_j) + \sum_{i<j<k=3}^m P(A_i \cap A_j \cap A_k)$$
$$+ \Lambda\cdots + (-1)^{m-1}P(\bigcap_{i=1}^m A_i)$$

$$(5-39)$$

---

[1]　陈胜军：《复杂系统的模糊可靠性分析》，《系统工程理论与实践》1997年第 4 期。

对于网络组织来说，非核心企业的性质不同，网络组织的可靠度和平均寿命也不同，所以有必要分四种情况来讨论。

假设 1：$P(A) = R_A$，$P(B) = R_B$，$P(C) = R_C$，$P(D) = R_D$，$P(E) = R_E$。

假设 2：各最小路集中每条弧的失效寿命均服从指数分布且失效率为常数，则有 $R_i = e^{-\lambda_i t}$。

（1）如果 A 和 C、B 和 D 是同质的，即生产同样的产品，能够相互替代，则可以得出网络组织的传统可靠度 R_s 为：

$$
\begin{aligned}
R_s &= P(A_1 \cup A_2 \cup A_3 \cup A_4) = P(A_1) + P(A_2) + P(A_3) + P(A_4) \\
&\quad - P(A_1 A_2) - P(A_1 A_3) - P(A_1 A_4) - P(A_2 A_3) - P(A_2 A_4) \\
&\quad - P(A_3 A_4) + P(A_1 A_2 A_3) + P(A_1 A_2 A_4) + P(A_1 A_3 A_4) \\
&\quad + P(A_2 A_3 A_4) - P(A_1 A_2 A_3 A_4) \\
&= P(ABE) + P(ADE) + P(CDE) + P(CBE) - P(ABDE) \\
&\quad - P(ABCE) - P(ACDE) - P(BCDE) + P(ABCDE) \\
&= R_A R_B R_C + R_A R_D R_E + R_C R_D R_E + R_B R_C R_E - R_A R_B R_D R_E \\
&\quad - R_A R_B R_C R_E - R_A R_C R_D R_E - R_B R_C R_D R_E + R_A R_B R_C R_D R_E
\end{aligned}
\tag{5-40}
$$

将式（5-40）代入式（5-5），得网络组织的模糊可靠度：

$$
\left\{
\begin{aligned}
\bar{R}_s &= \mu_{\bar{A}_j}(R_s)(R_A R_B R_C + R_A R_D R_E + R_C R_D R_E + R_B R_C R_E - R_A R_B R_D R_E \\
&\quad - R_A R_B R_C R_E - R_A R_C R_D R_E - R_B R_C R_D R_E + R_A R_B R_C R_D R_E) \\
\bar{R}_s &= \mu_{\bar{A}_j}(R_s)(e^{-(\lambda_A + \lambda_B + \lambda_C)t} + e^{-(\lambda_A + \lambda_D + \lambda_E)t} + e^{-(\lambda_C + \lambda_D + \lambda_E)t} \\
&\quad + e^{-(\lambda_B + \lambda_C + \lambda_E)t} - e^{-(\lambda_A + \lambda_B + \lambda_D + \lambda_E)t} - e^{-(\lambda_A + \lambda_B + \lambda_C + \lambda_E)t} \\
&\quad - e^{-[\lambda_A + \lambda_C + \lambda_D + \lambda_E]t} - e^{-(\lambda_B + \lambda_C + \lambda_D + \lambda_E)t} + e^{-(\lambda_A + \lambda_B + \lambda_C + \lambda_D + \lambda_E)t})
\end{aligned}
\right.
\tag{5-41}
$$

由文献[①]可以得到 $\overline{MTTF}_s - R_s$ 关系式：

$$
\overline{MTTF}_s = \int_0^\infty \bar{R}_s dt
\tag{5-42}
$$

将式（5-41）代入，式（5-42），可以得到网络组织的模

[①]　李廷杰、高和：《模糊可靠性》，《模糊系统与数学》1988 年第 21 期。

糊平均寿命：

$$M\tilde{T}TF_s = \int_0^\infty \mu_{\tilde{\lambda}_j}(R_s)(R_A R_B R_C + R_A R_D R_E + R_C R_D R_E + R_B R_C R_E - R_A R_B R_D R_E$$
$$- R_A R_B R_C R_E - R_A R_C R_D R_E - R_B R_C R_D R_E + R_A R_B R_C R_D R_E)dt$$

$$M\tilde{T}TF_s = \int_0^\infty \mu_{\tilde{\lambda}_j}(R_s)(e^{-(\lambda_A+\lambda_B+\lambda_C)t} + e^{-(\lambda_A+\lambda_D+\lambda_E)t} + e^{-(\lambda_C+\lambda_D+\lambda_E)t}$$
$$+ e^{-(\lambda_B+\lambda_C+\lambda_E)t} - e^{-(\lambda_A+\lambda_B+\lambda_D+\lambda_E)t} - e^{-(\lambda_A+\lambda_B+\lambda_C+\lambda_E)t}$$
$$- e^{-[\lambda_A+\lambda_C+\lambda_D+\lambda_E]t} - e^{-(\lambda_B+\lambda_C+\lambda_D+\lambda_E)t} + e^{-(\lambda_A+\lambda_B+\lambda_C+\lambda_D+\lambda_E)t})dt$$

$$(5-43)$$

（2）如果 A 和 C 是异质的，即生产不一样的产品，不能相互替代，而 B 和 D 是同质的，即生产同样的产品，能够相互替代，则可以得出网络组织的传统可靠度 R_s 为：

$$R_s = P((A_1 \cup A_2) \cap (A_3 \cup A_4)) = 1 - P[\overline{(A_1 \cup A_2)} \cup \overline{(A_3 \cup A_4)}]$$
$$= 2 - P(\bar{A}_1\bar{A}_2) - P(\bar{A}_3\bar{A}_4) - P(A_1 \cup A_2 \cup A_3 \cup A_4) = P(A_1A_3)$$
$$+ P(A_1A_4) + P(A_2A_3) + P(A_2A_4) - P(A_1A_2A_3)$$
$$- P(A_1A_2A_4) - P(A_1A_3A_4) - P(A_2A_3A_4) + P(A_1A_2A_3A_4)$$
$$= P(ABCE) + P(ACDE) - P(ABCDE) = R_A R_B R_C R_E + R_A R_C R_D R_E$$
$$- R_A R_B R_C R_D R_E$$

$$(5-44)$$

将式（5-44）代入式（5-5），得网络组织的模糊可靠度：

$$\begin{cases} \tilde{R}_s = \mu_{\tilde{\lambda}_j}(R_s)(R_A R_B R_C R_E + R_A R_C R_D R_E - R_A R_B R_C R_D R_E) \\ \tilde{R}_s = \mu_{\tilde{\lambda}_j}(R_s)(e^{-(\lambda_A+\lambda_B+\lambda_C+\lambda_E)t} + e^{-(\lambda_A+\lambda_C+\lambda_D+\lambda_E)t} - e^{-(\lambda_A+\lambda_B+\lambda_C+\lambda_D+\lambda_E)t}) \end{cases}$$

$$(5-45)$$

将式（5-45）代入式（5-42），可以得到网络组织的模糊平均寿命：

$$\begin{cases} M\tilde{T}TF_s = \int_0^\infty \mu_{\tilde{\lambda}_j}(R_s)(R_A R_B R_C R_E + R_A R_C R_D R_E - R_A R_B R_C R_D R_E)dt \\ M\tilde{T}TF_s = \int_0^\infty \mu_{\tilde{\lambda}_j}(R_s)(e^{-(\lambda_A+\lambda_B+\lambda_C+\lambda_E)t} + e^{-(\lambda_A+\lambda_C+\lambda_D+\lambda_E)t} - e^{-(\lambda_A+\lambda_B+\lambda_C+\lambda_D+\lambda_E)t})dt \end{cases}$$

$$(5-46)$$

（3）如果 A 和 C 是同质的，即生产同样的产品，能够相互替代，而 B 和 D 是异质的，即生产不一样的产品，不能相互替代，则可以得出网络组织的传统可靠度 R_s 为：

$$
\begin{aligned}
R_s &= P(A_1 \cap A_2) \cup (A_3 \cap A_4) = P(A_1A_2) + P(A_3A_4) - P(A_1A_2A_3A_4) \\
&= P(ABDE) + P(BCDE) - P(ABCDE) = R_AR_BR_DR_E \\
&\quad + R_BR_CR_DR_E - R_AR_BR_CR_DR_E
\end{aligned}
$$

$$(5-47)$$

将式（5-47）代入式（5-5），得到网络组织的模糊可靠度：

$$
\begin{cases}
\tilde{R}_s = \mu_{\tilde{\lambda}_j}(R_s)(R_AR_BR_DR_E + R_BR_CR_DR_E - R_AR_BR_CR_DR_E) \\
\tilde{R}_s = \mu_{\tilde{\lambda}_j}(R_s)(e^{-(\lambda_A+\lambda_B+\lambda_D+\lambda_E)t} + e^{-(\lambda_B+\lambda_C+\lambda_D+\lambda_E)t} - e^{-(\lambda_A+\lambda_B+\lambda_C+\lambda_D+\lambda_E)t})
\end{cases}
$$

$$(5-48)$$

将（5-48）式代入式（5-42），可以得到网络组织的模糊平均寿命：

$$
\begin{cases}
M\tilde{T}TF_s = \int_0^\infty \mu_{\tilde{\lambda}_j}(R_s)(R_AR_BR_DR_E + R_BR_CR_DR_E - R_AR_BR_CR_DR_E)dt \\
M\tilde{T}TF_s = \int_0^\infty \mu_{\tilde{\lambda}_j}(R_s)(e^{-(\lambda_A+\lambda_B+\lambda_D+\lambda_E)t} + e^{-(\lambda_B+\lambda_C+\lambda_D+\lambda_E)t} - e^{-(\lambda_A+\lambda_B+\lambda_C+\lambda_D+\lambda_E)t})dt
\end{cases}
$$

$$(5-49)$$

（4）如果 A 和 C、B 和 D 都是异质的，即生产不一样的产品，不能相互替代，则可以得出网络组织的传统可靠度 R_s 为：

$$
\begin{aligned}
R_s &= P((A_1 \cup A_2) \cap (A_3 \cup A_4)) = 1 - P[\overline{(A_1+A_2)(A_3+A_4)}] \\
&= 1 - P(\overline{A_1+A_2}) - P(\overline{A_3+A_4}) = P(A_1) + P(A_2) - P(A_1A_2) \\
&\quad + P(A_3) + P(A_4) - P(A_3A_4) - 1 = P(ABE) + P(ADE) \\
&\quad + P(CDE) + P(BCE) - P(ABDE) - P(BCDE) - 1 \\
&= R_AR_BR_E + R_AR_DR_E + R_CR_DR_E + R_BR_CR_E - R_AR_BR_DR_E - R_BR_CR_DR_E - 1
\end{aligned}
$$

$$(5-50)$$

将式（5-50）代入式（5-5），得网络组织的模糊可靠度：

$$
\begin{cases}
\tilde{R}_s = \mu_{\tilde{\lambda}_j}(R_s)(R_A R_B R_E + R_A R_D R_E + R_C R_D R_E + R_B R_C R_E \\
\quad - R_A R_B R_D R_E - R_B R_C R_D R_E - 1) \\
\tilde{R}_s = \mu_{\tilde{\lambda}_j}(R_s)(e^{-(\lambda_A + \lambda_B + \lambda_E)t} + e^{-(\lambda_A + \lambda_D + \lambda_E)t} + e^{-(\lambda_C + \lambda_D + \lambda_E)t} \\
\quad + e^{-(\lambda_B + \lambda_C + \lambda_E)t} - e^{-(\lambda_A + \lambda_B + \lambda_D + \lambda_E)t} - e^{-(\lambda_B + \lambda_C + \lambda_D + \lambda_E)t} - 1)
\end{cases}
\tag{5-51}
$$

将式（5-51）代入式（5-42），可以得到网络组织的模糊平均寿命：

$$
\begin{aligned}
M\tilde{T}TF_s &= \int_0^\infty \mu_{\tilde{\lambda}_j}(R_s)(R_A R_B R_E + R_A R_D R_E + R_C R_D R_E + R_B R_C R_E \\
&\quad - R_A R_B R_D R_E - R_B R_C R_D R_E - 1)\,dt \\
M\tilde{T}TF_s &= \int_0^\infty \mu_{\tilde{\lambda}_j}(R_s)(e^{-(\lambda_A + \lambda_B + \lambda_E)t} + e^{-(\lambda_A + \lambda_D + \lambda_E)t} + e^{-(\lambda_C + \lambda_D + \lambda_E)t} \\
&\quad + e^{-(\lambda_B + \lambda_C + \lambda_E)t} - e^{-(\lambda_A + \lambda_B + \lambda_D + \lambda_E)t} - e^{-(\lambda_B + \lambda_C + \lambda_D + \lambda_E)t} - 1)\,dt
\end{aligned}
\tag{5-52}
$$

第三节 网络组织的共生稳定性评价

网络组织的共生稳定有赖于网络组织中各成员企业的优势互补和共同努力，体现的是网络组织中成员企业之间的共生价值（简称网络组织共生价值）。由第四章第四节和第五章第二节可知，网络组织有三种组成方式：价值链型、同构型和核心型。网络组织的组成方式不同，其共生稳定性也不一样。由于网络组织是由众多企业相互作用组合而成的协作团队，所以影响其共生稳定性的因素必然很多，主要表现在以下三个方面。

一是与成员企业本身的素质有关。它主要体现在企业贡献价值上，企业的贡献价值又可进一步分解为成员企业之间的交易批量、交易的单位贡献利润、交易的持续时间等方面。

二是与成员企业之间的相互依赖关系有关。它主要体现在成员企业对其他成员企业和网络组织的认同感和忠诚度上，企业的认同感和忠诚度又可进一步分解为当期的交易概率、相互访问的频率、企业之间的目标认同度、企业文化的同一性等方面。

三是与网络组织的运行成本有关。一般来说，网络组织的运行成本越高，其共生稳定性越差；反之，其共生稳定性越好。网络组织的运行成本主要体现在成员企业的更换成本、发展新成员企业的成本、网络组织共生平台的运行成本等方面。

因此，对网络组织共生稳定性的评价应该把这些影响因素综合起来，运用模糊可靠性方法来进行。

一　网络组织共生稳定性评价指标体系

网络组织的共生稳定性评价指标体系如图 5 - 4 所示。在图 5 - 4 中，目标层包括网络组织的共生价值 Z；主准则层包括企业贡献价值 Z_1、企业的认同感与忠诚度 Z_2、企业维护网络组织运行耗费的成本 Z_3；子准则层包括企业之间的交易批量 Z_{11}、交易的单位贡献利润 Z_{12}、交易的持续时间 Z_{13}、企业对网络组织的贡献率 Z_{14}、当前的交易概率 Z_{21}、相互访问频数 Z_{22}、企业之间的目标认同度 Z_{23}、企业文化同一性比例（不同企业之间的文化融合程度）Z_{24}、企业之间团队建设比例（跨企业团队数占总合作部门数的比例）Z_{25}、成员企业的更换成本 Z_{31}、发展新企业成本 Z_{32}、网络组织共生平台运行成本 Z_{33}。

二　网络组织的共生稳定性评价模型

（一）设定隶属度

设主准则层对目标层的权重为 $A = (a_1, a_2, a_3)$。其中，a_i 表示 Z_i 在 Z 中所占的比重，i 表示一级模糊评价指标个数，

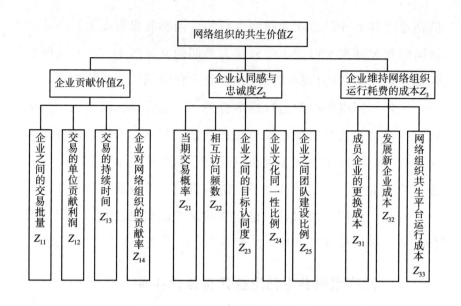

图 5 - 4 网络组织的共生稳定性评价指标体系

$i = 1$，2，3，$\sum a_i = 1$。各子准则层相应的权重分别为 $A_1 = (a_{11}$，a_{12}，a_{13}，$a_{14})$、$A_2 = (a_{21}$，a_{22}，a_{23}，a_{24}，$a_{25})$、$A_3 = (a_{31}$，a_{32}，$a_{33})$。其中，a_{ik} 表示 Z_{ik} 在 Z_i 中所占的比重，k 表示二级模糊评价指标个数，$k = 1$，2，3，4，5，且 $\sum a_{ik} = 1$。采用专家调查方法确定各评价指标的权重。

（二）建立评语集

评语集是指专家对被评判对象做出的各种评价结果的集合，以此来判断成员企业之间共生价值的大小。设网络组织完成规定功能为论域 U，评语集（即模糊功能子集）为 $\tilde{Y}_m = (\tilde{y}_1$，$\tilde{y}_2$，$\tilde{y}_3$，$\tilde{y}_4$，$\tilde{y}_5)$（$m$ 表示评语集中元素的个数，$m = 1$，2，3，4，5，$\tilde{y}_1$ 表示很好，$\tilde{y}_2$ 表示较好，$\tilde{y}_3$ 表示一般，$\tilde{y}_4$ 表示较差，$\tilde{y}_5$ 表示很差）为论域 U 上的模糊子集，它表明网络组织完成规定功能的程度。网络组织属于评语 $\tilde{Y}_m$ 的隶属度为 μ_m。

（三）模型的构建与分析

1. 一级模糊综合评价

此级评价的目的是通过子准则层的单因素评价来获得主准则层的各指标的一级模糊综合评价的结果，并为二级模糊综合评价预备总的单因素评价模糊矩阵。若以评价 Z_{ik} 类属于第 m 个评语 $\tilde{y}_m$ 的模糊概率 $\tilde{P}_{ikm}$（其中，$i = 1, 2, 3$；$k = 1, 2, 3, 4, 5$；$m = 1, 2, 3, 4, 5$），则网络组织完成规定功能的可靠度为一模糊事件的模糊概率为：

$$\tilde{R}_{ik} = \sum_{m=1}^{5} (\mu_m \otimes \tilde{P}_{ikm}) \tag{5-53}$$

模糊数计算法则为：

$$\tilde{P}_1 \otimes \tilde{P}_2 = (a_1, m_1, b_1) \otimes (a_2, m_2, b_2) = (a_1 a_2, m_1 m_2, b_1 b_2)$$

在实际应用中，为方便起见，可将模糊数表示为：

$$\tilde{P} = (m - \alpha, m, m + \beta)$$

α 和 β 按模糊性选取。信息越模糊，α 和 β 所选取的值越大；反之，则越小。

进一步得到 Z_i 相应的单因素评价模糊矩阵 $\tilde{R}_i$，即：

$$\tilde{R}_i = [\tilde{R}_{i1}, \quad \tilde{R}_{i2}, \quad \cdots, \quad \tilde{R}_{ik}] \tag{5-54}$$

设网络组织完成规定功能的主准则层各评价指标 Z_i 的一级模糊综合评价的模糊结果为 $\tilde{B}_i$，即 Z_i 隶属于第 m 个评语 $\tilde{y}_m$ 程度的模糊评价。

$$\tilde{B}_i = A_i \cdot \tilde{R}_i = (\tilde{b}_{i1}, \tilde{b}_{i2}, \cdots, \tilde{b}_{im}), m = 1, 2, 3, 4, 5 \tag{5-55}$$

2. 二级模糊综合评价

在一级模糊综合评价的模糊结果 $\tilde{B}_i$ 的基础上，得到总的单

因素评价模糊矩阵 $\tilde{R}$，即：

$$\tilde{R} = \begin{bmatrix} \tilde{B}_1 \\ \tilde{B}_2 \\ M \\ \tilde{B}_i \end{bmatrix}, \ (i = 1, \ 2, \ 3)$$

由此得出二级模糊综合评价的模糊结果为 $\tilde{B} = A \cdot \tilde{R} = (\tilde{b}_1, \ \tilde{b}_2, \ \cdots, \ \tilde{b}_m)$，$m = 1, \ 2, \ 3, \ 4, \ 5$。

3. 网络组织的模糊综合评价结论

将 $\tilde{B} = A \cdot \tilde{R} = (\tilde{b}_1, \ \tilde{b}_2, \ \cdots, \ \tilde{b}_m)$ 进行归一化处理，得到：

$$\tilde{B}' = (\tilde{b}'_1, \ \tilde{b}'_2, \ \cdots, \ \tilde{b}'_m) = \left(\frac{\tilde{b}_1}{\sum_{j=1}^{m} \tilde{b}_j}, \ \frac{\tilde{b}_2}{\sum_{j=1}^{m} \tilde{b}_j}, \ \cdots, \ \frac{\tilde{b}_m}{\sum_{j=1}^{m} \tilde{b}_j} \right), \ m = 1, \ 2,$$

$3, \ 4, \ 5$。根据模糊数学中最大隶属原则评价网络组织的成员企业之间的共生价值，再通过逆推归纳法寻找产生这一结果的原因。

三　网络组织共生稳定性评价模型的应用

有一核心型网络组织，依据统计资料和 Delphi 法，得到权重集如下：

$A = (0.3, \ 0.5, \ 0.2)$；$A_1 = (0.3, \ 0.3, \ 0.2, \ 0.2)$；$A_2 = (0.1, \ 0.3, \ 0.1, \ 0.2, \ 0.3)$；$A_3 = (0.2, \ 0.4, \ 0.4)$。

核心企业完成规定功能的评语 Y_m 对应的隶属度 μ_m 及相应的模糊概率 $\tilde{P}_{ikm}$ 分别为：

$$\mu_{1m} = \begin{bmatrix} 0.90 & 0.80 & 0.73 & 0.58 & 0.40 \\ 0.89 & 0.79 & 0.40 & 0.48 & 0.80 \\ 0.75 & 0.78 & 0.92 & 0.74 & 0.30 \\ 0.40 & 0.60 & 0.70 & 0.88 & 0.60 \end{bmatrix} \quad P_{1km} = \begin{bmatrix} 0.40 & 0.14 & 0.30 & 0.10 & 0.06 \\ 0.20 & 0.50 & 0.10 & 0.10 & 0.10 \\ 0.30 & 0.30 & 0.15 & 0.15 & 0.10 \\ 0.20 & 0.20 & 0.20 & 0.20 & 0.20 \end{bmatrix}$$

$$\mu_{2m} = \begin{bmatrix} 0.95 & 0.85 & 0.55 & 0.40 & 0.30 \\ 0.87 & 0.46 & 0.60 & 0.50 & 0.40 \\ 0.85 & 0.65 & 0.35 & 0.56 & 0.68 \\ 0.80 & 0.78 & 0.66 & 0.80 & 0.20 \\ 0.70 & 0.38 & 0.40 & 0.90 & 0.80 \end{bmatrix} \quad P_{2km} = \begin{bmatrix} 0.30 & 0.10 & 0.20 & 0.20 & 0.10 \\ 0.15 & 0.35 & 0.10 & 0.15 & 0.25 \\ 0.23 & 0.17 & 0.40 & 0.10 & 0.10 \\ 0.10 & 0.15 & 0.15 & 0.40 & 0.20 \\ 0.30 & 0.10 & 0.10 & 0.10 & 0.40 \end{bmatrix}$$

$$\mu_{3m} = \begin{bmatrix} 0.88 & 0.85 & 0.78 & 0.69 & 0.55 \\ 0.80 & 0.78 & 0.92 & 0.82 & 0.66 \\ 0.56 & 0.90 & 0.85 & 0.75 & 0.70 \end{bmatrix} \quad P_{3km} = \begin{bmatrix} 0.40 & 0.33 & 0.10 & 0.10 & 0.07 \\ 0.10 & 0.20 & 0.40 & 0.10 & 0.20 \\ 0.20 & 0.30 & 0.10 & 0.20 & 0.20 \end{bmatrix}$$

取 $\alpha_1 = 0.044$，$\alpha_2 = 0.034$，$\beta_1 = 0.055$，$\beta_2 = 0.028$，将其代入式（5-53）中，得：

$$\tilde{R}_{1k} = \begin{bmatrix} 0.729 & 0.739 & 0.773 & 0.828 & 0.801 \\ 0.697 & 0.707 & 0.741 & 0.796 & 0.769 \\ 0.694 & 0.704 & 0.738 & 0.793 & 0.766 \\ 0.592 & 0.602 & 0.636 & 0.691 & 0.664 \end{bmatrix}$$

$$\tilde{R}_{2k} = \begin{bmatrix} 0.486 & 0.496 & 0.530 & 0.585 & 0.558 \\ 0.483 & 0.493 & 0.527 & 0.582 & 0.555 \\ 0.527 & 0.537 & 0.571 & 0.626 & 0.599 \\ 0.612 & 0.622 & 0.656 & 0.711 & 0.684 \\ 0.654 & 0.664 & 0.698 & 0.753 & 0.726 \end{bmatrix}$$

$$\tilde{R}_{3k} = \begin{bmatrix} 0.775 & 0.785 & 0.819 & 0.874 & 0.847 \\ 0.774 & 0.784 & 0.818 & 0.873 & 0.846 \\ 0.713 & 0.723 & 0.757 & 0.812 & 0.785 \end{bmatrix}$$

根据式（5-55），得到：

$$\tilde{B}_1 = A_1 \cdot \tilde{R}_{1k} = (0.3, 0.3, 0.2, 0.2) \cdot \begin{bmatrix} 0.729 & 0.739 & 0.773 & 0.828 & 0.801 \\ 0.697 & 0.707 & 0.741 & 0.796 & 0.769 \\ 0.694 & 0.704 & 0.738 & 0.793 & 0.766 \\ 0.592 & 0.602 & 0.636 & 0.691 & 0.664 \end{bmatrix}$$

$$= (0.685, 0.695, 0.729, 0.784, 0.757)$$

$$\tilde{B}_2 = A_2 \cdot \tilde{R}_{2k} = (0.1, 0.3, 0.1, 0.2, 0.3) \cdot \begin{bmatrix} 0.486 & 0.496 & 0.530 & 0.585 & 0.558 \\ 0.483 & 0.493 & 0.527 & 0.582 & 0.555 \\ 0.527 & 0.537 & 0.571 & 0.626 & 0.599 \\ 0.612 & 0.622 & 0.656 & 0.711 & 0.684 \\ 0.654 & 0.664 & 0.698 & 0.753 & 0.726 \end{bmatrix}$$

$$= (0.565, 0.575, 0.609, 0.664, 0.637)$$

$$\tilde{B}_3 = A_3 \cdot \tilde{R}_{3k} = (0.2, 0.4, 0.4) \cdot \begin{bmatrix} 0.775 & 0.785 & 0.819 & 0.874 & 0.847 \\ 0.774 & 0.784 & 0.818 & 0.873 & 0.846 \\ 0.713 & 0.723 & 0.757 & 0.812 & 0.785 \end{bmatrix}$$

$$= (0.750, 0.760, 0.794, 0.849, 0.822)$$

$$\tilde{R} = \begin{bmatrix} \tilde{B}_1 \\ \tilde{B}_2 \\ \tilde{B}_3 \end{bmatrix} = \begin{bmatrix} 0.685 & 0.695 & 0.729 & 0.784 & 0.757 \\ 0.565 & 0.575 & 0.609 & 0.664 & 0.637 \\ 0.750 & 0.760 & 0.794 & 0.849 & 0.822 \end{bmatrix}$$

由 $\tilde{B} = A \cdot \tilde{R} = (\tilde{b}_1, \tilde{b}_2, \cdots, \tilde{b}_m)$，得到综合模糊可靠度：

$$\tilde{B} = A \cdot \tilde{R} = (0.3, 0.5, 0.2) \cdot \begin{bmatrix} 0.685 & 0.695 & 0.729 & 0.784 & 0.757 \\ 0.565 & 0.575 & 0.609 & 0.664 & 0.637 \\ 0.750 & 0.760 & 0.794 & 0.849 & 0.822 \end{bmatrix}$$

$$= (0.638, 0.648, 0.682, 0.737, 0.710)$$

将 $\tilde{B}$ 做归一化处理后，得到：$\tilde{B}' = (0.187, 0.190, 0.200, 0.215, 0.208)$。因为 $\mathrm{Max}(\tilde{B}') = \tilde{b}_4 = 0.215$，所以可以得出评价结论：该核心型网络组织共生稳定性为"较差"，必须加以改进。

第四节　本章小结

网络组织存在的基础是企业边界的交融，表现为企业边界的模糊状态。模糊性企业边界的存在增加了企业的"免疫力"，减少了企业瞬间失效的风险，从而使企业的稳定性呈现模糊状态，它对网络组织的稳定起着决定性的作用。笔者将模糊可靠性分析应用于网络组织管理活动中，一方面，通过建立网络组织共生稳定性的数学模型，讨论了模糊功能子集为自"极大功能"到"极小功能"中任一模糊子集时，价值链型网络组织、同构型网络组织和核心型网络组织的模糊可靠度、模糊故障率和模糊平均寿命之间的关系；另一方面，通过运用模糊综合评价方法，将影响网络组织共生稳定性分配的各种因素综合在一起，给予量化，从而对网络组织共生稳定性进行科学、合理的分析，并给出实例说明了这种计算方法。

第六章 专业化分形实证与网络组织共生在区域经济发展中的作用

第一节 专业化分形对区域经济发展影响的实证分析

专业化分形的动因是以市场机会为导向的经济效益，它推动企业远离平衡态，由点到面，由面到体，纵横交错，形成一个立体网络，再经过集聚和扩散效应，最后衍生出了现代复杂的经济结构——企业集群和网络组织，它是一个不断由低级向高级演变，由不平衡到平衡、由简单到复杂的无止境过程。与企业集群相比，由于网络组织突破了地域，追求的是整体涌现性，所以它必将成为和谐经济的一部分。和谐经济作为和谐社会一个重要组成部分，是诸多要素在相互依存、相互作用中结合而成的有机统一体，追求的是公平和社会效益。它进一步拓展和深化"可持续发展"和"科学发展观"的内涵，是一种展示经济发展方向，孕育着生产方式重大变革的全新的经济形态。从经济学角度，和谐经济是一种平衡经济，它有两个方面的含义：一是横向平衡，表现为企业之间、地区之间、产业之间，以及企业与自然的平衡；二是纵向平衡，表现为当前发展与未来发展的平衡。

和谐经济离不开专业化分形，两者是相辅相成的关系，缺一不可。专业化分形下的和谐经济是一个从不平衡到平衡、从局部平衡到一般平衡的动态过程，从整体上呈现和谐、稳定和有序的状态。

一 企业的 R/S 分形与区域经济发展的不平衡性[①]

（一）R/S 分形模型的建立

R/S 分形分析是一种用于自然和社会经济发展时间序列研究的非线性的数量分析预测方法。它是通过对分形（时间序列）曲线的分析，从无序中找出有序，以揭示复杂的自然和社会现象中所隐藏的规律性、层次性和标度不变性规律。

根据某一地区企业单位数量的时间变化规律，建立 R/S（Rescaled Range Analysis）模型：

$$\frac{R(\tau)}{S(\tau)} = (\alpha\tau)^H \qquad (6-1)$$

其中，τ 是时间序列的时段长度；H 称为 Hurst 指数，取值范围是 $0 < H < 1$。

$R(\tau)$ 是该时段时间序列的极差：$R(\tau) = \max\limits_{1 \leqslant t \leqslant \tau} X(t, \tau) - \min\limits_{1 \leqslant t \leqslant \tau} X(t, \tau)$，$t = 1, 2, 3, \cdots, \tau$。

$X(t, \tau)$ 为累积离差：$X(t, \tau) = \sum\limits_{t=1}^{\tau} [\zeta(t) - \zeta(\tau)]$，$t = 1, 2, 3, \cdots, \tau$。

$\zeta(t)$ 为原始时间序列 $X(t)$ 的差值序列：$\zeta(t) = X(t) - X(t-1)$，$t = 1, 2, 3, \cdots$。

---

① 朱其忠：《企业 R/S 分形视角下的区域经济发展研究》，《商业时代》2009 年第 29 期。

$S(\tau)$ 是该时段时间序列的标准差：$S(\tau) =$

$\sqrt{\dfrac{1}{2}\sum\limits_{t=1}^{\tau}[\zeta(t) - \bar{\zeta}_{\tau}]^2}$，$t = 1，2，3，\cdots$。

$\overline{\zeta_{\tau}}$ 为均值序列：$\bar{\zeta}_{\tau} = \dfrac{1}{\tau}\sum\limits_{t=1}^{\tau}\zeta(t)$，$t = 1，2，3，\cdots$。

设分维值为 D，它与 Hurst 现象 H 指数的关系是：

$$D = 2 - H \qquad\qquad (6-2)$$

根据 Hurst 指数 H 与分维数 D 之间的关系，可以得出以下推论。

第一，若式（6-1）成立，则表明所分析的专业化分形模型存在 Hurst 现象。

第二，若式（6-2）成立，则表明所分析的专业化分形模型存在布朗运动现象。因此，可根据 H 指数的大小判断该模型是完全随机的，还是存在趋势性成分。

第三，根据分维数 D 值的大小，可衡量专业化分形模型的布朗运动的不规则性或混沌程度。

对式（6-1）取同底对数，得：

$$\ln\left[\frac{R(\tau)}{S(\tau)}\right] = H\ln\alpha + H\ln\tau = 2,3,\cdots \qquad (6-3)$$

令 $Y = \ln\left[\dfrac{R(\tau)}{S(\tau)}\right]$，$a_0 = H\ln\alpha$，$X = \ln\tau$，可得一元线性回归模型：

$$Y = a_0 + HX \qquad\qquad (6-4)$$

由原始数据 $x(t)$ 绘制散点图，并用最小二乘法计算 H 指数的值。然后，根据式（6-2）计算分维值 D。

Hurst 等人的研究表明：

（1）当 $0.5 < H < 1$ 时，该时间序列属分形布朗运动，表明其具有长期正相关性，即过程具有正持续性。也就是说，未来的

变化趋势与过去的变化趋势相一致。H 值越接近 1，则表明一致性越强。

（2）当 $H = 0.5$ 时，该时间序列属标准布朗运动，表明其变化是随机的，未来的变化与过去的变化无关，即过去与未来无相关性或只有短时间相关。

（3）当 $0 < H < 0.5$ 时，该时间序列属分形布朗运动，表明其具有长期负相关性，即将来的总体趋势与过去相反，即过程具有反持续性。如果 H 值越接近 0，则表明反持续性越强。这种时间序列比随机序列具有更强的突变性或易变性。

（二）R/S 分形的实证分析

根据我国区域经济发展的阶梯性特点，选取 1998～2006 年《中国统计年鉴》浙江、江苏、安徽、甘肃四省（分别代表东部、中部和西部地区）全部国有及规模以上非国有工业企业单位数作为研究的处理对象，进行分形 R/S 分析。

首先，绘制 1998～2006 年浙江、江苏、安徽、甘肃四省全部国有及规模以上非国有工业企业单位数的散点图（见图 6-1）。从中可以看出：除甘肃省外，其他三省全部国有及规模以上非国有企业单位数量发展趋势总体上来说是增长的，且有加速之势，那么这种情况是否会一直持续下去呢？这是否真正反映了该地区经济发展的实际情况呢？下面我们采用非线性 R/S 分形分析法对四省企业单位数量发展的总体态势进行定量的实证分析。

以 $X_i(t)$（$t = 1, 2, \cdots, \tau$; $i = 1, 2, 3, 4$）分别代表浙江、江苏、安徽和甘肃四省全部国有及规模以上非国有企业单位数量发展时间序列，先将 $X_i(t)$（$t = 2, 3, \cdots, 9$; $i = 1, 2, 3, 4$）代入式（6-1）。然后，求出 $R(\tau)/S(\tau)$，绘制 $ln[R(\tau)/S(\tau)]$ 与 $ln\tau$ 之间的散点图（见图 6-2）。最后，按照

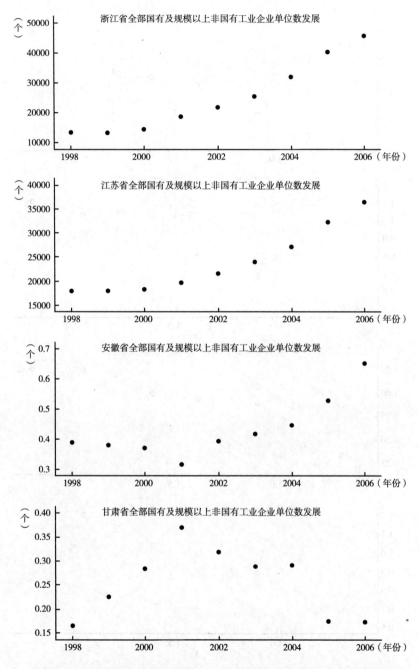

图 6 - 1　四省全部国有及规模以上非国有工业企业单位数的散点图

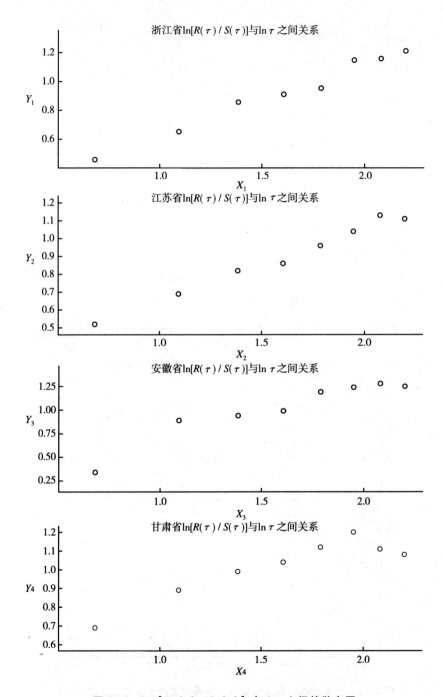

图 6-2 ln［R（τ）/S（τ）］与 lnτ 之间的散点图

式（6-4）运用普通最小二乘法和 SPSS 统计分析软件计算，估计出 1998~2006 年 $\ln[R(\tau)/S(\tau)]$ 与 $\ln\tau$ 之间的一元线性回归模型分别为：

$$Y_1 = 0.188 + 0.468X_1 \qquad R^2 = 0.982 \qquad F = 322.542 \qquad (6-5)$$

$$Y_2 = 0.237 + 0.408X_2 \qquad R^2 = 0.987 \qquad F = 457.255 \qquad (6-6)$$

$$Y_3 = 0.097 + 0.573X_3 \qquad R^2 = 0.898 \qquad F = 53.008 \qquad (6-7)$$

$$Y_4 = 0.559 + 0.285X_4 \qquad R^2 = 0.839 \qquad F = 31.247 \qquad (6-8)$$

从以上回归结果中可见，回归模型 Y_1 和 Y_2 的拟合优度 R^2 较高，模型解释能力最强；模型 Y_3 和 Y_4 的拟合优度 R^2 较低，模型解释能力较弱。但它们均通过了水平为 1% 的显著性检验，可以用于企业单位数量发展趋势的分形分析。由模型 1 计算得：Hurst 指数 $H_1 = 0.468$，$\alpha_1 = 1.494$；分维值 $D_1 = 1.532$。由模型 2 计算得：Hurst 指数 $H_2 = 0.408$，$\alpha_2 = 1.788$；分维值 $D_2 = 1.592$。由模型 3 计算得：Hurst 指数 $H_3 = 0.573$，$\alpha_3 = 5.435$；分维值 $D_3 = 1.427$。由模型 4 计算得：Hurst 指数 $H_4 = 0.285$，$\alpha_4 = 7.109$；分维值 $D_4 = 1.715$。

（三）企业的 R/S 分形对区域经济不平衡发展的影响

由四省的分形曲线可以看出以下内容。

（1）由于浙江 $0 < H_1 < 0.5$、江苏 $0 < H_2 < 0.5$，所以两省的全部国有及规模以上非国有工业企业单位数量变化呈负相关性，即其增量变化呈减缓之势。但因其非常接近 0.5（或分维值 D 非常接近 1.5^+），所以这种反持续性很弱。又因浙江省企业的分形轨迹较江苏省更接近标准布朗运动，所以在其经济发展过程中较江苏省存在较大的随机性，并出现了混沌现象。

原因分析：首先，两省的企业集群化程度均较高，已成为推动当地经济发展的主导力量，但两者相比，浙江的企业聚集程度要高于江苏。其次，浙江的企业集群分布较江苏均匀。最后，两省企业集群的发展受自身规模和区域资源的限制越来越大，且浙江高于江苏。因此，当地政府应该加快产业结构调整步伐，逐步向外转移一些在本地区不再具有比较优势的产业，尤其是劳动密集型产业，大力发展知识密集型和资金密集型产业，以提升产业品位和区域竞争实力。对于企业来说，一方面，要加快陈旧设备淘汰步伐，实施技术升级和产品换代，走质量至上之路；另一方面，要改革经营方式，在横向集聚的基础上，突破地域限制，增强纵向集聚能力，控制利润水平较高的产品研发和市场营销，走技术和品牌经营之路，尽快实现从加工中心向工业中心转变。

（2）由于安徽 $0.5 < H_3 < 1$，所以该省全部国有及规模以上非国有企业单位数变化呈正相关性，即企业单位数的未来变化与过去变化相一致，其增量变化呈加速之势。但因其距离 0.5 非常近（或分维值 D 非常接近 1.5^-），所以这种正持续性很弱。又因企业分形轨迹接近标准布朗运动，所以在该省的经济发展过程中也存在着一定的随机性成分。

原因分析：首先，安徽省地理位置较优越，承东启西，加上资源丰富，所以企业发展空间较大。其次，企业的原始数量虽少，但增长速度较快。最后，很多企业正处于快速集聚过程中，且发展势头良好。因此，当地政府应该通过优化投资环境和提供优惠政策，一方面积极地吸收东部地区转移产业；另一方面，大力扶持和鼓励公民创业，加速推进龙头企业的发展。对于企业来说，一方面，利用自己的原始积累资本和当地廉价劳动力，启动加工型生产；另一方面，加强企业之间的交往和联系，提高自己的横向集聚能力，实现联合规模化经营，逐渐向生产中心转化。

（3）由于甘肃 Hurst 指数 H 仅有 0.285，分维值 D 为 1.715，所以该省的全部国有及规模以上非国有企业单位数变化呈很强的负相关性，即增量变化呈加速减缓之势。又因其分形轨迹为分形布朗运动，所以该省经济发展过程中的趋势性成分较明显。

原因分析：首先，甘肃省企业数量少，且发展缓慢。其次，区域经济发展依靠的是单个企业贡献，而不是企业集群。所以，当地政府应根据本地实际情况，加快市场培育和人才培训工作，激发全民创业热情。同时，在大力发展具有地域优势的劳动密集型产业的同时，积极引进东南沿海地区转移企业，并以重点发展中小企业和企业集群为主，逐步向加工中心转化。

（四）结论与启示

企业自我分形的结果，带来的是收敛型经济，使企业逐渐"流向"经济发达地区，导致富裕地区越来越富裕，贫穷地区越来越贫穷。收敛型经济是专业化分工发展到一定阶段企业网络聚集效应发挥作用的结果，虽然它符合经济发展规律，但也进一步拉大了区域经济发展差距，不符合和谐社会的构建要求。因此，政府应该采取措施，依托信息技术优势，鼓励东、中、西部地区一些实力雄厚的企业跨越地域限制，通过地区间的合作，组建网络组织，实现整个经济的和谐发展目标。

二　企业的多重分形与区域经济发展的不平衡性

20 世纪 80 年代初期，我国东、中、西部地区企业单位数变化虽然不一，但总体来说，差别不大。如 1978～1982 年，西部

12省①企业单位数年均增长 7.6%；中部 6 省为 4%；东部 4 省为 6.8%。如果再结合人口、资源等因素进行综合考虑，我国企业单位数从东到西基本上呈均匀分布。

随着改革开放政策的实施，东部地区由于地缘优势和税收优惠，企业单位数增长较快。1999 年和 2004 年国家分别启动了西部大开发和中部崛起战略，既加大了对中西部地区的投资力度，又实行了更加优惠的政策，但实施效果并不理想，表现为企业单位数增长缓慢。2007 年全部国有及规模以上非国有企业单位数年均增长率与 1999 年相比，西部地区平均为 6.7%，只有内蒙古和四川高于全国平均水平，而甘肃、青海、新疆、西藏四省份呈负增长。与此同时，中部地区为 7.3%，东部地区为 22.4%。

关于企业聚集程度，东、中、西部地区差距也较明显。1995 年、2005 年和 2007 年，西部地区制造业聚集指数平均为 0.5805、0.5869 和 0.5994，分别增长了 1.1% 和 2.1%；中部地区为 0.8794、0.7414 和 0.6518，分别下降了 15.7% 和 12.1%；东部地区为 1.3970、1.9968 和 1.6504，前期增长了 42.9%，后期下降了 17.3%。

由此可见，企业单位数的变化与企业聚集程度有着密切的联系，并直接影响着区域经济的发展。

（一）多重分形模型的建立

经过三十多年的发展，我国企业集群的分布出现了不均匀现象，具有层次性特点，从东到西呈阶梯状分布：东高西低。如果

---

① 西部地区包括四川、甘肃、重庆、陕西、西藏、宁夏、新疆、云南、青海、贵州、广西、内蒙古；中部地区包括山西、安徽、江西、河南、湖北、湖南；东部地区包括江苏、浙江、山东、广东。

进一步考察，东部地区企业集群的分布仍然是不均匀的，主要集中在浙江和广东。为什么会出现这种现象呢？其原因在于企业发展过程具有复杂非线性动力学演化性质。企业在聚集过程中，由于局部条件变化引起参量波动，造成了区域经济发展的"形态"各异。

为了定量地研究这种不均匀性，现假定我国从东到西为一条长度是 1 的直线，然后把这个含有时间序列的直线分成 N 个小区域。每个小区域或代表东、中、西部地区，或代表一个省（自治区、直辖市），或一个市、一个县、一个乡……每一小区间的企业数目为 L_i，定义第 i 个小区间的企业集聚生长概率为 p_i。区域不同，企业集聚生长概率也不同，可用不同的标度指数 α_i（也称为奇异性指数）来表示。

$$P_i = L_i^{\alpha_i} \quad i = 1,2,3,\cdots,N \tag{6-9}$$

当企业单位数量 L_i 趋于零时，则：

$$\alpha = \lim_{L \to 0} \frac{\ln P}{\ln L} \tag{6-10}$$

α 表示某小区域的局部分形维，其值反映该区域企业生长概率的大小。就全国而言，由于小区域数目很大，于是可用不同 α 组成的无穷序列构成的分形谱 $f(\alpha)$ 表示，它与 α 一起构成描述多重分形的一组参量。

$$N_\alpha(L) = L^{-f(\alpha)} \tag{6-11}$$

定义函数 $X_q(L)$，为各个小区域企业集聚生长概率的加权求和，q 为缩放指数。

$$X_q(L) = \sum_i P_i^q = L^{\tau(q)} \tag{6-12}$$

其中，$\tau(q)$ 是 q 的函数。定义 $X_q(L)$ 的目的在于显示不同 P_i 值对企业聚集作用的大小。进一步定义广义分形维数 D_q 为：

$$D_q = D(q) = \frac{1}{q-1} \lim_{L \to 0} \frac{\ln \sum_{i=1}^{N} p_i^q}{\ln L} = \frac{1}{q-1} \lim_{L \to 0} \frac{\ln X_q(L)}{\ln L} \qquad (6-13)$$

由式（6-12）和式（6-13）得：

$$\tau(q) = (q-1)D_q \qquad (6-14)$$

已知 α 和 $f(\alpha)$ 之间的关系为：

$$D_q = \frac{1}{q-1}[q\alpha - f(\alpha)] \qquad (6-15)$$

q 阶矩标度指数 $\tau(q)$ 和多重分维 D_q 是从整体来表述多重分形的特征，而非均匀标度；指数 α 及其分形谱函数 $f(\alpha)$ 则是从局部来表述多重分形体不同层次的生长特征，从系统的局部出发来研究其最终的整体特征。

众所周知，从单个企业到企业集群的演变是一个漫长的过程。我们不妨从第 K 步情况开始讨论，总的小区域数有 3^k 个。第 K 级每个小区域的尺寸为：$L = \left(\frac{1}{3}\right)^k$。任何一个小区域中，企业集聚的相对生长概率 P_i 为 $P_i(L) = P_1^{m_1} P_2^{m_2} P_3^{k-m_1-m_2} = L^\alpha$（$m_1, m_2, m_3 = 0, 1, 2, \cdots$，且 $m_1, m_2 \geq 0$，$m_1 + m_2 \leq k$）。具有相同概率的区域数分别为：$N_k(P_i) = 2^{(m_1+m_2)} \frac{k!}{m_1! \, m_2! \, (k-m_1-m_2)}$。$P_i$ 和 $N_k(P_i)$ 形成一个集。

设 $m_1 = k\xi_1$，$m_2 = k\xi_2$，$0 \leq \xi_1, \xi_2 \leq 1$，将 P_i 和 $N_k(P_i)$ 写成：

$$P_\xi = P_1^{k\xi_1} P_2^{k\xi_2} (1 - P_1 - P_2)^{k(1-\xi_1-\xi_2)} = \left(\frac{1}{3}\right)^{k\alpha} \qquad (6-16)$$

$$N_k(\xi) = 2^{k(\xi_1+\xi_2)} \cdot \frac{k!}{[k(\xi_1+\xi_2)]![k(1-\xi_1-\xi_2)]!} = \left(\frac{1}{3}\right)^{-kf(\alpha)}$$

$$(6-17)$$

由式（6-16）和式（6-17），经计算得：

$$\alpha = -\frac{\xi_1 \ln P_1 + \xi_2 \ln P_2 + (1-\xi_1-\xi_2)\ln(1-P_1-P_2)}{\ln 3}$$

$$f(\alpha) = \frac{(\xi_1+\xi_2)\ln 2 - (\xi_1+\xi_2)\ln(\xi_1+\xi_2) - (1-\xi_1-\xi_2)\ln(1-\xi_1-\xi_2)}{\ln 3}$$

令 $\xi_1 = \xi_2 = \xi$，$\alpha = -\dfrac{\xi(\ln P_1 + \ln P_2) + (1-2\xi)\ln(1-P_1-P_2)}{\ln 3}$

$$(6-18)$$

$$f(\alpha) = \frac{2\xi \ln 2 - 2\xi \ln 2\xi - (1-2\xi)\ln(1-2\xi)}{\ln 3} \qquad (6-19)$$

当 $\xi = 0$ 时，$\alpha = -\dfrac{\ln(1-P_1-P_2)}{\ln 3}$ $\qquad f(\alpha) = 0$ $\qquad (6-20)$

当 $\xi = 0.5$ 时，$\alpha = -\dfrac{0.5(\ln P_1 + \ln P_2)}{\ln 3}$ $\qquad f(\alpha) = \dfrac{\ln 2}{\ln 3} = 0.631$ $(6-21)$

当 $\xi = \dfrac{1}{3}$ 时，$\alpha = -\dfrac{\dfrac{1}{3}(\ln P_1 + \ln P_2) + \dfrac{1}{3}\ln(1-P_1-P_2)}{\ln 3} = \alpha^*$ $\qquad f(\alpha) = 1$

$$(6-22)$$

$f(\alpha) = 1$ 是多重分形谱的顶点。该多重分形谱曲线是一条上凸抛物线（钟形曲线）。

（二）多重分形的实证分析[①]

我们不妨设区域内企业聚集指数为 T_i（$i = 1, 2, \cdots, N$），企业单位的相对数为 $\overline{\beta_i}$（$i = 1, 2, \cdots, N$）。那么，企业的生长

---

① 朱其忠：《基于多重分形的企业聚集与区域经济发展研究》，《财经研究》2009 年第 11 期。

概率：$P_i = T_i \cdot \overline{\beta_i}$（$i = 1$，$2$，$\cdots$，$N$）。

1. 东、中、西部地区间的企业多重分形

根据《中国统计年鉴》（1996 年、2006 年和 2008 年），可得东、中、西部地区 1995 年全部企业单位数（见表 6 - 1）以及 2005 年、2007 年全部国有及规模以上非国有企业单位数。再经归一化（把每一行中的最大数设为 1，其余取其相对数）处理，得到企业单位的相对数$\overline{\beta_i}$（见表 6 - 2）。

将 p_i 分别代入式（6 - 20）、式（6 - 21）、式（6 - 22）中，画出 1995 年、2005 年和 2007 年企业分形的 $f(\alpha) \sim \alpha$ 多重分形谱（见图6 - 3），相应关键点分别为：（0.768，0）、（1.196，0.631）、（1.054，1）；（0.930，0）、（1.150，0.631）、（1.077，1）；（1.096，0）、（1.095，0.631）、（1.096，1），三图的形状均为右钩状曲线。

由式（6 - 13）得到 1995 年、2005 年和 2007 年的企业分形维数，分别为：

$$D_q = \frac{1}{q-1}\left[q\alpha^* - f(\alpha^*)\right] = \frac{1}{q-1}[1.054q - 1]，当 q = 2 时，$$

关联维数 $D_2 = 1.108$。

$$D_q = \frac{1}{q-1}[1.077q - 1]，当 q = 2 时，关联维数 D_2 = 1.154。$$

$$D_q = \frac{1}{q-1}[1.096q - 1]，当 q = 2 时，关联维数 D_2 = 1.192。$$

从 q 和 D_q 之间的关系可以看出，随着缩减指数 q 的增加，企业的分形维数呈非线性变化，有不断减少之势。

从图 6 - 3 和企业分形的关联维数中可以看出：从 1995 年到 2005 年、2007 年，随着企业的不断分形，企业的聚集程度在显著提高，并不断地向东部地区集中，它进一步加剧了区域经济发展的不平衡性。

表 6 - 1　1995 年、2005 年和 2007 年不同地区企业单位数

	东部地区	中部地区	西部地区
1995 年(万个)	190.8	250.97	181.02
2005 年(个)	135196	39823	29444
2007 年(个)	171850	51318	35495

表 6 - 2　1995 年、2005 年和 2007 年企业聚集指数、企业单位
相对数和企业相对生长概率

	东部地区			中部地区			西部地区		
	1995 年	2005 年	2007 年	1995 年	2005 年	2007 年	1995 年	2005 年	2007 年
T_i	0.5805	0.5869	0.5994	0.8794	0.7414	0.6518	1.3970	1.9968	1.6504
$\overline{\beta_i}$	0.76	1	1	1	0.29	0.30	0.72	0.22	0.21
$P'_i = T_i \cdot \overline{\beta_i}$	0.4412	0.5869	0.5994	0.8794	0.2150	0.1955	1.0058	0.4393	0.3466
$p_i = \dfrac{p'_i}{\sum p'_i}$	0.19	0.47	0.53	0.38	0.17	0.17	0.43	0.36	0.30

注：①T_i 代表企业聚集指数，数据来源于刘军、徐康宁《产业聚集在工业化进程及空间演化中的作用》，《中国工业经济》2008 年第 9 期，第 38 页。

②$\overline{\beta_i}$ 代表企业单位的相对数量；P'_i 代表企业的生长概率；P_i 代表企业的相对生长概率。

③i 代表年份。

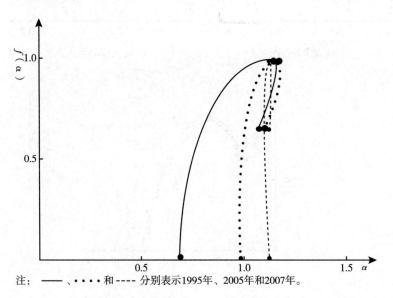

注：——、••••和----分别表示1995年、2005年和2007年。

图 6 - 3　1995 年、2005 年和 2007 年区域企业的多重分形谱

2. 东、中、西部地区内的企业多重分形

根据《中国统计年鉴》（1996 年、2006 年、2008 年），从东部地区随机选取浙江、江苏、山东，中部地区选取安徽、河南、湖北，西部地区选取陕西、甘肃、青海，按照与上面同样的方法，分别求出：1995 年、2005 年和 2007 年企业的 $f(\alpha) \sim \alpha$ 多重分形谱（见图 6 - 4）、相应的关键点和企业的分形维数。从图 6-4 中可以看出，从 1995 年到 2005 年，东部地区企业的 $f(\alpha) \sim \alpha$ 多重分形谱几乎没有变化；中部地区则变化较明

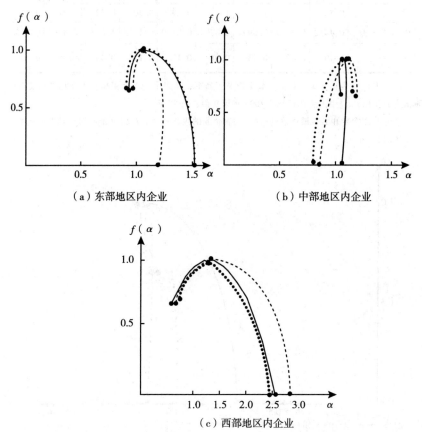

（a）东部地区内企业   （b）中部地区内企业

（c）西部地区内企业

图 6 - 4 1995 年、2005 年和 2007 年东、中、西部地区内企业的 $f(\alpha) \sim \alpha$ 多重分形谱

注：——、……和————分别表示 1995 年、2005 年和 2007 年。

显：不仅开口方向发生了右转，而且分形谱的宽度也在扩大；西部地区企业的 $f(\alpha) \sim \alpha$ 多重分形谱的宽度略微有所缩小。从 2005 年到 2007 年，东部地区企业的 $f(\alpha) \sim \alpha$ 多重分形谱的宽度在缩小，中部和西部地区仅仅位置向右发生了平移，其他变化不大。从表 6-3 中可以看出，不论是 1995 年、2005 年还是 2007 年，随着 q 的增加，东、中、西部地区企业的分形维数 D_q 均为非线性变化，从而验证了企业演进具有多重分形性质。

表 6-3　1995 年、2005 年和 2007 年东、中、西部地区内企业多重
分形谱的相应关键点和分形维数

年份 \ 区域	东部地区			中部地区			西部地区		
	浙江	江苏	山东	安徽	河南	湖北	陕西	甘肃	青海
1995	（1.512，0）、（0.839，0.631）、(1.063,1)			（1.037，0）、（1.023，0.631）、(1.028,1)			（2.560，0）、（0.743，0.631）、(1.349,1)		
2005	（1.512，0）、（0.828，0.631）、(1.056,1)			（0.747，0）、（1.197，0.631）、(1.047,1)			（2.420，0）、（0.818，0.631）、(1.352,1)		
2007	（1.262，0）、（0.9025，0.631）、(1.022,1)			（0.790，0）、（1.212，0.631）、(1.071,1)			（2.727，0）、（0.793，0.631）、(1.438,1)		
1995 年分形维数	$D_q = \dfrac{1}{q-1}[1.063q-1]$ 关联维数 $D_2 = 1.126$			$D_q = \dfrac{1}{q-1}[1.028q-1]$ 关联维数 $D_2 = 1.056$			$D_q = \dfrac{1}{q-1}[1.349q-1]$ 关联维数 $D_2 = 1.698$		
2005 年分形维数	$D_q = \dfrac{1}{q-1}[1.056q-1]$ 关联维数 $D_2 = 1.112$			$D_q = \dfrac{1}{q-1}[1.047q-1]$ 关联维数 $D_2 = 1.094$			$D_q = \dfrac{1}{q-1}[1.352q-1]$ 关联维数 $D_2 = 1.704$		
2007 年分形维数	$D_q = \dfrac{1}{q-1}[1.022q-1]$ 关联维数 $D_2 = 1.044$			$D_q = \dfrac{1}{q-1}[1.071q-1]$ 关联维数 $D_2 = 1.142$			$D_q = \dfrac{1}{q-1}[1.438q-1]$ 关联维数 $D_2 = 1.876$		

（三）企业的多重分形对区域经济不平衡发展的影响

1. D_q 和 q 之间的关系

缩放指数 q 反映的是分形图像缩小或放大的倍数；分形维数 D 反映的是具有分形特征的区域企业发展轨迹的复杂程度和不规

则性，属于企业发展轨迹测度相似性的测量参数，其值的增大或减小，体现出不同测量尺度下企业演进轨迹相似性的强弱和规则程度。表6-2和表6-3中的数据显示：不论1995年还是2005年、2007年，企业的分形维数 D_q 和 q 之间均呈反比例关系，表明企业的演进轨迹越来越相似、复杂程度逐渐降低、变化越来越有规则。从横向来看，当缩放指数一定（ $q \geqslant 1$ ）时，区域企业的相对生长概率差别越小，分形的分维数越低，企业演进轨迹的相似性越强、变化越有规则，企业分形的复杂性越小。从纵向来看，2007年企业多重分形的关联维数与2005年、1995年相比，东部地区呈下降趋势，中部和西部地区均有不同程度的上升。这说明东部地区企业在演进过程中，相互之间关联程度在降低，这很可能与东部地区的部分产业转移有关，而中西部地区则相反，企业之间的关联度在提高。

2. $f(\alpha)$ 和 α 之间的关系

α 是非均匀标度指数，多重分形谱 $f(\alpha)$ 的形状反映概率分布的特征，即企业演进轨迹的几何高度的概率分布。多重分形谱的宽度定量地反映企业演进轨迹的起伏、曲折程度。一般情况下，当区域企业相对生长概率差别较小时，企业演进轨迹较平缓，曲折程度也较低。在图6-4中，从横向来看，西部地区企业的多重分形谱的宽度最大，其次是东部地区，最小的是中部地区。它说明了西部地区企业演进过程较东部和中部地区曲折和复杂。从纵向来看，1995年至2005年，东部地区企业的集聚和分布均匀程度变化不大，中部地区企业与其他地区相比聚集程度在降低，但企业分形的概率分布较均匀，西部地区企业的聚集程度稍微有所增加；2005年至2007年，东部地区企业的集聚程度有所降低，但企业分形的概率分布均匀程度开始增加，中部和西部地区变化不大。

3. X_q （L）和 q 之间的关系

在区域企业生长概率差别较大的情况下，当缩放指数 $q \geqslant 1$，即放大企业分形轨迹，"以小见大"，表明社会关注的重点放在微观经济领域或细节部分，显然在 X_q （L）中企业相对生长概率较大的区域起主导作用，这时 X_q 和 D_q 反映的是企业相对生长概率较高的区域性质，社会追求的是"效率优先"。众所周知，近几年我国经济的高速发展离不开东部地区的企业聚集效应的贡献，实现了让一部分人和地区先富起来的目标，但也导致了"富者越富、贫者越贫"不公平现象的发生。反之，当缩放指数 $q \leqslant 1$，即缩小企业分形轨迹，"以大见小"，表明社会关注的重点放在宏观经济领域或整体部分，X_q 和 D_q 反映的是企业相对生长概率较低的区域性质，这时社会追求的是"兼顾公平"，通过先富（东部）带动后富（西部），实现共同富裕。在区域相对企业生长概率相差不大的情况下，无论 q 怎样变化，各区域在 X_q （L）中所起的作用大致相同，它体现的是一种经济发展的平衡状态。

第二节　企业集群的脆弱性[①]与网络
组织的共生性

1997 年始于泰国的金融危机，后迅速扩散到整个东南亚，并经韩国、日本和巴西等国波及世界各地，使许多亚洲国家和地区的股市、汇市轮番暴跌，金融体系乃至整个世界经济受到影

---

① 朱其忠：《金融危机下企业集群的演化轨迹与鲁棒性分析》，《统计与决策》2010 年第 1 期。

响。1997 年与 1996 年相比，我国企业单位数下降了近 8%，对亚洲的出口却增长 19%，但 1998 年、1999 年有所下降；对欧美的出口则一直处于上涨之势，三年分别为 22%、45%、53%。总体来说，1997 年的亚洲金融危机对我国企业的冲击并不大。其原因在于：欧盟和北美等国家和地区保持了可接受的经济增长，为我国经济提供了有效的外部需求。

2008 年的金融危机起因于美国的次贷市场，后扩散到世界各地，从金融经济到实体经济，最后导致了世界性经济海啸的发生。这次金融危机对我国企业，尤其是东部沿海地区中小企业集群影响甚大，不少企业关门、倒闭。

回顾过去，十多年来，从对外贸易地理方向来看，我国对亚洲的出口呈逐年减少之势。相应的，对欧美等发达国家的出口却不断增长（见表 6-4）。

表 6-4　我国的对外贸易地理方向

单位：%

方向 ＼ 年份	1996	1997	1998	1999	2007
亚洲	60.4	59.6	53.4	52.6	46.6
欧洲	15.8	15.9	18.2	18.2	23.6
美国	17.7	17.9	21.8	21.5	19.1

注：以上原始数据来源于《中国统计年鉴》，经计算（对外贸易地理方向＝$\frac{各国出口额}{我国出口总额}$）得到。

一　企业集群脆弱性的原因

（一）企业集群的鲁棒性和脆弱性

企业集群是企业网络中的部分企业发生聚集的结果。企业网络产生于企业的专业化分形，表现为业务上的相互关联、相互作用，既有横向的又有纵向的，它是一种随机性网络，企业之间无偏好，相互间的交易或交往是随机进行的。许多新建企业具有这种性质，其节点分布方式遵循钟型的泊松分布，即企业间的交往数目比平均数高许多或低许多的企业都非常少。随机网络最大的特点是它的脆弱性，一旦网络中较大部分企业发生瘫痪，将导致企业网络崩溃成彼此无法联系的小型"孤岛"，致使整个网络瓦解。

随着企业网络中企业之间交往次数的增多，双方的共同利益增大，企业边界发生了交融。由以前的业务交往发展为双方的社会、心理交流，逐渐产生了涌现性，如双方或多方共享规模优势，包括批量进货、批量售货、共享科研成果等。加上一些新企业的择优加入，企业网络不断增长，企业集聚规模逐渐增大，这种现象被称为"马太效应"。在企业网络聚集过程中起着吸引、支配和稳定作用的企业，被称为集散企业。以这些集散企业为核心组成的企业网络被称为无标度性企业集群。在无标度性企业集群中，企业之间的连接数服从"幂次定律"：极少数点具有大量关联边，大量的节点只有少数关联边。与随机性企业网络不同，无标度性企业集群既有鲁棒性又有脆弱性。企业集群的鲁棒性是指企业集群在一定的参数摄动下，维持某些原有性能和稳定的特性，它是企业集群在异常和危险情况下维持生存的关键。企业集群的脆弱性是指企业集群在外界的打击下所具有不稳定、容易分解的特性。当企业集群受到随机攻击时具有鲁棒性，强韧性好；当企业集群受到选择性恶意攻击时具有脆弱性，易瘫痪。

（二）企业集群的鲁棒性和脆弱性在金融危机中的表现

由于我国与东南亚地区在产业结构上具有很大的相似性，主要以加工贸易为主，1997 年和 2007 年均占总出口额的 50% 以上。但 2007 年与 1997 年相比，我国出口商品结构发生了重大的变化，1997 年初级产品在总出口额中所占比重为 13%，到 2007 年则下降为 6% 左右。在对外贸易地理方向上，1997 年我国一半以上的商品出口到东南亚，而后又被转口到欧美国家，真正在东南亚本地消费的较少。此后，随着我国对欧美直接贸易的增多，至 2007 年，我国对欧美和亚洲的出口量基本上持平。因此，1997 年发生在东南亚的金融危机对我国企业的影响是随机性的，危害的仅仅是企业网络中的非集散企业。但 2008 年发生于美国的金融危机则不同。一方面，我国与欧美国家在产业结构上具有差异性；另一方面，政治、文化价值观不同。所以，本次金融危机对我国企业的影响可以说是选择性的，如产品价格的降低、订单的转移等，最终影响了我国东部沿海地区许多企业集群的发展。具体到行业，纺织行业等传统劳动密集型企业受到的影响最大。海关总署的数据显示，2008 年 9 月份，纺织品服装出口较 8 月份减少近 6 亿美元，较 2007 年同月仅小幅增加约 3 亿美元，9 月份出口延续了 8 月份微幅增长的趋势。随着美国金融危机愈演愈烈，以美元计价的纺织出口接近零增长，以人民币汇率计价的出口额持续负增长，20% 的纺织企业出现亏损。汽车行业受美国金融危机的影响，总体表现低迷。据中国汽车工业协会的数据统计，2008 年 1~8 月，乘用车产销同比增长 13.67% 和 13.15%，与 2007 年同期相比，增幅回落 8.32 个百分点和 10.94 个百分点；船舶行业也深受其害，一些船东被迫取消船舶订单。就地区而言，东部地区由于以外向型经济为主导，所受损失相对较严重，如广东 2008 年 10 月份前后有 2 万~3 万家工厂倒闭，浙江有 6.7 万家企业停产。就出口国家来看，我国对美国出口额增速下降较为明显，对欧盟和大洋洲的出口并未受到明显影响，而对拉丁美洲和非洲等发展中国家和地区的出口额则出现了强劲增长态势，2008年上半年中国对拉丁美洲、非洲出口额增长都在40%以上，远远高于对欧洲和北美的出口额增长速度。随着金融危机的进一步发展与扩散，中国对欧洲国家甚至部分发展中国家的出口也受到影响，从而对中国整体出口增长构成严峻挑战。从出口额看，2008年上半年同比增长21.87%，比2007年同期27.55%的增长速度降低近6个百分点；从出口量看，2008年上半年同比增长8.44%，也明显低于2007年同期10.11%的增长速度。除了出口量减少外，受金融危机的影响，海外企业的违约率也开始上升，出口企业的外部信用环境进一步恶化。据我国出口信用保险公司浙江分公司统计，2008年前5个月收到的报损案件金额同比增长80%，本地企业的海外坏账率增长约为268%。

以上事实说明，1997年东南亚金融危机和2008年美国金融危机对我国企业集群的影响在性质上是不同的。

第一，东南亚金融危机对我国企业集群的影响。在图6-5中，(a)图代表1997年东南亚金融危机发生之前，中国、东南亚、欧美之间的贸易和网络关系。当时，我国和欧美国家的直接贸易不多，大部分是通过东南亚进行的转口贸易。(b)图代表1997年东南亚金融危机发生时，中国、东南亚、欧美之间的贸易和网络关系。此时，由于东南亚企业集群规模的减少，导致我国对该地区的直接出口和对欧美的间接出口锐减，但对欧美的直接贸易却出现了较大幅度的增长。此次金融危机不论是对欧美还是对中国企业集群的影响均很有限，其原因在于中国和欧美企业网络具有异质性的拓扑结构。(c)图代表1997年东南亚金融危机发生后，中国、东南亚、欧美之间的贸易和网络关系。随着东南亚经济的复苏，该地区的企业集群规模逐渐得到恢复，致使我国对东南亚的直接出口、对欧美的间接出口有所增加，但低于危机发生前的水平；我国对欧美的直接出口得到了巩固。

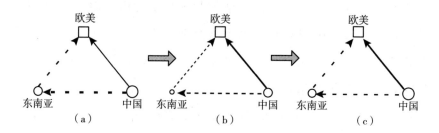

图6-5　1997年金融危机对中国、东南亚、欧美间贸易和网络关系的影响

注：实线表示直接贸易关系，虚线表示间接贸易关系。实线和虚线的粗细度表示双方贸易量的大小。节点形状相同表示两者具有相似的产业结构。节点形状不同表示双方具有不同的产业结构。节点形状大小表示该地区企业集群的规模。

第二，美国金融危机对我国企业集群的影响。在图6-6中，（a）图代表2008年美国金融危机发生之前，中国、东南亚、欧美之间的贸易和网络关系。当时，我国对东南亚与对欧美的直接出口大致相当，约为40%；我国通过东南亚对欧美的间接出口仍在继续发生。（b）图代表2008年美国金融危机发生后，中国、东南亚、欧美之间的贸易和网络关系。美国次贷危机引发了欧美金融海啸，致使许多欧美企业破产，集群规模不断缩减。它通过连锁反应，凸显了我国与东南亚地区企业网络的同质性拓扑结构，从而加剧了我国中小企业集群的脆弱性。一旦出现出口商品价格降低、转移订单、货款拖欠、汇率变动等因素扰动，将不可避免地导致中小企业集群的瓦解，乃至企业破产。

（三）企业集群鲁棒性和脆弱性产生的原因

有人把我国中小企业集群分为三种类型：处于小城镇的企业

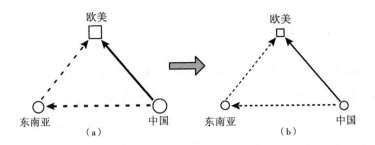

图 6 - 6　2008 年金融危机对中国、东南亚、欧美间贸易和网络关系的影响

　　注：实线表示直接贸易关系，虚线表示间接贸易关系。实线和虚线的粗细度表示双方贸易量的大小。节点形状相同表示两者具有相似的产业结构。节点形状不同表示双方具有不同的产业结构。节点形状大小表示该地区企业集群的规模。

集群；处于大中城市的高新技术开发区的中小企业集群；依托于大企业的"核心型"中小企业集群。中小企业的聚集将吸引更多的新企业加入，导致地区间"富者越富，贫者越贫"。这种"富者越富"的过程有利于早期企业，使它们更有可能成为集散企业。企业集群在给区域经济带来繁荣的同时，还促进了社会进步。如果企业择优关联的机制运行是线性形式，那么企业网络形成的集群则属于平行型企业集群，如我国中小企业集群的第一、第二种类型；如果企业择优关联的机制运行是非线性的，那么就容易出现一个攫取最多关联的集散企业，以致网络最终演变为拥有一个"龙头企业"的星形拓扑结构——核心型企业集群，如我国中小企业集群的第三种类型。因此，企业网络通过不断地增添新企业和新连线而成长为开放系统；另外，大多数企业或企业网络不是完全随机连接的，其连接过程往往带有某种偏好，具有择优连接特征。增长性和择优连接有助于解释集散企业产生和存在的理由，生成的是无标度性企业集群。无标度性企业集群之所以对随机攻击具有惊人的鲁棒性，是因为它具有非同质性拓扑结构，而随机性企业网络则不然。

二 企业集群脆弱性的影响因素

与随机性企业网络的脆弱性不同，无标度性企业集群的鲁棒性使得一些企业即使破产或离开，企业集群也很少因此受到大的影响。与那些和其他企业关联密切的集散企业相比，因那些不重要的企业和其他企业关联松散，因而去掉它们不会对企业集群产生重大的影响。但是，如果去掉的是集散企业，即使是少数，也会导致企业集群的瓦解。影响企业集群脆弱性的因素包括以下方面。

（一）外界打击的力度及其方式

如果外界打击的力度比较大，不仅非集散企业被破坏，而且还影响到集散企业，那么企业集群的鲁棒性就弱、脆弱性就强。打击方式不同，企业集群的鲁棒性和脆弱性也不同。当企业集群受到意外性或随机性的打击时，影响最大的是那些非集散企业，而集散企业则能够泰然处之，表现出极强的稳健性，如 1997 年的东南亚金融危机。当具有大量关联的集散企业受到选择性打击时，企业集群非常容易瘫痪，抗攻击能力很差，表现出极强的脆弱性，如 2008 年的美国金融危机。

（二）环境的压力

在信息经济社会下，外界环境发生了显著变化：变化速度加快、复杂性增加，致使企业的预测时间越来越短、能力越来越小。为了自身的未来生存，企业必须依靠集体的力量，在互补和配合中实行规模化经营，以弥补自己的不足，企业集群由此而生。企业集群作为一个类生命体系统，富有积极活性和自适应性。集群企业能够与环境以及其他企业进行持续不断的交换作用，从中不断地"学习"或"积累经验""增长知识"，并能够利用积累的经验改变自身的结构和行为方式，以适应环境的冲击和其他企业的不利影响，从而增强企业集群的稳健性。一般来说，外界环境压力越大，企业集群的凝聚力越大，其稳定性也越好。

（三）企业边界的模糊程度

企业网络在外界环境的压力下，企业间经过反复的接触和摩擦，边界出现了交融，界线变得越来越模糊。当企业集群受到选择性打击的时候，某些连接可能会断裂，其结果是企业集群经过分裂，缩小规模，变成数个"孤岛"，而不会整体消失。因此，这一阶段是企业集群得以产生的前提和条件，最终导致企业集群既具有鲁棒性又具有脆弱性。

（四）集散企业的数目

集散企业的多少与企业网络的稳定性有很大的关系。通常情况下，集散企业越多，网络中企业集群数目也越多，企业网络越稳定。企业网络从平衡到不平衡，再到平衡是局部吸引子不断转化，并成为全局吸引子的过程。吸引子的聚集作用产生吸引盆。那些由"龙头企业"集聚而成的企业集群在一定程度上具有相对稳定性。对于一个地区来说，由于资源和地域的限制，平行集散企业的数目不宜太多。如果太多的话，将会降低企业集群的鲁棒性，这是因为"经济人假设"的存在，使得集散企业之间产生的冲突大于合作。但是，如果集散企业具有层次性，即使数量很多，只要不超过一定限度，也会降低企业集群的脆弱性。

（五）企业集群文化

因企业集群具有地域性特点，企业间形成了相互信任机制，以此建立起互相合作、沟通信息的氛围，从而形成在竞争中合作的企业集群。企业集群维系的基础是"五缘"文化。"五缘"文化具有两面性：一方面，有利于维系社会的和谐与稳定，增强企业集群的鲁棒性；另一方面，既因其过度灵活，破坏了程序操作，又因其非规范性，背离了制度效应，增加了企业集群的脆弱性。所以，在经济不景气必须收缩信用关系时，由于人情至上和攀比心理的投资惯性，使坏账增长超过企业可承受范围，加剧了经济危机对企业集群的冲击。

三 从企业集群升级到网络组织共生

2008 年金融危机使我国东部沿海地区的中小企业集群受到了沉重的打击，其自身的弱点也逐渐显露出来。对此，我们应该采取切实可行的办法，改进企业集群的鲁棒性和脆弱性。

（一）加速推进中小企业集群的结构调整

在中小企业集群发展前期，地缘、人缘都处于封闭状态，企业以一村一品、一乡一品为基础，结构上虽高度集聚，但相互间协调能力差，表现为供销人员满天飞，以人流带物流。当企业集群发展到一定程度，根据市场竞争需要逐步以开放取代封闭，大力发展纵向的产品聚集，以弥补横向的地域聚集的不足，增加企业网络内部的关联数和交往频率，使得生成网络的企业数量更均匀一些，减缓无标度性企业集群企业关联分布的幂率曲线下降趋势，以增强企业集群的鲁棒性，减少脆弱性。今后，将会有相当一部分企业的设计中心、营销中心以至于投资决策总部外迁或联营，设在国内外最佳区位，企业逐渐网络组织化。这是中小企业进一步发展的需要，是正确而合理的选择。

（二）提高企业集群的素质，转变发展方式

企业集群本身素质的高低对提高其"免疫力"起着巨大的作用。企业集群的素质是企业集群内部力量的整合，表现在两个方面：一是企业技术和管理水平的提升，强调的是如何构建企业的核心能力；二是企业间协作强度的增加，强调的是如何提高企

业集群的整体涌现性。这两个方面都涉及企业集群如何转变为网络组织的问题。由于网络组织是建立在信息技术之上，由多个独立的企业为了共同面对激烈的竞争环境，在多次交易过程中所形成的一种协作团队，所以它具有小世界性，是对企业集群无标度性的优化。与企业集群的无标度性相比，网络组织的小世界性具有以下优点：一是具有模块化性质，可以根据需要任意组合，增加了群体的柔性；二是各企业平均路径长度较无标度性企业集群短，有利于节约成本和提高交易效率；三是集聚度高于无标度性企业集群，便于组建各种跨职能工作团队，以解决发展过程中出现的各种难题。

（三）加强企业集群的联合创新能力，促进集群升级

网络组织具有联合创新能力，它包括联合技术能力和联合市场拓展能力。联合技术能力是指以组织学习为基础，支持组织创新能力提高为目的，嵌入在组织创新系统内部人力资源要素、信息要素、固定性资产要素和成员组织要素中的所有内化知识存量的总和。联合市场拓展能力涉及市场定位、营销网络的构建、广告策划、品牌的运作和维护等。企业集群的升级需要市场的支撑。企业集群通过参与全球价值链的国际分工体系，寻找市场机会和市场空隙，形成专业化的细分市场，培育差异化的创新能力，获得细分市场的竞争优势。对于大量中小企业组成的企业集群来说，由于在资金技术和人才等方面的不足，难以以自主品牌进军国际市场。但企业集群可以以良好的社会资本和文化根植性，与开拓国内市场的全球价值链中的主导企业合作，组建网络组织，获准其品牌的使用权，增强竞争力，达到"双赢"，实现升级。

（四）变企业集群为网络组织

企业集群的脆弱性主要表现在两个方面：一是在平行型企业

集群中，各企业势均力敌，处于对等地位，通过自我调节维持集群运行。由于各企业规模较小、结构松散，所以竞争隐形化且大于合作。在核心型企业集群中，由于"龙头企业"的控制力和影响力而使整个企业集群围绕它运行，一旦"龙头企业"遭受沉重打击或决策失误等，将会导致整个集群的崩溃，所以这对"龙头企业"管理的科学性和决策的民主化提出了更高的要求。二是无论是平行型企业集群还是核心型企业集群，都受地域的限制。为此，企业集群必须变革组织形式，突破地域限制，向网络组织转变，通过网络效应，创新出一种新的生产力。一方面，提升企业竞争力；另一方面，促进区域经济的和谐发展。

第三节　网络组织共生对区域经济
发展的促进作用

由上文分析可知，企业集群在不同的经济危机中，既表现为鲁棒性又表现为脆弱性。这不仅与外界打击的方式和力度有关系，而且与企业集群自身的网络结构和素质有关系，它们是企业R/S分形的结果，导致我国的许多中小企业集群呈现横向聚集状态，如海宁皮件、义乌小商品、宁波服装、永康小五金、乐清低压电器、温州皮鞋和打火机等。虽规模优势较明显，但整体协调能力较差，存在着恶性竞争，如一件西服的出口利润甚至还不到5元。从不同区域企业演进的多重分形谱中，我们也可以看出，企业演进具有两个重要特点——先是聚集效应，后是扩散效应，它们均是企业不断分形和自然选择的结果。企业聚集推动了工业在地区之间的形式不一的演化，促进了当地经济的发展，但也进一步拉大了区域经济的发展差距，导致经济更加不和谐。

一　企业的聚集效应

刘军等人认为，产业聚集在促进工业化进程中具有两个功能：生产要素配置功能和增加产出功能。聚集区内的企业由于享有劳动市场共享、投入共享和交易成本降低等多种优势，所以能够获得递增的收益和技术外溢效应，必然吸引更多的生产要素前来聚集，要素越聚集，经济外部性和规模经济效应越显著，越能吸引更多的生产要素聚集。生产要素聚集的目的是为了获得规模效益。这必然涉及度的问题，这个临界点一旦被突破，企业聚集的协调成本将会随着企业数量的增加而快速上升，变为规模不经济。所以，企业聚集程度还要受到资源、环境、市场和技术等条件的限制。

二　集群规模的限制

当企业聚集发展到一定程度时，企业集群常常遭受不同特征的随机振动和干扰，其中有市场环境和资源的波动、企业经营管理特征的变化、企业之间相互作用的波动、企业"出生率"和"死亡率"的波动等，这些因素都对企业集群的稳定性产生影响。例如，企业的自相似性导致了企业集群的同构化。同构化企业集群在长三角地区、珠三角地区都很普遍。企业同构化对一个地区经济的发展既有有利的一面，也有不利的一面。在同构化企业发展初期，由于其数量少，所以往往是单兵作战，企业间竞争激烈且无序，盲目竞争、恶性竞争。在同构化企业发展中期，由于其相互之间结成了企业集群，所以企业整体实力得到了增强，竞争力得到了提升，这对地区经济发展有利。随着同构化企业的继续增多，同构化企业变成了同构化地区。一方面，单一资源消耗日甚，并逐渐枯竭，使得地区内竞争日益白热化；另一方面，企业群间竞争让位于地区间竞争，将导致地区间相互封锁。这些都不利于地区经济发展，如图6-7所示。

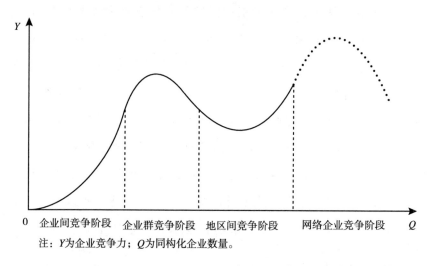

注：Y为企业竞争力；Q为同构化企业数量。

图6-7 企业竞争力与同构化企业数量之间的关系

由于企业的分形行为，使企业集群产生混沌现象。混沌的最大特点是"蝴蝶效应"，它非线性放大这些振动和干扰，使企业集群远离平衡态，导致企业的扩散。

三 产业的转移

产业结构调整和技术升级是企业聚集发展到一定程度的必然选择。根据弗农的产品生命周期理论、哈默尔和普拉哈拉德的核心能力理论以及达维多和马隆的虚拟公司理论，从产品要素的聚集性上，在产品生命周期的不同时期，其生产要素比例会发生规律性变化。不同地区，在产品生命周期的各个时期，其比较利益将从一地区转向另一地区。所以说，企业扩散也是企业分形的一种趋势，带来的是产业转移。在信息社会中，产业转移是企业通过虚拟化运作，依靠组建网络组织来实现的。

四 网络组织的构建

网络组织是对企业集群的"扬弃",它突破了企业集群横向聚集的地域限制,在更广阔的区域内实现了企业之间的合作,是企业的一种纵向聚集。宏观上,网络组织具有整合化、一体化特征;微观上,各企业相互独立。所以,网络组织是在产生的企业集群基础上,通过提高对研发和市场营销的控制能力,来增强自身抗御风险的"免疫力"。网络组织是今后我国中小企业集群的升级方向。一方面,通过网络组织,积极拓展海外市场,进一步控制利润较高的产品研发和营销业务;另一方面,通过网络组织,努力延伸原材料市场,突破发达地区经济发展的资源瓶颈。网络组织的构建离不开企业的扩散效应。企业的扩散效应是企业演进的自组织行为,其转移方向往往是市场环境和资源具有竞争优势的区域,一般是经济欠发达地区。产业的转移并不是区域企业演进的终结,而是为了在扩散的基础上产生新的聚集,形成新的企业集群和网络组织,这有利于提升中西部地区和产业的竞争力,实现区域经济的和谐发展(见图6-8)。

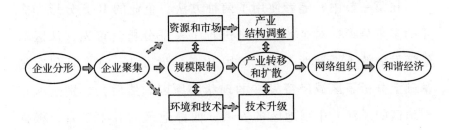

图6-8 企业聚集促进经济和谐的内在机理

综上所述,我国经济发展离不开企业的聚集效应和扩散效应,而如何加快东部地区的产业集群升级以及提高西部地区的企业聚集程度，以推进工业化进程和促进经济的和谐发展则是一个亟待解决的问题。一方面，由于我国各地区的资源禀赋、工业基础、劳动力成本等都存在较大的差异，所以各地区在吸引外资、引导企业聚集时，应根据各地的实际情况和区域特色，合理规划产业布局，重点发挥比较优势，实施错位发展。另一方面，企业聚集是一把"双刃剑"，在实现规模经济的同时，有可能造成过度聚集的后果，所以各地区应抓住有利时机，因势利导，积极推进企业扩散。就目前情况来看，东部地区应主打高端市场，实施区域品牌战略，并引导部分中低端市场的企业向中西部地区转移。中西部地区则应通过制定各种优惠政策和实施全民创业战略，在"引凤筑巢"的同时，积极培育关联性较强的企业，使其发展为龙头企业，促进企业集聚，然后再通过学习和模仿效应，带动当地中小企业的发展，从而形成不同层次的企业群落，实现东、中、西部地区经济的协调和平衡发展。

第四节　本章小结

在第一节中，笔者使用了两种方法：企业的 R/S 分形和企业的多重分形，对企业的演进进行了实证分析。首先，从区域经济发展的不平衡性入手，运用 R/S 分形方法，在实证研究的基础上分析了区域经济发展的现状和原因。然后，分别选取东部地区的浙江、中部地区的安徽、西部地区的甘肃三省，根据企业生长概率的不同，通过多重分形分析，求出它们的分形维数和 $f(\alpha) \sim \alpha$ 多重分形谱，得出三省不同的企业演进轨迹及区域经济发展差异化的原因。在第二节中，笔者通过对 1997 年和 2008 年金融危机对我国中小企业影响的比较分析，得出企业集群的无标度性特征，表现为鲁棒性和脆弱性，它与企业集群自身的网络结构和素质有关。所以，企业集群必须在进行产业转移的同时，改变自己的关联方式，由横向聚集向纵向聚集发展，进一步控制利润较高的产品研发和营销环节。在第三节中，笔者在前两节分析的基础上进一步论述了区域经济发展的趋势：企业不断地分形、演进，从单个企业到企业集群，再到网络组织，随之区域经济从收敛走向发散，从共存走向共生，促进区域经济的和谐发展。

第七章　基于协同学的专业化分形：优势共生

专业化分形通过横向和纵向演化，不断增加社会上企业的数量，扩大社会生产和服务规模。所以，从表面上看，它只是企业逐渐社会化的形式，但从本质上看，专业化分形要想取得较高的社会效益，还必须依靠企业之间的协作。企业只有通过协作，才能实现优势共生。一方面，有利于提高自己所在网络组织的可靠性；另一方面，有利于企业核心能力的培育。

第一节　协同学的基本内涵

协同学是由德国物理学家哈肯在 1971 年首次提出的，并定义为一门横断学科，它研究系统中子系统之间是怎样合作以产生宏观的空间结构、时间结构或功能结构的。它既处理确定过程，又处理随机过程。协同学是系统科学的一个重要分支，它主要是研究远离平衡态的开放系统在与外界进行物质或能量交换的情况下，如何依靠系统内部的合作行为，自适应地构建时间、空间和功能上的有序结构，在一定条件下实现集体运动和功能。它以现代科学的最新成果——系统论、信息论、控制论、突变论等为基础，汲取了耗散结构理论的大量营养，结合了动力学和概率论方法，通过对多种领域的分析，提出了多维相空间理论，建立了一整套的数学模型和处理方案，在从微观到宏观的过渡上，描述了各种系统从无序到有序转变的共同规律。

协同学的基本内容主要包括自组织原理、协同效应原理、支配原理。

1. 自组织原理

自组织原理阐明系统在没有外部指令的条件下，其内部子系统之间能够按照某种规则自动形成一定的结构或功能。系统的开放性使得系统只有同外界维持一定的能量流、物质流、信息流，才能维持非平衡态，才能实现非平衡相变。通过相变，系统的性质会发生令人难以置信的改变，形成新的时间、空间或功能的有序结构。

2. 协同原理

协同原理是指复杂开放系统中大量子系统相互作用而产生的整体效应，它是系统有序结构形成的内驱力，是相变的基础。任何复杂系统，当在外来能量的作用下或物质的聚集态达到某种临界值时，子系统之间就会产生合作，使系统在临界点发生质变，产生协同效应，从而系统从无序变为有序，从混沌中产生某种稳定结构。

3. 支配原理

支配原理描述了系统在临界点附近的行为，阐述了系统的变化受慢变量即序参量支配。慢变量在系统因涨落而偏离稳态时，总是倾向于使系统更加偏离原来的稳态而走向非稳态，它在系统处于稳态与非稳态的临界区时，呈现出一种无阻尼特征，并且衰减得很慢。序参量的大小可以用来标志宏观有序的程度，当系统是无序的时候，序参量为零。当外界条件发生变化时，序参量也变化，当达到临界点时，序参量增长到最大值，从而出现了一种宏观有序的自组织结构。

第二节　专业化分形与协同学的契合

现代管理面临复杂多变、不可预测、竞争激烈的环境，如全球经济一体化的趋势日趋明显，企业间的竞争变得激烈纷呈；高新技术的出现和换代越来越快，产品生命周期越来越短；消费者导向的时代已经到来，消费趋向多样化和个性化。这些不仅给企业的生产方式带来了新的挑战，而且给企业的生产和服务提出了更高的要求。企业为了生存和发展，除必须协同内部各部门之间的关系之外，还要协同一切可以协同的其他企业，以弥补自身的劣势，赢得竞争优势。

一　企业网络的无序性

企业网络是市场经济条件下新建企业不断追逐市场机会的结果。由于市场机会具有普遍性、偶然性的特点，所以企业网络具有无序性特征，具体表现在以下几个方面。

（一）网络结构的无序性

对于创业者来说，市场机会普遍存在于消费者需求和企业的各种生产经营过程中。在市场经济条件下，只要存在市场经济活动，都有可能存在市场机会。一方面，市场机会存在于消费者的需求中，消费者未被满足的需求就是市场机会；另一方面，市场机会还存在于经营实践过程的各个环节中，企业的经营活动，从问题的提出到过程的终结，可以划分为若干不同的环节、阶段，分为若干方面。无论是哪一个环节、阶段或哪一个方面，都存在着市场机会，其原因在于市场条件是制约和影响市场机会的直接客观因素。在竞争性环境里，市场条件是不断变化的，所以市场机会促使创业者不断地创造企业。在这一过程中，市场原来的平衡被打破，产生新的不平衡。从平衡到不平衡，网络结构产生了无序性。

（二）竞争的无序性

在企业网络中，由于企业各自为政，都想利用自己的优势，在残酷的竞争市场上杀出一片属于自己的天地，相互之间你争我夺。在买方市场条件下，尤其是当企业的生产能力的增长超过了消费需求的增长时，企业竞争的无序性就突出地表现为"零和"博弈，即某一企业的发展，就可能意味着其他企业的衰亡。例如，随着电子商务的发展，全国各地相继产生了许多地方团购网站，有的利用当地资源优势，有的是新行业的"初生牛犊"，各大团购网站开始不计成本地迅速扩张，大量招聘人员，开展电话营销，业务人员遍天下。为了抢占商家资源，各个网站开始微利甚至是无利经营；同时，很多网站开始相互挖人，以高薪为诱饵，挖对方的精英人才，瓦解对方，并在自己内部实行末位淘汰制，使员工处在不稳定的工作环境中，员工对企业的忠诚度不断降低。

（三）交易的不确定性

在企业网络中，企业比较分散且数量众多，信息又具有不对称性，企业之间的交易是一种临时招募的方式，即在日常工作中，通过接触大量独立的上（下）游企业，找出提供成本最低者（出价最高者），然后与其交易。所以，每一次交易的对象都是不确定的。这种交易，虽然商品交易价格较为理想，但会使整体交易成本上升，同时风险也较大。交易的不稳定性会严重地影响稳定、有序的生产活动的进行。

二 网络组织的有序性

网络组织是企业为了应对环境的复杂性和竞争的残酷性而采取的一种共生策略，其目的有二：一是降低交易成本和经营风险；二是通过"常和"博弈，实现"共赢"。企业之间的共生关系使网络组织具有有序性的特点，具体表现为以下方面。

（一）结构和功能的有序性

网络组织是企业之间通过长期的交易过程慢慢形成的，具有较高的稳定性。原因在于企业之间的加合效应，企业之间在分层的基础上，通过弱相互作用（企业相互独立）形成有序高级结构聚集体。这个聚集体的有序性主要体现在两个方面：结构上的有序性和功能上的有序性。结构上的有序性是指网络组织中企业之间的关系是有序的；功能上的有序性是指网络组织在生产要素配置、顾客服务、实现顾客价值方面是有序的。结构和功能的有序性是通过企业边界渗透形成有序"膜"的价值链体系，降低内耗，协调各方关系，平衡各方利益，以调动各方的积极性，充分利用有限资源，以达到价值增值的目的。

（二）竞争的有序性

网络组织不同于企业一体化之处在于：网络组织内部各企业之间相互独立，既有竞争又有合作。所以，竞争的有序性体现在合作上，资源共享和共同利益使得企业之间的竞争性大大地减弱。企业通过合作，更多地把品牌的精髓、实施品牌的战略放在终端市场上，因为只有共同把产品的终端市场做好了，整个网络组织才能成为品牌，才能在消费者当中建立企业的影响力，建立网络组织的口碑，这比企业之间的无序竞争更有意义。

（三）交易的确定性

在网络组织中，企业之间的交易是以一种长期合同的方式进行的，企业固定地使用相对稳定的几家企业，比较集中且数量较少，信息具有一定的对称性。所以，每一次交易的对象都是确定的。这种交易，使企业不仅能形成"忠诚的客户"，而且还能使企业之间产生特定的服务关系，以保障关联企业的利益。确定性交易的好处包括降低交易成本、提供标准服务、合同方在设计网络组织时更多地参与、对长期伙伴关系发展更加重视、采取零库存原则、信息共享、设备越来越专业化等。

三 网络组织与协同学

协同学属于自组织理论范畴。它研究的对象有两个：一是系统的开放性；二是在系统演化的过程中，究竟哪种结构得以实现，取决于各个集体运动形式。在专业化分形过程中，从企业网络到企业集群、网络组织，是系统整体涌现性逐渐增强的过程，是由各个企业的协同作用决定的。协同得好，不仅网络组织得以产生，而且网络组织的整体功能也好。如果各个企业之间都能相互配合，围绕共同的目标（如抓住市场机会、产品开发等）齐心协力地运作，那么就能产生"1 + 1 > 2"的协同效应。反之，如果企业之间相互掣肘、离散、冲突或摩擦，不仅网络组织难以形成，而且还会使已经建立的网络组织因内耗增加、成员企业不能发挥其应有的功能而陷入一种混乱无序的状态，最终只能解体。

第三节 专业化分形有序性的实证分析

一 江苏省产业结构有序度的测度与分析[①]

产业结构是专业化分形和经济资源配置结果的反映，竞争有序的产业结构将促进经济增长。早在 20 世纪中叶，国外学者克拉克（Clark，1940）、库兹涅茨（Kuznets，1949）、钱纳里（Chenery，1959）等人对产业结构做了很深入的研究，成果得到了广泛的应用。李京文院士以及郭克莎、刘伟等学者也对我国的产业结构做了详细的研究，普遍认为我国需要加强产业结构调整，以提高产业结构的合理化水平。

经济增长的过程在一定程度上就是产业结构由无序到有序、由较低级有序到较高级有序的演化过程。

（一）有序度测度模型

定义 $X_i = [x_i(1), x_i(2), \cdots, x_i(n)]$ 为地区产业结构向量，令 $x_i^0(k) = x_i(k) - x_i(k)$，$k = 1, 2, \cdots, n$，称 $x_i^0 = [x_i^0(1), x_i^0(2), \cdots, x_i^0(n)]$ 为 X_i 的始点零化像。

设 $X_0 = [x_0(1), x_0(2), \cdots, x_0(n)]$ 为产业结构的目标向量，其始点零化像记为 $x_0^0 = [x_0^0(1), x_0^0(2), \cdots, x_0^0(n)]$。

令：

$$|s_0| = \sum_{k=2}^{n-1} |x_0^0(k)| + \frac{1}{2}|x_0^0(n)| \qquad (7-1)$$

---

① 胡荣、陈圻、袁鹏：《江苏省产业结构有序度的测度与分析》，《统计与决策》2008 年第 1 期。

$$| s_i | = \sum_{k=2}^{n-1} | x_i^0(k) | + \frac{1}{2} | x_i^0(n) | \qquad (7-2)$$

$$| s_i - s_0 | = \sum_{k=2}^{n-1} | x_i^0(k) - x_0^0(k) | + \frac{1}{2} | x_i^0(n) - x_0^0(n) | \qquad (7-3)$$

且令：

$$\varepsilon_{0i} = \frac{1 + | s_0 | + | s_i |}{1 + | s_0 | + | s_i | + | s_i - s_0 |} \qquad (7-4)$$

称 ε_{0i} 为产业结构向量 X_i 的有序度。

产业结构向量 X_i 的有序度 ε_{0i} 是产业结构向量 X_i 与目标结构向量 X_0 的接近程度的测度。X_i 越接近 X_0，则 $| s_i - s_0 |$ 越小，ε_{0i} 就越大。易知 ε_{0i} 的取值在 0 和 1 之间，当 X_i 与 X_0 重合时，ε_{0i} 取最大值 1。

产业结构有序度测度了一个国家或地区的现实产业结构与目标产业结构的接近程度，可作为测度国家或地区产业结构合理化水平的定量指标。同时，通过对产业结构有序度变化情况的分析，能够准确把握和判断产业结构调整方向正确与否。

（二）江苏省产业结构有序度的测度与分析

对产业结构有序度进行测度，首先需要明确目标产业结构。确定目标产业结构有多种方法，如对照不同经济水平的世界"标准"产业结构来确定目标产业结构；利用政府发展计划或规划的目标结构作为目标产业结构；还可以利用由列昂契夫提出的"快车道"模型计算出的"最优强度轨道"作为目标产业结构。

实际测度过程中，需要将以人民币计算的 GDP 折算成美元进行比较（见表 7-1）。以下按汇率法进行折算，同时采用加权平均的方法来确定江苏省的目标产业结构。例如，按照 1 美元等于 8.27 元人民币的汇率,折算 2003 年该省人均 GDP 约为 2031 美元,处于中低收入和中等收入国家之间。因此,采用中低收入和中等收入国家平均水平的加权平均数作为江苏省的目标产业结构。由 $2031 \in [1230, 2058]$,故可将权系数定为 $\alpha = \frac{2058 - 2031}{2058 - 1230} = 0.032609$。江苏省目标产业结构中的各产业比重分别选取 1999 年中低收入和中等收入国家平均水平相对应的各产业比重的加权平均数,则江苏省目标产业结构中的各产业比重分别如下。

表 7-1 人均 GDP 与产业结构的国际比较

单位:%

	1999 年人均 GDP(美元)	第一产业	第二产业	第三产业
世界平均	5057	4	33	63
低收入国家平均	442	27	30	43
中低收入国家平均	1230	15	40	45
中等收入国家平均	2058	10	36	54
中高收入国家平均	5092	7	32	61
高收入国家平均	26560	2	31	67

第一产业比重:$\alpha \times 15 + (1 - \alpha) \times 10 = 11.60$

第二产业比重:$\alpha \times 40 + (1 - \alpha) \times 36 = 37.28$

第三产业比重:$\alpha \times 45 + (1 - \alpha) \times 54 = 51.12$

由此可得江苏省的目标产业结构为:11.60:37.28:51.12。

2001~2005 年江苏省三次产业增加值的构成如表 7-2 所示。通过对比可知,江苏省产业结构与世界"标准"结构有一定的差距,其中第二产业比重偏大,第三产业发展较滞后。运用产业结构有序度测度模型,结合上面确定的目标产业结构,江苏省产业结构有序度如表 7-3 所示。从表 7-3 的有序度数据可以看出，江苏省产业结构相对于世界"标准"产业结构来说，有序度总体上呈下降的趋势，其中主要原因是第二产业比重过高且持续增长，第三产业比重过低且有所下降。2005 年产业结构有序度有所上升，表明江苏省产业结构有向目标结构靠拢的调整趋势。

（三）江苏省各市产业结构有序度的测度与分析

按照上面的计算方法，根据江苏省各市的人均 GDP 参照世界"标准"产业结构，计算出相应水平下的产业结构目标值，从而可以计算与分析各市 2001～2005 年的产业结构相对于世界"标准"的有序度。

表 7 - 2 江苏省三次产业增加值构成

单位：%

年份	第一产业	第二产业	第三产业
2001	11.6	51.9	36.5
2002	10.5	52.8	36.7
2003	9.3	54.6	36.1
2004	9.1	56.3	34.6
2005	8.0	56.6	35.4

资料来源：参见胡荣、陈圻、袁鹏《江苏省产业结构有序度的测度与分析》，《统计与决策》2008 年第 1 期。

表 7 - 3 江苏省产业结构相对于世界"标准"结构的有序度

年份	2001	2002	2003	2004	2005
有序度	0.8189	0.8139	0.8019	0.7885	0.7896

运用表 7 - 1 的世界"标准"产业结构和 2003 年江苏省各市的人均 GDP，采用加权平均法计算出各市的目标产业结构，结果如表 7 - 4 所示。

表7-4 江苏省各市三次产业目标结构

单位：美元，%

城　　市	人均GDP	第一产业	第二产业	第三产业
南 京 市	3299	8.77	34.37	56.86
无 锡 市	5214	6.97	32.00	61.03
徐 州 市	1207	15.36	39.70	44.94
常 州 市	3159	8.91	34.55	56.54
苏 州 市	5762	6.84	31.97	61.19
南 通 市	1561	13.00	38.40	48.60
连云港市	911	19.86	35.95	44.19
淮 安 市	980	18.81	36.83	44.36
盐 城 市	1127	16.57	38.69	44.74
扬 州 市	1726	12.00	37.60	50.40
镇 江 市	2899	9.17	34.89	55.94
泰 州 市	1391	14.03	39.22	46.75
宿 迁 市	653	23.79	32.68	43.53

注：表中人均GDP为2003年的数据，汇率为1美元=8.27元人民币。

　　按照人均GDP和目标产业结构，可以将江苏省各市分为四类：第一类包括苏州市和无锡市，人均GDP达到5000美元以上，属于经济发达地区；第二类包括南京市、常州市和镇江市，人均GDP在3000美元左右，属于经济中等发达地区；第三类包括扬州市、南通市、泰州市和徐州市，人均GDP在1200美元以上，属于经济中下发达地区；其他各市属于第四类，大部分城市的人均GDP在1000美元左右，属于经济欠发达地区。

（四）江苏省各市的产业结构有序度

　　由表7-5的有序度结果可以看出，在2001~2005年全省约一半城市的产业结构有序度出现提高的迹象（主要集中在苏北城市），其余各市的产业结构有序度呈现缓慢下降的趋势，这表明还需进一步加强产业结构的调整。

表 7 - 5　2001～2005 年江苏省各市产业结构的有序度

		2001 年	2002 年	2003 年	2004 年	2005 年
第一类	苏　州	0.7651	0.7585	0.7344	0.7222	0.7179
	无　锡	0.7789	0.7821	0.7674	0.7685	0.7524
第二类	南　京	0.8525	0.8554	0.8246	0.8138	0.8371
	常　州	0.7763	0.7771	0.7740	0.7678	0.7545
	镇　江	0.7892	0.7866	0.7798	0.7700	0.7592
第三类	扬　州	0.8491	0.8497	0.8284	0.8130	0.7885
	南　通	0.9481	0.8407	0.8256	0.8040	0.7909
	泰　州	0.8678	0.8522	0.8320	0.8129	0.7798
	徐　州	0.8952	0.8878	0.8625	0.8552	0.8422
第四类	盐　城	0.6737	0.7254	0.8528	0.8715	0.8692
	淮　安	0.7211	0.7940	0.8022	0.7980	0.8265
	连云港	0.8217	0.8176	0.8497	0.8098	0.8295
	宿　迁	0.5107	0.5128	0.7255	0.7008	0.7052

第一类的苏州市和无锡市中，苏州市产业结构有序度呈缓慢下降的变化，无锡市呈震荡下调的变化，且无锡市的产业结构有序度比苏州市高。有序度下降的主要原因是第二产业增加值比重在超过目标比重的基础上持续增加，与目标比重差距逐渐拉大，同时第三产业增加值比重远低于目标比重且有缓慢下降的趋势。

第二类的南京市、常州市与镇江市中，南京市的有序度较高，出现震荡上升趋势；常州市和镇江市呈现缓慢下降趋势。三个城市的第二产业所占的比重均高于目标比重，第三产业所占的比重均低于目标比重。

第三类的四个城市 2001～2005 年的有序度平均值较高，但都基本呈现缓慢下降的趋势，主要原因是近年来第二产业发展迅猛，比重持续增长，而第三产业的比重有所下降，进而使得产业结构有序度呈下降趋势。

第四类城市的产业结构有序度都呈增长趋势，其中盐城市和宿迁市的产业结构有序度在 2001～2005 年上升了近 20%，说明这些城市的实际产业结构与目标产业结构越来越接近。

（五）江苏省沿江地区产业空间有序性测量与分析①

从总体趋势上看，江苏省沿江地区制造业空间呈现日趋明显的分工趋势。例如，2007 年，平均相对分工指数和平均专业化指数为 0.83 和 1.10，分别比 1989 年上升了 0.19 个和 0.12 个百分点。从区域内部看，沿江地区绝大多数市县产业相对分工水平明显提高。其中，增幅较大的是张家港市、南京市区和扬州市区。但江苏沿江地区制造业空间分工并未呈直线上升，随着沿江开发，其分工态势趋缓。在 20 世纪 80 年代，沿江地区产业趋同最为明显，而且地方专业化集中程度也较低，1989 年江苏沿江地区平均分工指数和平均专业化指数分别为 0.64 和 2.1。这段时期产业趋同主要表现在纺织业上，1989 年，江苏沿江地区 90% 的市县以纺织业为主导产业，48% 市县的纺织业占制造业比重超过 30%。其原因是从历史经济发展的全盛时期到改革开放，江苏沿江地区一直是我国最重要的轻纺工业基地。再加上改革初期，为贯彻中央的相关政策，江苏沿江地区重点发展轻工业，尤其是纺织工业，从而导致了纺织业成为沿江各市县的主导产业，产业分工指数相对较低。进入 20 世纪 90 年代，江苏沿江地区产业空间分工指数逐年增加，如 2001 年平均相对分工指数和地方专业化指数分别较 1996 年上升了 0.07 个和 0.57 个百分点。邓小平的南方谈话加快了改革开放的步伐。一方面，江苏沿江地区开始调整纺织产业结构和优化布局，纺

---

① 李娜：《产业空间分工研究——以江苏沿江地区为例》，上海社会科学院出版社，2010，第 61～74 页。

织产业向专业化、规模化方向发展，带动地区分工程度加深；另一方面，创业潮席卷了整个沿江地区，下海经商成为当时的一道风景线，民营企业、外资企业等开始快速发展，从而带动了地区分工向横向发展。2001 年，该地区有 66.7% 的市县以纺织业为主导产业，比 1989 年减少了 23.78 个百分点。2001 年以后，江苏沿江地区产业空间分工态势趋缓，不仅 2007 年该地区平均相对分工指数与 2001 年相比下降了 0.01 个百分点，而且 2003 年该地区分工趋同现象较为明显。总之，江苏沿江地区的产业发展过程是：纺织业趋同→集聚分工→重化工业趋同，产业不断向集中化、专业化方向发展。这种分工趋势说明，江苏沿江地区制造业空间变化是一种动力系统，具有分形现象，呈混沌状态。

二　浙江省产业结构有序度的测度与分析①

（一）产业结构的有序性与经济增长的关系

产业结构是投入产出的转换器，能够把不同的要素转化为相应的产品和劳务来满足社会需求。从经济理论和相关实践经验来看，产业结构与经济的稳定增长之间存在着较强的相关性。经济增长的发展过程本身既包括企业数量规模的扩张，也包括产业结构的优化。产业结构的优化程度是衡量经济增长转换能力的一个标准。在一定程度上，经济的不断增长可以被看成产业结构不断优化的过程，而产业结构的优化主要包括有序性和高度化两个方面。有序和合理的产业结构能够促进经济的增长，所以判断一个

---

① 马丽芳：《浙江省产业结构合理化水平的测度与分析》，《中国城市经济》2011 年第 6 期。

国家或地区的产业结构有序性水平，对于政策制定、产业调整都有指导意义。

（二）浙江省及各市产业结构有序性的实证测度分析

以 2000～2001 年世界发展报告划分不同经济水平的统计数据作为参照标准（见表 7-6），采用加权平均法确定浙江省及其各市的目标产业结构。例如，2005 年浙江省人均 GDP 为 22703 元，按汇率法计算约为 2813.12 美元，该值处于中等收入和中高收入国家之间，采用二者平均水平加权平均数作为浙江省目标产业结构。由于 $2813.12 \in [2058，5092]$，故可将加权系数取为：

$$\beta = \frac{5092 \sim 2813}{5092 \sim 2058} = 0.751153。$$

计算浙江省目标产业结构，各次产业比重取表 7-1 中人均 GDP 对应的中等和中高收入国家各次产业比重的加权平均数，得浙江省目标产业结构比重为 9∶35∶56。

第一产业：$\beta \times 10 + (1-\beta) \times 7 = 9$。

第二产业：$\beta \times 36 + (1-\beta) \times 32 = 35$。

第三产业：$\beta \times 54 + (1-\beta) \times 61 = 56$。

浙江省三次产业产值构成如表 7-6 所示。

表 7-6 浙江省人均生产总值及三次产业产值构成

单位：元，%

年份	人均生产总值	第一产业	第二产业	第三产业
2002	16978	8.6	51.1	40.3
2003	20444	7.4	52.5	40.1
2004	24352	7	53.6	39.4
2005	27703	6.6	53.4	40
2006	31874	5.9	54	40.1
2007	37411	5.3	54	40.7
2008	42214	5.1	53.9	41

资料来源：历年《浙江省统计年鉴》。

运用产业结构有序度模型，如式（7-1）至式（7-4）所示，根据表7-6，计算得到浙江省2002～2008年产业结构有序度的值，如表7-7所示。

表7-7 浙江省产业结构相对于世界"标准"结构的有序度

年份	2002	2003	2004	2005	2006	2007	2008
产业结构有序度	0.797366	0.782486	0.776461	0.773438	0.766362	0.761584	0.760223

分析表7-7，浙江省产业结构相对于世界"标准"来说，有序度偏低，整体呈下降趋势，是因为浙江省第一产业相对于第二产业基础薄弱，第二产业比重过高并且持续增长，第三产业比重过低且上升缓慢，因此，需要通过有效引导来缓解产业结构性矛盾。2002年有序度最高，事实上2002年实际结构与目标结构相比第一产业基本持平，第二产业相比其他年份更接近目标结构。

运用2005年各市的人均GDP计算得到目标结构如表7-8所示。

表7-8 浙江省各市三次产业目标结构

单位：美元，%

城 市	人均GDP	第一产业	第二产业	第三产业
杭州市	5557.855	6.89	31.98	61.13
温州市	2643.677	9.42	35.23	55.35
宁波市	5471.488	6.91	31.98	61.11
金华市	2909.717	9.2	34.9	55.9
嘉兴市	4300.513	7.783	33.044	59.173
衢州市	1660.554	12.4	37.9	49.7
湖州市	3101.534	8.97	34.62	56.41
台州市	2780.352	9.3	35	55.7
绍兴市	4124.185	7.96	33.28	58.76
丽水市	1510.371	13.31	38.65	48.04
舟山市	3585.537	8.49	33.99	57.52

注：表中的人均GDP为2005年的数据，汇率为1美元＝8.0720元人民币。

按照人均 GDP 和目标结构，把浙江省各市划为三类：杭州和宁波属于经济发达地区；衢州、丽水属于经济中下发达地区；其他各市属于经济中等发达地区。利用统计年鉴中的数据，运用式（7-4）计算各市产业结构有序度值（见表7-9）。由表7-9可看出，2002~2008年大部分城市产业结构的有序度有逐年提高的迹象，属于经济发达的第一类城市杭州、宁波从2002年之后产业结构有序度持续上升。从三次产业产值上看，杭州市第三产业所占比重持续上升，尤其是2005年增幅较大，但第二产业比值大且降幅较小，导致产业结构有序度整体水平不高。从时间趋势来看，当前的产业结构与经济发展水平相适应的程度是逐渐提高的，表明随着经济的发展，产业结构也随之向有序方向变动。

表 7-9   2002~2008 年浙江省各市产业结构的有序度

年份		2002	2003	2004	2005	2006	2007	2008
第一类	杭 州	0.7914	0.7836	0.7773	0.7934	0.7981	0.8011	0.8032
	宁 波	0.7698	0.7668	0.7621	0.7779	0.7773	0.7728	0.7768
第二类	嘉 兴	0.7576	0.7461	0.7406	0.7514	0.7465	0.7481	0.7498
	湖 州	0.7792	0.7882	0.7776	0.7811	0.7675	0.7695	0.7683
	绍 兴	0.7547	0.7510	0.7484	0.7476	0.7481	0.7485	0.7545
	舟 山	0.7344	0.8251	0.8562	0.9149	0.8944	0.8732	0.8504
	温 州	0.7853	0.7834	0.7864	0.8059	0.8037	0.8090	0.8176
	金 华	0.7835	0.7844	0.7814	0.8068	0.8025	0.8011	0.8048
	台 州	0.7625	0.7609	0.7621	0.8064	0.8020	0.8007	0.8086
第三类	衢 州	0.8762	0.8576	0.8376	0.8755	0.8452	0.8143	0.7998
	丽 水	0.8619	0.9061	0.8747	0.9043	0.8916	0.8881	0.8655

从表7-9中可以看出，第二类城市嘉兴、湖州整体具有波动性，但幅度较小。第三类城市衢州、丽水2002~2008年产业结构有序度的平均值较高，但从时间趋势看，基本上呈缓慢下降

趋势，第二产业发展迅速、比重持续增长、第三产业比重下降使
得它们的有序度呈下降趋势。从变化幅度来看，宁波市的水平基
本上处在 0.77 左右，在波动中缓慢上升，表明产业结构调整是
缓慢过程。温州、金华、台州的产业结构有序度由 2004 年的
0.7 的水平上升到 2005 年的 0.8，之后保持在 0.8 水平，表明产
业结构调整取得了一定效果。舟山市产业结构有序度从 2002 年
的 0.7344 持续上升到 2005 年的 0.9149，增幅最大，对应的是第
二产业比重持续下降，表明经济发展、产业结构的调整使得产业
结构有序性程度逐渐提高，2006 年开始又呈下降趋势，因为第
二产业加大投资力度，产值持续上升，产业结构在动态的演进中
与经济发展水平的适应性不断下降。另外，台州、丽水经济发展
水平较低，但产业结构有序度较高，只是说明该地区当前的产业
结构与经济发展水平相适应。2006 年之后随着经济的增长，丽
水市产业结构有序度却下降，表明如果经济发展，产业结构不能
很好变动的话，有序度就会下降。

　　可见，江苏省、浙江省各城市的产业结构有序度变化均呈混
沌状态。从横向来看，就江苏省来说，以 2005 年为例，第四类
城市产业结构的平均有序度（0.8076）高于第三类城市
（0.8004），第三类城市产业结构的平均有序度高于第二类城市
（0.7836），第二类城市产业结构的平均有序度高于第一类城市
（0.7352），且无锡市、南京市处于震荡变化状态。就浙江省来
说，大致与江苏省相似，以 2008 年为例，第三类城市产业结构
的平均有序度（0.8327）高于第二类城市（0.7934），第二类城
市产业结构的平均有序度高于第一类城市（0.7900）。这些变化
刚好与各城市的经济发展水平相反，说明随着经济发展，产业结
构有以下变化态势：从"有序"到"有序中有无序"，再到"无

序中有有序", 最后到"新的有序"状态, 这是专业化分形的必然结果。

第四节 专业化分形的协同学原理

协同学的研究对象是由大量子系统组成的复杂巨系统, 这些子系统彼此通过物质、能量和信息相互联系和作用, 使整个系统形成一个整体或新型结构, 产生涌现性。从系统层次来看, 该涌现性具有某种全新的性质和功能, 而这种性质和功能则是各微观子系统层次不具备的。

一 专业化分形的存在基础: 质参量兼容原理

专业化分形下的企业共生网络组织是系统从"无序"态发展为"无序的有序"态、"有序的无序"态, 直至"有序"结构, 进而从一种有序结构向另外一种有序结构演化的过程。因此, 企业网络组织中各个节点之间的关系可以通过质参量加以解释。质参量是反映企业内在性质的各种因素。一般情况下, 在一组质参量中必有一个质参量起主导作用, 被称为主质参量。各种资源 (无形和有形), 如金融资源、物质资源、人力资源、信息资源、关系资源等, 以及原材料、主产品、副产品及能力等, 都是企业的质参量。其中, 无形资源和能力是企业核心优势形成的基础, 对企业的生存和发展至关重要, 所以是主质参量。其他的则被称为企业的象参量。质参量和象参量的相互作用是一个企业存在和发展的基本动力, 也是企业网络组织形成和发展的内在依据和基本条件。在企业网络组织中, 企业之间质参量可以相互表达的特征被称为质参量兼容。对于主质参量来说, 质参量兼容表现为企业之间优势互补；对于象参量来说，质参量兼容表现为企业之间资源共享。质参量兼容与否决定着企业网络组织的形成可能与否及其模式。一般来说，随机性兼容对应的是企业网络形式，企业边界发生弹性变形；不连续的因果性兼容对应的是双边企业网络形式，企业边界发生线弹性变形；连续的因果性兼容对应的是企业网络组织形式，企业边界发生塑性变形。由于从随机性兼容到不连续的因果性兼容，再到连续的因果性兼容，反映的是企业网络组织形成的过程，所以质参量的兼容性高低是衡量企业网络组织有序性的重要指标，它反映质参量之间相互影响的程度。假设网络组织中有企业 A 和 B，它们分别有质参量 x_i、y_j，

则定义 A 和 B 的质参量兼容性 ξ 为：$\xi = \dfrac{\dfrac{dx_i}{x_i}}{\dfrac{dy_j}{y_j}}$。其中，$dy_j \neq 0$，$dx_i$

表示企业 B 的质参量 x_i 的变化量，dy_j 表示企业 B 的质参量 y_j 的变化量。该式的含义是企业 A 的质参量变动对企业 B 的质参量变动的反应程度。

二 专业化分形的发展基础：协同效应

协同效应是指企业网络组织在产品研发、生产、营销、管理等不同环节、不同阶段、不同方面共同利用同一资源而产生的整体效应，如企业竞争力的增强、净现金流量的增加、预期业绩的提高等。协同效应主要来源于以下三个方面。

一是范围经济，企业网络组织中成员企业的多样化核心能力由于共享一种核心专长而交互延伸，从而导致各成员企业成本的下降和经济效益的提高。

二是规模经济，企业网络组织的产品单位成本随着采购、生

产、营销等规模的扩大和资源的共享而下降。

三是流程、业务、结构优化或重组，减少重复的岗位、重复的设备和厂房等而导致的节省。企业网络组织产生的协同效应包括资源协同效应和能力协同效应。

企业网络组织的价值依赖于协同效应。如果没有协同效应，那么企业网络组织也就失去了存在的必要。企业网络组织的协同效应不同于企业内部的协同效应，差异在于其不确定性较高，原因是成员企业的独立性和经济人行为。所以，在有序的市场中，企业加入某一网络组织的判断指标就是由协同效应而产生的溢价。所谓溢价就是企业在网络组织中的协同价值减去该企业在孤立状态下的内在价值的余额。

从资源的角度看，要实现企业网络组织的协同效应至少要做到以下三点：其一，企业网络组织的战略、流程、资源中具有独特价值，而且该网络组织能够维持和管理好这种价值。其二，针对成员企业所拥有的独特资源和能力，网络组织能够实现优势互补。其三，企业网络组织的资源和能力能够通过有效整合创造出新的竞争优势。

从竞争的角度看，要实现企业网络组织的协同效应至少要做到以下两点：其一，网络组织的联合竞争优势能够削弱成员企业的竞争对手，以维持成员企业的优势或克服成员企业的弱点。其二，网络组织必须能够开拓新市场或压倒性地抢夺成员企业竞争对手的市场，使成员企业能够以前所未有的方式在新的或目标市场上与企业原有的竞争者竞争。

从整合的角度看，企业网络组织就像一个刚组建的乐队，如果未经任何的事前排练，就作为一个乐队登台表演，这将是一种什么情景？乐队成员将会处于何种状态？指挥将会处于何种境地？听众将会满意吗？要使文化背景差异较大的多个企业和谐运作，实现协同效应，除了必需的资源保障外，还需要有效的能力整合过程。

第一，评估企业网络组织的可靠性。企业网络组织的形成过程不同于一体化，因为它是企业之间在长期交往过程中慢慢形成的，不仅相互了解资源、业绩、客户等，而且相互了解历史和文化。但是，即使这样，也必须对协同效应的真正来源、实现途径做出可靠性评估。

第二，加强企业文化的交融，形成企业网络组织文化。愿景和使命既是企业文化的核心，也是企业网络组织文化的核心，是企业网络组织得以存在的灵魂，即通过文化来凝聚成员企业，实现企业网络组织的愿景和使命。

第三，明确企业网络组织的经营战略。它包括指导企业网络组织运行的基本思想、实现路径，以及一系列连续的、一致的、集中的行动。在企业网络组织形成以后，企业之间必须系统地筹划哪些资源和能力需要共享，哪些资源和能力需要整合，哪些资源和能力需要转移，哪些运作流程需要被优化，以及这些调整将耗费多少成本和创造多少价值等。

第四，平衡成员企业之间的关系。成员企业的经济人行为很可能导致文化和利益分配冲突。作为企业网络组织来说，必须做好充分的准备，在保存各自企业文化和构建企业网络组织文化的同时，还要积极促进它们建立相互依赖的关系，保持必要的平衡。

三　专业化分形的演化基础：支配原理

专业化分形产生企业网络组织的过程，其实质是一组状态参量的变化过程。这些状态参量随时间变化的快慢程度是不相同的。变化程度快的状态参量被称为快变量；变化程度慢的状态参量被称为慢变量。它们对专业化分形所起的作用也不一样。

（一）快变量和慢变量

在专业化分形过程中，各企业的文化、成本、收益、资源、经济人行为等均存在差异，这些差异即快变量。其特征是：一方面，将对专业化分形起阻尼作用，即一旦专业化分形受到干扰而产生不稳定时，总是企图使专业化分形重新回到原来的稳定状态；另一方面，将随着专业化分形的发展而逐渐缩小或消失。与此相反，在专业化分形过程中，各企业的创新精神、团队学习、集体主义精神等在专业化分形受到干扰而不稳定时，它们总是使专业化分形离开稳定状态走向非稳定状态，尤其是每次接近发生显著质变的临界点时，表现出一种无阻尼现象，并且衰减得很慢。这些为数不多的慢参量就完全确定了专业化分形的宏观行为，并表征它的有序化程度。这种由慢变量支配快变量的理论，被称为支配原理，它是协同学的一个基本原理。不管是企业集群、网络组织的产生，还是专业化分形活动，都是围绕这些慢变量来进行的。

另外，企业集群、网络组织是一种耗散结构，因为它依靠其内部的物质流和能量流来维持，即通过协调一致的物质流和能量流，一是降低产品的成本，二是提高产品的差异性，三是减少市场风险，从而确保企业网络组织的稳定。

（二）对称破缺和临界减慢现象

在专业化分形过程中，每一阶段所经历的时间各不相同，有长有短。当某一参量增长到达一定阈值时，原定态失稳，出现临界状态。从企业网络到企业集群，从企业集群到网络组织，都会出现临界状态。企业集群和网络组织分别是专业化分形相对于企业网络和企业集群的新定态。新的定态相对于旧的定态更为有序，是无序到有序的突变，被称为非平衡状态下的有序化转变。专业化分形通过临界点形成有序结构后，对称性降低，被称为对称破缺。专业化分形每一次接近临界状态点时，因内外涨落而偏离定态后，恢复至定态所需时间（弛豫时间）无限增长，被称为"临界减慢"现象。出现这种现象的原因是多方面的，既受国家宏观经济政策的影响，也受社会文化的影响；既受科技创新的影响，也受经济人行为的影响等。这些影响因素都可能阻碍专业化分形向有序性演化，出现"临界减慢"现象。

（三）支配原理

支配原理是协同学的基本原理之一，哈肯把它看成"在协同学中起核心作用"。支配原理的基本思想是：任何事物都是由若干种因素综合作用的结果，但其中起支配作用的因素只有一个或极少数几个。在专业化分形过程中，有很多状态参量，当外界环境风平浪静、企业之间的关系演化处于平稳发展时期时，这些参量所起的作用大致相同，差别不大。但当外界环境急剧变化、企业接近临界点时，绝大多数参量变化极快，还没有来得及影响和支配企业之间的关系演化就已经消亡或转变了，而只有极少数参量变化比较慢，有机会支配和主导企业之间的关系演化，代表专业化分形的序状态。以慢变量为代表的序参量是促使专业化分形不断进行的主要推动力，使专业化分形从无序转变为有序以及从有序转变为更为复杂的有序过程。它是由各成员企业协同产生出来的，它无形中引导着各成员企业的行动，把它们组织到统一的整体行为之中，从而产生企业网络组织。各成员企业对序参量的"伺候"强化着序参量自身；反过来，也促进各成员企业对序参量的进一步"伺候",从而使专业化分形能够自发地、有序地组织起来。在专业化分形过程中,谁代表管理序参量,谁就代表着专业化分形的发展变化方向,谁就会在专业化分形的涨落过程中被放大成为新的结构主体①,如在企业网络组织中处于"龙头"地位,成为核心企业。

第五节　本章小结

企业通过专业化分形产生网络组织,是企业之间相互协同的结果。协同效应增加了网络组织的有序性。由于网络组织是由不同行业或产业的企业所组成的,它反映的是行业或产业之间的匹配关系,所以网络组织的有序性可以通过产业结构的有序性被间接证明,如江苏省、浙江省的产业结构变化情况。专业化分形的协同学原理说明了专业化分形的存在基础是质量兼容原理,专业化分形的发展基础是协同效应,专业化分形的演化基础是支配原理。质量兼容原理促使网络组织从"无序"态发展为"无序的有序"态、"有序的无序"态,直至"有序"结构,进而从一种有序结构向另外一种有序结构演化;协同效应使得网络组织中各成员企业产生溢价;支配原理促使代表管理序参量的企业成为核心企业,引导网络组织的有序运行。

---

① 潘开灵、白烈湖:《管理协同理论及其应用》,经济管理出版社,2006,第 98 ~ 99 页。

第八章 基于循环经济的专业化分形：产业生态共生

改革开放以来，我国经济发展取得了举世瞩目的成就，综合国力大幅度提升，人民生活显著改善。长期以来，我国实行的是粗放式的工业经济发展模式。它的主要驱动力来自对资本供需平衡的需要，经济实力的主要标志是对资源的占用，技术进步主要来自发明和科技方法的商品化，技术创新的主要方向和表现形态是生产大型化、高速化及大批量生产，以获得规模经济效益。工业社会的这种线性增长模式带来的负面作用已显现出来：环境污染日益严重、自然资源衰竭、生态破坏、生物多样性减少等，直接威胁人类的生存，制约我国经济的可持续发展。所以，必须按照循环经济原理，通过产业共生改变传统的生产模式，实行生态化生产，以弥补资源和资本上的不足，协调社会、经济、自然发展的关系。

第一节 循环经济的产生背景

循环经济是在环境日渐恶化、资源稀缺的严峻形势下，人类对自身的行为、自然界重新认识的产物。它按照生物学原理以资源的高效利用和循环利用为核心，以"减量化、再利用、资源化"为原则，以低消耗、低排放、高效率为基本特征，符合可持续发展理论的经济增长方式。

一 生物与环境的关系

生物与环境的关系是生物学研究的主要内容。生物与环境的复合，形成了生态系统。"生态系统"一词首先是由英国生态学家 A. G. Tansley 在 1935 年提出的，他认为生态系统既包括有机复合体，也包括形成环境的整个自然因素的复合体。

众所周知，生态系统是由生物子系统和非生物子系统构成的。生物子系统由各种活的有机体构成；非生物子系统由水、空气、能量等物质构成，它不仅为生物子系统提供其生存所必需的场所和空间，而且也为其生存提供物质和能量。生物子系统是生态系统中的重要组成部分。依据它们在生态系统中的作用和地位的不同，可以分为生产者、消费者、分解者三个部分。生产者也被称为初级生产者，主要是指绿色植物。在光合作用下，绿色植物把从空气中吸收的水分和二氧化碳转变为碳水化合物，并释放氧气，同时把太阳能转化为化学能，并储存起来。生产者是整个生物子系统的基础部分，在能量转换和物质循环中起着最重要的作用。消费者是一种异养生物，其原因在于它只有靠食用其他生物才能获得生存能力，主要为各类动物。按照其食性的不同，可把消费者分为初级消费者和次级消费者。初级消费者是一些草食性动物，如昆虫、羊、牛等；次级消费者是一些肉食性动物，如老虎、狼等。所以，消费者均是依靠生产者来获取食物和能量的。分解者也是异养型生物，是指那些以动物、植物的尸体为食物来源的生物体，主要包括各种微生物，如细菌、真菌等。分解者能够把动物、植物的有机分子分解还原为较简单的无机物质，以供生产者再利用。所有的动物、植物的尸体等都必须经过分解者的还原分解，才能归还于环境中。如果没有分解者的分解还原作用，整个生态系统的物质循环也就终结了，所以分解者是生态系统中不可或缺的重要部分。在生态系统中，生产者、消费者、分解者形成的是一种食物链关系，它有以下特点①。

第一，在同一食物链中，常包含食性和生活习性极不相同的多种生物。

第二，在同一个生态系统中，可能有许多食物链，它们的长短不同，营养级数目不等；由于在一系列取食与被取食的过程中，每一次转化都将有大量的化学能变为热能耗散。因此，自然生态系统中营养级的数目是有限的。

第三，在不同的生态系统中，各类食物链的比重不同。

第四，在任何一个生态系统中，各类食物链总是协同作用的，也就是说，很少存在一种生物完全依赖另一种生物而生存的现象，即同一种生物一般占用几个营养层次，从而使各种食物链相互交叉，形成食物网。

现在的生态系统是生物和环境长期协同进化的结果，自然界正是依赖生物间的这种食物网关系，实现物质和能量循环、利用，才得以平衡、有序地演化，才更加丰富多彩。

二 人与环境的关系

人类是自然界中无数生物种群中的一员，人类的产生、生存、发展均离不开自然环境的影响。在处理与自然环境的关系

---

① 鞠美庭、盛连喜：《产业生态学》，高等教育出版社，2008，第5页。

上，人类经历了三个认知阶段：崇拜自然、征服自然和包容自然。

第一阶段，从人类诞生到文艺复兴之前。在人类社会早期，一方面，由于生产力水平极其低下，人类只有依靠自然的恩赐才能生存；另一方面人类对自然环境的变化一无所知，只能被动地适应。所以，他们对自然环境既依赖又恐惧，处在崇拜自然的阶段。虽然在广大的农村，也发生了大量砍伐树木、破坏草原的现象，但由于工业生产并不发达，所以在这个时期，人类对自然环境的影响是局部的和较低水平的。

第二阶段，从文艺复兴时期到 20 世纪中期。该时期，由于科学技术的发展，人类对自然环境有了一定的认识，感觉它不可怕，且认为自然环境是上帝给人类的礼物，所以人类能够改变、主宰自然环境。在这个阶段，由于工业革命的推动，人类进入了大规模地征服自然环境的阶段，表现为工业化大生产，人类社会发生了深刻而迅速的变化。一方面，社会、经济和文化飞速发展；另一方面，环境污染，人口膨胀，生态失衡，能源和资源枯竭。人类对自然环境的影响逐渐超过了环境自身的调节能力。环境问题直接威胁着人类的可持续发展，成为世界性的问题，人类开始站在十字路口。

第三阶段，从 20 世纪 60 年代到现在。严酷的事实，促使人类开始反思过去，重新审视自身与自然环境的关系，在对待自然环境的态度上有了新的认识：人类是自然环境的一部分，必须尊重自然规律，并发挥人的主观能动性，强调人与自然的包容、和谐统一。这种新的认识逐渐形成了以生态学基本原理为基础的生态文化，实现人、自然、社会的可持续发展成为人类社会未来发展的指南。

三 自然资源、环境承载力和环境容量的有限性

（一）自然资源是有限的

一方面，人口的增加、工业生产规模的不断扩大和自然资源的浪费，已使自然资源绝对数量在持续地减少；另一方面，人类的经济增长是无限的，人类对物质财富的需求欲望是无限的，从而导致了自然资源越来越成为社会发展的稀缺资源。

（二）自然环境的承载力是有限的

环境的承载力是指在某一时期、某种环境状态下，某一空间环境对人类社会、经济活动的支持能力的限度。人类赖以生存和发展的环境既为人类活动提供空间和载体，也为人类活动提供资源并容纳废弃物。它侧重体现和反映环境系统的社会属性，即外在的社会性质。其价值就是生态服务，由于环境子系统的组成物质在数量上有一定的比例关系，在空间上具有一定的分布规律，所以它对人类活动的生态服务具有一定的限度。目前，工业化的无节制发展导致人类的活动已经开始接近地球生态系统对人类活动承载能力的极限，如气候变化、臭氧层破坏、粮食生产等，人类社会的发展正在面临生态环境承载能力的约束。环境承载力既具有客观性，又具有动态性和可控性。客观性体现在一定时期、一定状态下的环境承载力是客观存在的，是可以衡量和评价的，它是该区域环境结构和功能的一种表征；动态性是指环境承载力随时间、空间而变化，即在不同时期、不同的区域，环境承载力是不一样的，相应的评价指标体系和方法也有所不同；可控性是指环境承载力的大小可以提升，即人类通过改变经济增长方式、提高技术水平等方法加以提高，使其向有利于人类的方向发展。

(三) 环境容量是有限的

环境容量是指一定空间内容纳某种物质的能力，即在人类生存、发展和自然生态系统不受危害的前提下，某一环境对该区域发展规模及各类活动的最大容纳阈值。这里包括自然环境中的大气、水、土壤、生物等以及社会环境中的人口、经济、建筑、交通等。它是衡量和表征环境系统结构和状态相对稳定性、表征环境同化能力的一个重要概念，侧重反映环境系统的自然属性，即内在的自然性质。

四 传统的工业发展模式的弊端

传统工业是一种线性经济发展模式，一方面掠夺式地从环境中获取资源；另一方面又将生产、消费活动产生的废弃物排放到环境中。它既导致了自然资源的日益减少和枯竭，又导致环境状况的日益恶化，威胁着人类的生存。

就西方发达国家发展历史来看，在经济发展初期，由于技术水平低下，各国的工业化主要依靠资源的投入来提高产量，但当工业化进入一定阶段后，经济发展明显受到资源供给的限制，这就要求转变经济发展方式。在我国，尽快摆脱贫穷落后的帽子，把一个农业国转变为工业国，不断满足人民日益增长的物质需要，是时代赋予政府的重要职责，所以大力发展工业经济无可厚非，但发展有多种方式，传统的高投入、高消耗、高污染、低水平、低效益的"三高两低"模式只重视了当前利益，犯了"短视"毛病，不仅给今后的治理增添了难度，而且还给社会自身带来了更大的灾难。在传统的经济增长模式下，判断社会的进步主要依据经济指标的度量，它意味着向自然环境索取的多少、企业的规模有多大、机器转动次数的多少、污染"搭了多少便

车"、烟囱冒烟有多长、产品的利润有多高等。例如，过去我国
GDP 的 70% 主要是物资和劳动的投入，加之生产技术落后、管
理水平低、经济体制不合理，导致许多地区低水平重复建设比较
严重。据统计，我国单位生产总值综合能耗是世界平均水平的
3.8 倍、美国的 4.3 倍、日本的 11.3 倍，工业劳动生产率只有
美国的 5%。所以，如果我国不转变发展方式，依然这样高速发
展的话，环境资源将越来越紧张。同时，我国还是一个自然资源
比较贫乏和地理特点具有先天脆弱性的国家，人口基数大，人员
活动频繁，人均自然资源不足世界平均水平的一半。近几年，随
着工业的发展，企业排放的"三废"（废水、废气、固体废弃
物）不断增加，以城市为中心的环境污染仍在继续，并逐渐向
农村蔓延。这些都是企业的"经济人行为"，片面追求 GDP 数量
的增长，只注重自身的经济效益，极力掠夺自然资源，忽略社会
利益所导致的后果。这种单一的、片面的线性增长方式，直接导
致了大规模投资、大规模生产以及对不可再生资源的无节制开采
和利用。随着时间的推移，贫富悬殊、社会不稳定、资源短缺、
环境污染、生态失衡等社会、生态问题逐渐暴露，这与社会文明
发展相悖，需要进行检讨和反思。

五　可持续发展理念的产生

（一）可持续发展理念产生的理论前提

1. 宇宙飞船理论

20 世纪 60 年代，美国经济学家 K. 鲍尔丁把地球比喻成宇
宙飞船，提出了经济发展的"宇宙飞船理论"。他认为，如果人
类还像以前那样无节制、不合理地开发资源和破坏环境，地球这
艘"飞船"最终将因"超载"和自身资源的耗竭而走向毁灭，

所以未来经济应该走"循环模式",代替传统工业经济的"单程模式"。它标志着循环经济理论开始萌芽。

2. 罗马俱乐部

1968 年 4 月,由 10 多个国家的科学家、教育家、经济学家、人类学家、企业家成立的罗马俱乐部,是可持续发展理论产生的另一个前提。罗马俱乐部的宗旨是研究未来的科学技术革命对人类发展的影响,共同探讨事关人类发展前途以及未来人口、资源、环境、贫困、教育等的一系列全球性重大问题,并通过宣传,提高公众的全球意识,敦促国际组织和各国有关部门改革社会和政治制度,并采取必要的社会和政治行动,以改善全球管理,使人类摆脱所面临的困境。其著名的成果是 1972 年出版的《增长的极限》一书,它的结论虽然有点悲观,但它把一个自人类诞生以来从未深入思考过的问题,以及环境与经济发展之间的不可回避的矛盾摆在了人类的面前,为人类的未来敲响了警钟,从而为可持续发展理念的形成奠定了理论基础。

(二) 可持续发展理念的产生和确立

可持续发展理念首次出现于 1972 年的联合国人类环境会议上。该会议在斯德哥尔摩举行;有 113 个国家的 1300 多名代表参加。这是世界各国代表第一次坐在一起讨论环境问题,会议通过了具有划时代意义的历史性文献——《人类环境宣言》。该宣言郑重申明:人类有权享有良好的环境,也有责任为子孙后代保护和改善环境;各国有责任确保不损害其他国家的环境;环境政策应当增进发展中国家的发展潜力[1]。这次会议成为人类社会迈向可持续发展的第一个里程碑。从这以后,各国均致力于"可

---

① 何尧军、单胜道:《循环经济理论与实践》,科学出版社,2009,第 4 页。

持续发展”的研究和实践，各种定义、解释层出不穷，到目前为止已达几百个之多，涵盖国际、区域、地方等各个层面，是科学发展观的基本要求之一。《世界自然资源保护大纲》于 1980 年出版，其主题思想是“必须研究自然的、社会的、生态的、经济的以及利用自然资源过程中的基本关系，以确保全球的可持续发展”。1981 年，美国学者布朗（Lester R. Brown）出版了专著《建设一个可持续的社会》。在该书中，他提出：以控制人口增长、保护资源基础和开发再生能源来实现可持续发展。1987 年，世界环境与发展委员会在《我们共同的未来》报告中，将可持续发展定义为：“既能满足当代人的需要，又不对后代人满足其需要的能力构成危害的发展”。1992 年，由 180 多个国家和 70 多个国际非政府组织参加的在巴西里约热内卢召开的联合国环境与发展大会，通过了以可持续发展为核心的《21 世纪议程》，确立了“既满足当代人的需要，又不损害后代人满足其需要的发展”的可持续发展理念，倡导人类应该超越个人、团体、民族、国家的利益，关爱地球，呵护自然，珍惜资源，善待环境。2002 年，联合国可持续发展世界首脑会议在南非约翰内斯堡举行，有 104 个国家的元首和 192 个国家的代表参加。他们围绕健康、生物多样性、农业、水、能源等主题进行了广泛的讨论，并通过了《可持续发展世界首脑会议执行计划》《约翰内斯堡可持续发展承诺》等文件，明确了全球未来 10 ~ 20 年人类拯救地球、保护环境、消除贫困、促进繁荣的世界可持续发展的行动蓝图。

（三）可持续发展理念在我国的发展

1. 理念方面的发展

1994 年，我国政府编制了《中国 21 世纪议程——中国 21

世纪人口、环境与发展》白皮书，首次把可持续发展战略纳入我国经济和社会发展的长远规划。1997 年，中国共产党第十五次代表大会把可持续发展战略确定为我国现代化建设中必须实施的战略。可持续发展主要包括社会可持续发展、生态可持续发展、经济可持续发展等。2003 年 7 月，胡锦涛总书记提出了科学发展观理念，即"坚持以人为本，树立全面、协调、可持续的发展观，促进经济社会和人的全面发展"，按照"统筹城乡发展、统筹区域发展、统筹经济社会发展、统筹人与自然和谐发展、统筹国内发展和对外开放"的要求推进各项事业的改革和发展，并在中国共产党第十七次代表大会上写入党章，使其成为中国共产党的指导思想之一。2010 年 9 月，胡锦涛首次倡导"包容性增长"理念，其含义是：寻求社会和经济协调发展、可持续发展，摒弃单纯追求经济增长，让更多的人享受全球化成果，让弱势群体得到保护，加强中小企业和个人能力建设等。

2. 实践方面的发展

转变经济发展方式，努力实现"两个转变"，即由单纯追求经济增长向包容性增长转变；由粗放型增长方式向集约型增长方式转变。第一，推进新型工业化建设，其含义是以信息化带动工业化，以工业化促进信息化，工业化和信息化并举。新型工业化是走科技含量高、经济效益好、资源消耗低、环境污染少、人力资源优的道路。第二，准确把握工业与服务业、农业之间的共生关系，即以节约能源资源和保护生态环境为切入点，积极促进产业结构优化升级，立足优化产业结构，把调整经济结构作为主线，促使经济发展由主要依靠工业带动和数量扩张向三次产业协同带动和结构优化升级带动转变。第三，实现区域经济协调发展，即通过实施中部崛起、西部大开发等战略，优化产业布局，逐步缩小东、中、西部地区差距。第四，大力发展生态循环产业，建设资源节约、环境友好型社会，即从一次性和单一性利用资源转向循环利用和综合利用资源，从以牺牲环境为代价的经济增长转向环境优化增长和经济发展与环境保护的双赢。

第二节　循环经济的基本内涵

发展循环经济是当今世界实现可持续发展的最佳途径，它功在当代、利在千秋，也是我国转变经济发展方式的重大举措。循环经济作为一种科学的发展观、一种全新的经济发展模式，具有自身的独特内涵。

一　循环经济的产生

循环经济的理论基础是生态经济学。生态经济学是生态学与经济学的结合，它以生态学原理为基础，以经济学原理为主导，以人类经济活动为中心，运用系统工程方法，从整体上去研究生态经济系统和各子系统之间的能量投入、转换和释放过程，揭示自然和社会之间的本质联系和规律，改变生产和消费方式，高效、合理利用一切可用的资源。生态学把生产者（植物）－消费者（动物）－分解者（微生物）之间完成的物质和能量转换过程称为生态循环，这也是当今自然界能够生生不息、演化发展、源远流长的最主要原因。同样的道理，经济系统只有实现对资源循环利用的循环经济，经济才能得以发展。初期（20 世纪70 年代）的循环经济仅仅是一种理念，采用的是末端治理的方式，即对污染物进行无害化处理。20 世纪 80 年代，人们的观念有所转变，开始对污染物进行资源化处理。20 世纪 90 年代，特别是可持续发展战略成为世界潮流的近些年，循环经济得到了快速发展，环境保护、清洁生产、绿色消费和废弃物的再生利用等逐渐整合为一套系统的以资源循环利用、避免废物产生为特征的循环经济战略。我国于 1998 年从德国引入循环经济概念；1999 年从可持续生产的角度对循环经济发展模式进行整合；2002 年从新兴工业化的角度认识循环经济的发展意义；2003 年将循环经济纳入科学发展观，确立物质减量化的发展战略；2004 年，提出从不同的空间规模——城市、区域、国家层面大力发展循环经济①。

二 循环经济的定义

循环是"周而复始"的意思。2005 年，"循环经济"一词被收入《现代汉语词典》（第五版）中，标志着循环经济理念已从学术界、政界和业界层面进入社会公众层面。在其中，循环经济被定义为"运用生态学规律，以资源的节约和反复利用为特征，力求有效地保护自然资源、维护生态平衡、减少环境污染的经济运行模式"。关于循环经济的定义，理解的角度不同，定义也不同。循环经济是在资源投入、企业生产、产品消费及其废弃的全过程中以非线性的物质资源循环使用为特征的。

三 循环经济的特征

循环经济的宗旨是以尽可能小的资源消耗和环境成本，获得尽可能大的经济和社会效益，从而使经济系统与生态系统的物质循环过程相互和谐，促进资源永续利用。其基本特征有以下几个。

---

① 参见 http://baike.baidu.com/view/4927530.htm。

第一，综合性。无论是资源开采还是废弃物处理，都要大力开展资源的综合利用。

第二，高效性。在循环经济中，从原材料到废弃物处理，每一个环节都要高效率地利用资源，避免资源因利用效率低而产生浪费。

第三，动态性。在循环经济中，要确保资源的不间断循环和利用，以减少资源的重新开采，如在再生资源环节，要大力回收和循环利用各种废旧资源。

第四，绿色化。在社会消费环节，要大力提倡绿色消费，以绿色消费引导绿色生产。

四　循环经济的生物学原理

传统的工业生产方式建立在还原论基础上，隔断了企业之间、人与自然之间的有机联系，使现代产业形成链状（如供应链）而非环状（供应环）结构，造成了当代越来越严重的环境污染和生态破坏等问题。20 世纪 70 年代兴起的清洁生产也只是从改革企业内部工艺着手，追求废弃物减量化和环境影响最小化，但对于企业外的资源、环境及其他企业的共生关系却很少涉及。循环经济着眼于人类复合生态系统可持续发展能力，模拟自然生态系统运行规律，以共生关系为基础，使产业体系能更符合人类可持续发展的需要。

第一，循环经济具有物质循环和能量流动。物质循环和能量流动是循环经济得以正常运行的前提。循环经济就是把自然生态系统的物质循环放到产业系统中，使处理过的各种废弃物成为新的资源，从而能够循环利用。

第二，循环经济的各要素之间存在共生关系。自然生态系统中的食物链或食物网关系是为了生物自身的生存和繁衍，而不是为了控制生物的数量以不使食物减少。同样，在产业循环系统中，各企业存在的目的也不是为了处理另一个企业的废弃物，以减少它对环境的影响，而是为了一方面降低自己的经营成本，从而能更好、更有利地占领市场，另一方面提高自己的生存能力，减少不确定性环境对它的不利影响。

第三，循环经济是一个动态的进化过程。产业循环系统同生态系统一样，要面临外界环境的冲击，"适者生存"是它们共同的法则。这意味着产业循环系统中的任何企业都有自己的"生存期"，社会环境的各种限制因素、企业的生存能力以及社会环境的适应性等方面的因素，都会叠加地作用于企业身上，将决定企业自身乃至整个系统生存时间的长短。

五 循环经济的原则[①]

循环经济的核心理念是"物质循环使用、能量梯级利用、减少环境污染"，遵循"减量化（Reduce）、再利用（Reuse）、再循环（Recycle）"，简称"3R 原则"，每一个原则对于循环经济的成功实施都是必不可少的。

第一，减量化原则。减量化原则针对的是输入端，即通过综合和循环利用，尽可能地减少从自然环境中索取。换句话说，对废弃物的产生，是实行预防的方式。它要求用较少的资源来达到既定的生产目的和消费目的，进而达到从经济活动的源头就要节约资源和减少污染，而避免末端治理带来的高成本和低效率，这是循环经济最核心的原则。减量化有几种不同的表现：

---

① 何尧军、单胜道：《循环经济理论与实践》，科学出版社，2009，第 7 页。

在生产过程中，企业可以通过减少每个产品的原料使用量、重新设计制造工艺和产品的生命周期等来节约资源和减少排放。在消费过程中，人们要改变消费方式，由过度消费向适度消费和"绿色消费"转变，即选择绿色产品，包括包装物较少的产品，购买耐用的可循环使用的产品而不是一次性产品，以减少垃圾的产生。

第二，再利用原则。再利用原则针对的是使用过程，即通过延长产品的服务寿命，尽可能多次或多种方式地使用商品，避免商品过早地成为垃圾，减少资源的使用量和污染物的排放量。再利用有几种不同的表现：在生产过程中，企业要使用模块化、标准化的零部件生产商品，以便于拆解和更换，防止商品因某元件的损坏而导致整个商品的报废。在消费过程中，人们一方面改变"用完就丢"的一次性消费习惯，想办法减少商品或包装的一次使用；另一方面将可维修的物品返回市场体系供别人使用，或捐献自己不再需要的物品，提倡二手货市场化。

第三，再循环原则。再循环原则也被称为资源化原则，针对的是输出端，即把废弃物再次变成资源，也就是我们通常所说的"变废为宝"。它既减少了污染环境废弃物的最终处理量，又可获得更多的再生资源。再循环原则有两种方式：一是原级资源化，它是一种最理想的资源化方式，即将废弃物资源化以后形成与原来相同的新产品；二是次级资源化，它比原级资源化逊色，即废弃物被资源化后变成不同类型的新产品。一般来说，原级资源化利用再生资源比例高，而次级资源化利用再生资源比例低。

对于循环经济来说，3R原则构成了一个有机联系的整体，它们的优先排列顺序是减量化－再利用－再循环。也就是说，减量化是循环经济的基础和前提，处于首要位置。其次是对于源头不能削减又可利用的废弃物以及经过消费者使用的包装废物、旧货等要加以回收利用，使它们回到经济循环中去；只有那些不能利用的废弃物，才允许做最终的无害化处置。

自然环境中的物质始终处在不断的循环运动之中，物质循环是一种推行与自然和谐发展、与新型工业化道路要求相适应的新的生产方式，体现的是一种生态经济的基本功能。循环经济要求人类社会的一切活动既要遵守生态规律又要遵守经济规律，合理利用自然资源与优化环境，在物质不断循环利用的基础上发展经济，使生态经济原则体现在不同层次的循环经济形式上。

第三节 循环经济在我国的应用

循环经济理念自从 20 世纪末传入我国，不仅研究者日益增多，而且政府、企业的实践活动也方兴未艾。

一 政府的实践活动

对于工业污染，我国政府早在 20 世纪 70 年代就提出了"预防为主、防治结合"的工作原则。80 年代，工业界开始对重点污染源进行综合治理，并取得了决定性的进展。90 年代以来，随着第二次全国工业污染防治工作会议的召开，我国政府向工业企业提出了实行清洁生产的要求，改变过去那种单纯的末端治理方式，实现生产全过程控制。同时，还强化市容环境立法，在工业企业中大力进行技术改造，调整不合理工业布局、产业结构和产品结构，对污染严重的企业实行"关、停、禁、改、转"的工作方针。在 1994 年出版的《中国 21 世纪议程——中国 21 世纪人口、环境与发展》中，单独设立了"开展清洁生产和生产绿色产品"方面的内容。1995 年修订并颁布的《中华人民共和国大气污染防治法（修订案）》中规定"企业应当优先采用能源利用率高，污染物排放少的清洁生产工艺，减少污染物的产生"，并要求淘汰落后的工艺设备。在 1996 年颁布实施的《中华人民共和国污染物防治法（修订案）》中，要求"企业应当采用原材料利用率高，污染物排放量少的清洁生产工艺，并加强管理，减少污染物的排放"。1999 年，国家经贸委确定了 5 个行业和 10 个城市作为清洁生产的试点。同年，上海在面临日益增加的生活垃圾压力下，借鉴德国经验，将循环经济原则纳入《中国 21 世纪议程——上海行动计划》中，成为我国最早实施循环经济的城市。2000 年，国家经贸委公布了关于《国家重点行业清洁生产技术导向目录（第一批）》的通知。2001 年国家在贵港和南海建立了两个生态工业园区。2002 年《中华人民共和国清洁生产促进法》获得了通过。同年，循环经济的试点工作也在全国各地展开，如贵阳市成为我国第一个循环经济试点城市；辽宁省成为我国第一个循环经济试点省，确定"3 + 1"试点模式；江苏省率先开始制定全省循环经济规划，确定了循环型农业、循环型工业、循环型三产和循环型社会四大重点领域。2005 年国务院出台了《国务院关于加快发展循环经济的若干意见》。同年，十六届五中全会和第十一个五年计划中都强调：建设资源节约型、环境友好型社会必须要坚持开发节约并重、节约优先，按照减量化、再利用、资源化的原则，大力推进节能、节水、节地、节材，加强资源综合利用，完善再生资源回收利用体系，全面推行清洁生产，形成低投入、低消耗、低排放和高效率的节约型经济增长方式。2006 年，国务院印发了《2006 年工作要点的通知》，强调清洁生产会加快"三废"的治理，有利于推进建设环境友好型社会。2007 年，实施了《财政部环保总局关于调整环境标志产品政府采购清单的通知》，再次扩大了政府优先采购环境标志产品的范围。2009 年 1 月 1 日，《中华人民共和国循环经济促进法》正式实施，它是世界上第三部关于循环经济的促进法，以 "3R" 为主线，坚持减量化优先原则，提出建立循环经济规划制度、抑制资源浪费和污染物排放的总量调控制度、循环经济评价和考核制度、以生产者为主的责任延伸制度、对高耗能和高耗水企业的重点管理制度并建立合理的激励机制。同年，国家还开展了第二批再生资源回收体系建设试点和家电汽车以旧换新促进资源循环利用和产品更新换代工作。2011 年 1 月 1 日《废弃电器电子产品回收处理管理条例》开始实施。

二 企业的实践活动

进入 20 世纪 90 年代以来，发展循环经济已经成为国际社会的趋势。循环经济对发达国家企业的发展产生了积极的影响。企业在政府的支持下，将发展循环经济纳入其长期发展战略，不仅为宏观循环经济发展注入了力量，同时大大增强了企业的竞争力。我国许多企业也一直在探索发展循环经济的方式和方法，它们针对行业特点和企业自身的具体情况，做出了很多有益的尝试，并取得了一些成果。据统计，目前我国已经在 20 多个省（区、市）的 20 多个行业、400 多家企业开展了清洁生产审计，建立了 20 个行业或地方的清洁生产中心。有 5000 多家企业通过了 ISO4000 环境管理体系认证，几百种产品获得了环境标志。在发展循环经济的过程中，企业主要是从四个方面进行：一是企业内部的循环利用；二是企业间或产业间的生态工业网络；三是废物回收和再利用体系；四是社会循环经济体系。例如，中国石化积极推行清洁生产，通过对生产工艺、技术、设备和操作管理的优化，生产装置的排污量削减了12%~30%，在生产总量不断扩大、产品质量持续提高的同时，外排污染物不断减少，实现了增产减污的目的。宝钢也非常重视发展循环经济，旨在建设绿色宝钢，具体措施如下：一是推进清洁生产，实施污染排放减量化和废弃物百分之百利用；二是按照ISO14001国际标准建立环境管理体系，实施严格的环境综合管理；三是采用"建造废物回收链"的模式，取得了良好效果。目前，宝钢吨钢综合能耗比设计值低了近1/3，为世界领先。宝钢通过开发废水处理和回收利用技术，吨钢新水耗量由设计值每年9.0立方米下降到每年4.57立方米，水循环率提高到97.35%，达到世界先进水平。有一些企业将一个生产过程的废料和垃圾变成另一个生产过程的生产原料，"垃圾"在循环经济的"食物链"中变成资源，企业得到了收益，对环境的污染也降到了最低。芜湖市企业将工业废料粉煤灰和工业废渣都视为"放错了位置的资源"，在循环经济理念的指导下，这些"废料"都变成了原材料，从输出端变成了输入端，不但解决了废料污染问题，还为企业创造了效益。如水泥厂、空心砌块厂利用发电厂排放的粉煤灰制造空心砖；生产合金棒线企业的熔炼车间，每月产生100吨左右含铜炉渣，该企业将这些炉渣按目前市场价5000元/吨出售给能够以这些废料作为原料的其他企业，每月收益50万元。国家开发投资公司北疆电厂首创"五位一体"循环经济模式，该厂的一期工程利用汉沽盐场接受浓海水进行摊晒制盐，二期工程利用工业化真空制盐，对浓海水进行综合利用，生产盐及盐化工产品，无废液排向渤海，既可避免浓海水直接排海造成的生态破坏，还可产生较大的经济效益，因为盐及盐化产品是下游化工产业的基础原料，像渤海化工这样的企业，每年工业盐需求量为 300 多万吨。

据中国资源综合利用协会测算，2009 年我国综合利用粉煤灰约 4 亿吨、煤矸石约 3.6 亿吨、脱硫石膏约 1900 万吨，综合利用率分别为 68%、68% 和 45%。2009 年主要再生有色金属产量约为 633 万吨，超过了 1998 年全国有色金属的总产量（616 万吨），占当年十种有色金属总产量的 24.3% 左右，成为有色金属产业资源的重要补充。2009 年我国资源循环利用产业年实现产值超过 1 万亿元，到 2015 年有望超过 2 万亿元。

第四节　专业化分形与循环经济理论

企业之间资源和能源的循环利用，既来源于企业的专业化生产，又来源于企业的分形过程，是企业专业化分形的产物。同时，循环经济的绿色性质也促使专业化分形由混沌走向有序。

一　专业化分形是循环经济的前提

根据企业之间的距离不同，可以把循环经济的实现方式分为三种：大循环、中循环和小循环。大循环是指在全社会范围内实现物质的循环，包括产业之间的物质循环、地区之间的物质循环等；中循环是指在某一行业范围内或某一区域范围内实现物质的循环，包括城市内部的物质循环、农业内部的物质循环、工业内部的物质循环、服务业内部的物质循环等；小循环是指在一个在企业内部或工业园区内实现物质的循环，包括企业的清洁生产、产业生态园等。每一种循环方式都有各自的优缺点。大循环的优点：一是由于企业数量和种类众多，能够实现全社会的资源配置，所以循环效率较高；二是由于企业之间是一种中期契约关系，从长期来看可以改变，所以不会阻碍企业开展技术创新。大循环的缺点：一是由于企业之间相距较远，所以在物质循环过程中可能会导致物流成本的增加；二是由于企业之间是一种网络连接，所以企业文化的协同性较差。小循环的优点：一是由于相关企业或企业不同部门同处于一个工业园或企业内，距离较近，所以在物质循环过程中物流成本很少；二是由于企业之间是一种"面对面"交往方式，所以企业文化容易协调和融合。小循环的缺点：企业之间容易形成刚性，一方面可能会带来较高的交易成本；另一方面会阻碍企业开展技术创新。中循环的优缺点位于大循环和小循环之间：物流成本比大循环低，但比小循环高；企业文化协调性比大循环高，但比小循环低；企业之间的刚性比大循环高，但比小循环低。无论是大循环、中循环，还是小循环，企业之间的连接都是契约式关系。每一种循环方式可以同时存在、相互交叉、相互补充、相互影响。不管是大循环、中循环，还是小循环，一方面，都离不开有足够数量的企业；另一方面，都离不开企业之间的有序排列。有足够数量的企业需要企业不断进行专业化分形，产生新的企业；企业之间的有序排列需要专业化分形的凝聚效应，围绕产品线向四周延伸。向上下延伸的新建企业与原企业一起构成主价值链系统，实现产品循环，向左右延伸的新建企业与原企业一起构成副价值链系统，实现副产品循环。它们既可以通过市场化方式实现，也可以通过政府规划方式实现，或者两者结合，先是政府引导，然后依靠市场化运作。

二　专业化分形是循环经济的保障

循环经济是一个动态的过程，其原因有两个：科学技术的发展、循环中企业的破产。一是科学技术的发展，尤其是技术创新。一方面，会使企业的生产工艺、产品结构、产品形状等发生改变，那么企业之间的原有循环模式也将随之发生改变；另一方面，会使新产品不断产生，在原有的循环模式中生成新的循环。二是在物质循环过程中，由于各企业在使用人、财、物上具有独立性，所以就不可避免其中某一个或某些企业因管理不善而倒闭。原有循环或循环模式的改变必须要有新的企业及时补充，否则将会导致物质循环的终止。这些均需要专业化分形为之提供保障。

三 循环经济改变专业化分形的方向

随着工业循环效率和效益的提高、消费者绿色消费方式的实现、资源利用效率的提高和工业企业数量的相对固定，会进一步增大循环经济系统中资源的沉积量，降低循环流量，进而压缩物质产业规模。这将对社会的产业结构造成显著的影响，从而改变专业化分形的方向，表现为由过去的以第二产业专业化分形为主转向未来的以第三产业专业化分形为主。也就是说，循环经济使得第二产业规模逐渐趋于稳定，工业企业创业机会和就业机会减少，而与第二产业相配套的第三产业的创业机会将持续增加，尤其是服务业和知识产业，随着第三产业中企业数量的增加，大量的劳动力转向第三产业。反过来，不断增加的劳动力又会进一步促进第三产业的专业化分形。第三产业在国民经济中所占的比重也会大幅度提升，并将成为代表国家实力的最大产业。

四 循环经济是专业化分形的归宿

仅从专业化分形的动力来看，企业网络可以向任何方向扩展，网络组织也可以由任意若干个企业通过凝聚而组成合作团队。

但是，根据经济学的观点，在供给与需求的相互作用中，需求起着主导作用。网络组织的产生必须以产品需求为前提，即产品必须为消费者所认可，被消费者购买。众所周知，日益严重的环境污染、自然资源衰竭、生态破坏、生物多样性减少等不仅直接威胁人的身心健康，而且还直接威胁人类社会的生存，制约我国经济的可持续发展，所以绿色需求是大势所趋，人心所向。在绿色需求下，企业必须生产绿色产品。绿色产品是一个综合概念，它不仅是指产品本身无毒无害，而且在制造、消费、处置等全过程中都要符合环保要求。随着社会的发展，以后达不到绿色要求的产品将逐渐被消费者淘汰，所以绿色需求将对专业化分形产生引导作用，以实现循环经济。

第五节 循环经济的实现方式：产业生态共生

循环经济要求企业之间必须有很紧密的联系，专业化分形的有序性增加，形成网络组织。这种网络组织的运行依靠的是产业生态共生模式。

一 产业共生概述

产业共生强调工业系统应当模仿自然生态系统，使物质和能量在工业企业之间实现循环。它的运作以共生体内所有成员的相互合作为基础，以减少废物和增加经济效益为目标，以资源的高效利用与回收为重点。

（一）产业共生的含义

最早提出"共生"概念的是德国生物学家德贝里。在生态学中，共生是指不同物种以不同的相互获益关系生活在一起，形成对双方或一方有利的生存方式。按照生物体之间利弊关系的不同,共生分为:①寄生,是指一种生物寄附于另一种生物身体内部或表面,利用被寄附的生物的养分生存,表现为一方受益(+),一方受损(-)。②互利共生,是指共生的生物体成员之间的彼此协调和依赖关系,表现为双方受益(+ +)。③竞争共生,是指共生的生物体成员之间的你死我活关系,结果是两败俱伤,表现为双方都受损(- -)。④偏利共生,表现为对其中一方生物体有益(+),却对另一方没有影响(0)。⑤偏害共生,表现为对其中一方生物体有害(-),对其他生物体则没有影响(0)。⑥无关共生,双方都无益无损(0 0)。目前,共生理论已经被广泛应用到社会和经济等领域。把它纳入产业分析框架中,为人们认识产业的发展和演进提供了一个新的视角。

产业共生也叫工业共生,是一种产业或工业的组织形式。按照 Engberg 的观点①,产业共生是指以节约资源和保护环境为目的的不同企业之间的合作,通过这种合作,共同提高企业的生存能力和获利能力。它着重用来说明相互利用副产品的工业合作关系,即某一生产过程的副产品可以用作另一生产过程的原料,从而最高效地利用资源和最大限度地减少工业废物。

产业共生理论把工业看成一个共生的完整系统,是指相互独立的工业企业之间,因同类资源共享或异类资源互补所形成的共生体。该共生体以生态工业理论为指导,着力于园区内生态链和生态网的建设,最大限度地提高资源利用率,从工业源头上将污染物排放量减至最低,实现区域清洁生产。与传统的"设计-

---

① Engberg H., *Industrial Symbiosis in Denmark*, New York: New York Uninerity, Stern School of Business Press, 1993, pp. 25 - 26.

生产－使用－废弃"生产方式不同，产业共生遵循的是"回收－再利用－设计－生产"的循环经济模式。它仿照自然生态系统物质循环方式，使不同企业之间形成共享资源和互换副产品的产业共生组合，使上游生产过程中产生的废物成为下游生产的原料，达到相互之间资源的最优化配置。

（二）产业共生的特征

产业共生强调企业之间发展的整体性、协调性和平衡性，注重经济建设和环境保护的关系。虽然产业共生从外部形态上看也表现为一定区域范围内的产业集聚，是企业之间的网络关系，但与企业网络、产业集群相比，它还有以下独特之处。

1. 非线性

产业共生的非线性是指共生体内的相关企业之间不是一种简单的叠加，而是一种"有机效应"，具有协同性。它类似于生物群落的特征，相互结合的企业分别处于产品价值链的上、中、下游的不同位置，彼此相互合作，实现系统内部物质的闭路循环、物质减量化和低碳经济，从而使产业共生体的总体资源得到最优化利用，这是企业网络和产业集群所不具有的。

2. 复杂性

产业共生体内部相互之间的关系具有复杂性，表现为：一方面要积极地寻找自己所产生的废弃物的去向；另一方面，要想方设法利用其他企业所产生的废弃物，即把它作为本企业的原材料。只有这两种情况都得以实现且能够持续运行时，企业之间才能形成较为稳定、有序的产业共生关系组织结构。另外，产业共生复杂性还体现在其动态性上，它将随着外部环境的变化而进行动态调整，以适应环境的变化。这种调整或重组要比企业网络和产业集群复杂得多，不仅因为企业之间需要文化、结构相互匹配，而且更主要的是企业之间需要工艺相互匹配，这势必会增加整个共生企业的交易成本。但从长远来看，交易成本会逐步降低。

3. 关联性

产业共生的关联性是指上下游企业之间的废弃物依次利用关系，但这并不意味上游企业可以任意产生废物，必须有一个量和度的问题。量和度均要从系统整体考虑。量要求上游企业产生的废物越少越好；度要求上游企业产生的废物数量不要超过下游企业的接纳能力。否则，就可能导致产业共生体"食物链"或"食物网"的失控。

4. 循环性

产业共生体是通过实现和促进资源循环来贯彻循环经济理论的，其组织形式是"资源－产品－副产品－原料－产品"，以实现高利用和低排放目标。

5. 增值性

产业共生体的目标是企业之间在减少环境污染、节约资源的基础上实现互利和共赢，以实现企业的可持续发展。"从发达国家一些成熟的生态产业共生系统的发育过程来看，其大多是一个自发的过程，是在市场不断发展的条件下逐渐形成的，系统内所有企业都在互利共生中得到好处，取得增值效应。"[①]

(三) 产业共生的类型

根据企业之间衔接的紧密程度不同，产业共生的运行有两种方式：产业内共生和产业间共生。虽然产业内共生和产业间共生

---

① 鞠美庭、盛连喜：《产业生态学》，高等教育出版社，2008，第191～192页。

都能实现物质的循环利用，但两者的运行机理并不完全相同。在产业内共生体内，企业之间依次呈链条型环状分布，工艺之间的匹配程度要求较高，所以企业在地理位置上必须相互接近，如共生型农业、共生型工业、共生型服务业等；在产业间共生体内，企业之间依次呈网络型环状分布，工艺之间的匹配程度较低，所以企业在地理位置上不需要相互接近，如"农业＋工业型共生""农业＋服务业型共生""工业＋服务业型共生""农业＋工业＋服务业型共生"等。

共生型农业是按照循环经济理论，通过综合规划与设计，延伸和扩展农业产业链，实现物质的多级循环使用和产业活动对环境的有害因子"零排放"，它是由生态种植业、生态林业、生态渔业、生态牧业等组成的循环系统。

共生型工业是按照自然共生系统的运作模式，规划建立工业体系中不同工业流程和不同行业间的横向共生和资源共享关系，大力发展"分解"行业，最大限度地实现物质的封闭循环，它是由初级产品生产企业、中间产品生产企业、终极产品生产企业、废品回收企业等组成的循环系统，最常见的共生型工业是生态工业园。

共生型服务业是指通过设计、开发服务"产品"（途径、手段等）与服务设施，尽量减少服务主体、服务对象和服务途径对环境所产生的直接与间接的影响，它包括物流业共生、旅游业共生、餐饮业共生、商业共生等方面。

"农业＋工业型共生"是指农产品生产及其深加工通过废物交换、循环利用、要素耦合等方式形成网状的相互依存、密切联系、协同作用的生态产业共生体系，如甘蔗种植－制糖加工－酒精酿造－造纸业等组成的循环系统。

"农业 + 服务业型共生"是指把农业和服务业融为一体，实现优势互补，它既拓展了现代服务业所涉及的领域，也促进了传统农业向现代农业的蜕变，通过服务业提高整个农业的附加值，创造更多的致富机会，如农业与旅游业的共生产生乡村休闲旅游、农业与餐饮业的共生产生绿色食品餐饮、农业与教育的共生提高农业的生产率和绿色化水平等。

"工业 + 服务业型共生"是指以服务业促进工业循环，如工业与物流业的共生，一方面通过正向物流即"生产 – 流通 – 消费"，既加速了工业企业产品的销售，又满足了消费者的需要；另一方面通过逆向物流即"回收 – 分解 – 再利用"，既提高了物质利用效率，又减少了环境污染。

"农业 + 工业 + 服务业型共生"是指充分发挥服务业的指导、纽带和促进作用，通过建设新型工业化，实现工业与服务业、农业之间的共生，把服务业融入工业、农业之中，把工业融入农业之中，依靠城镇工业化、农业产业化，实现工业、农业、服务业之间的生态循环。

二　产业共生的热力学分析

随着市场竞争的加剧，上下游企业对企业的重要性日益凸显，并成为决定其生死存亡的关键。在新经济时代，企业不仅要关注其所能获得的利润，而且还要关注每个上下游企业的价值。循环经济就是对企业价值链系统在生态观念约束下，如何从消费者角度，通过创新产品、深化和扩展产品线，实现资源的综合利用。

（一）产品价值链系统的构成

对于企业来说，产品能否销售出去，为消费者所接受，是其"惊险的一跳"。为此，企业必须了解消费者的需求，并满足之。

消费者的需求虽然说是多种多样的，但作为人，具有一种回归宇宙的渴望。自然环境作为宇宙之一，是人类得以生存和繁衍的根本，所以消费者对绿色产品的追求是持之以恒的。为了满足消费者的这种需求，必须改变过去的产品观念，引入质能循环理论，使物质随着产品而循环流动。因此，企业必须拓展其中间环节，构成一条完整的产品价值链系统，它不仅包括主产品价值链，而且包括副产品价值链。每一个环节均作为一个子系统，由不同的企业构成。环节与环节之间密切相连，上下环节之间是顾客关系，上环节对下环节负责，构成产品运作中的责任链，每一个环节都要对主产品的价值增值做出一定的贡献。产品价值链系统由五个子系统组成（见图8-1），它们分别是供应商价值链、企业价值链、中间商价值链、消费者价值链和回收商价值链。企业价值链也包括五个环节（见图8-2）。①研发环，主要任务是：了解消费者的需求，把握消费发展的方向，为新产品开发或老产品创新提供信息和智力支持。②生产环，主要任务是：生产适宜的产品，在保证产品质量、性能的前提下，一方面最大限度地降低成本；另一方面提高产品差异化程度。③销售环，主要任务是：一方面保质保量地把产品送到下游顾客手里，并为下游顾客提供产品"消费"方面的知识；另一方面促进副产品在其生产的设施外进行再循环，即一个生产环节的废料成为另一个生产环节中的原料。④服务环，主要任务是：完善售后服务，解除下游顾客的后顾之忧，在满足下游顾客需求的前提下，帮助下游顾客实现其价值。⑤回收环，主要任务是：回收利用产品或包装以及做好能量循环，做到"物"尽其用，既要担负起保护环境的社会责任，又要关注消费者的终身价值，实现企业的可持续发展。

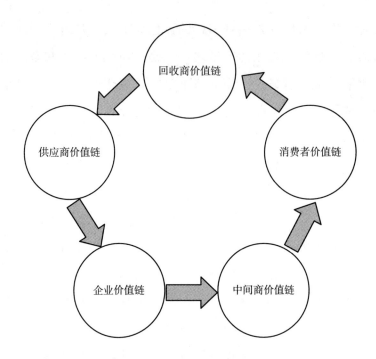

图 8-1 产品价值链系统的构成

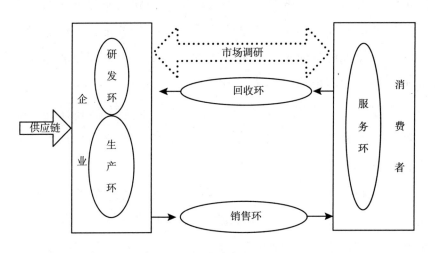

图 8-2 企业价值链的构成

无论是产品价值链系统，还是企业价值链，每一个环节都是缺一不可的，它们相互影响、相互作用，共同构成了一个封闭的质能循环系统。这五个环节不仅从整体上，而且从部分上均要体现生态观念，实现绿色经营，即以满足消费者和经营者的共同利益为目的的社会绿色管理，以保护生态环境为宗旨的绿色经营模式。产品和能量回收利用是企业生态观念的一项重要内容，以前曾经被人们所忽视，因为从表面上看，产品和能量的回收增加了企业的成本，但实际上它减少了产业的"能质"损失，增加了消费者的价值，能够起到维持进而提高消费者忠诚度的作用。

（二）产品价值链系统的热力学平衡态

结合热力学理论，把产品价值链系统视为一种包括供应商、企业、中间商、消费者、回收商等在内的自组织系统，从生态循环角度对产品价值链系统进行分析，试图更好地理解产品价值链系统的"绿色循环与增值"这一现实问题，并构建一种价值链生态运行的热力学分析框架，从而阐释循环经济的理念。

产品价值链是一个封闭的系统，无论它的初始状态如何，经过足够长的时间后，除非对它施加外界影响，否则它的各种宏观性质不随时间而变化，这种状态被称为产品价值链系统的热力学平衡态，它具有以下性质。

一是整分平衡性。热力学第零定律指出：相互平衡的平衡态是同一平衡态，不相互平衡的平衡态是不同的平衡态。对产品价值链系统来说，如果环与环之间两两平衡，则整个产品价值链系统也处于平衡态。实际情况是：产品价值链系统中每一环节的组成要素、所处的环境等不同，态变量的取值（态参量）也不同。所以，产品价值链系统将在部分和整体的平衡和不平衡之间进行转换。

二是动态平衡性。产品价值链系统的热力学平衡态是一种宏观上的平衡。微观上，其内部要素（物流、能流、信息流）仍处于不断运动过程中，要素运动的统计平均效果保持不变，从而系统的宏观性质不随时间变化，所以该平衡状态是一种动态平衡。产品价值链系统的平衡概念是具体的，可以衡量的。在每一环节内部，由于人、财、物等要素的流动和相互作用而具有一定的内能——价值。价值是一种态函数，可以在两环之间交换，使产品价值链系统的总能量保持不变。

三是涨落平衡性。在产品价值链系统宏观平衡状态下，由于其中的一些要素仍不停地运动，从而导致偏离平衡态的微小偏差时常发生。这些微小偏差被称为内涨落，原因在于"经济人"行为的存在、各环节的非同步性、要素运行的 X 低效率。

（三）产品价值链系统的生态循环

实际上，产品价值链系统除了内涨落之外，还存在外涨落，因为完全封闭的产品价值链系统是不存在的，它或多或少地都要与其他产品价值链、自然生态系统等相衔接，使其成为一个开放的系统，不断地从周围环境中吸收物质和"能量"，使内部产生差异和不平衡，导致某些环节的涨起和另一些环节的跌落，产品价值链系统远离平衡态。产品价值链系统的这种变化被称为外涨落，它主要取决于外界环境的变化。外涨落将导致企业营销价值链的熵减少即无序性增加，但在内涨落的推动下，在外界条件变化达到一定阈值时，企业有可能从无序变成有序。因此，企业营销价值链系统实质上是一条产品增值链，它始于消费者需求，终于消费者满意，通过一系列产品交换活动识别价值、凝结价值、转移价值、实现价值、增值价值，顾客价值与企业价值通过营销价值链的优化控制趋于一致，实现有效融合。随着物流、能流和信息流在营销价值链系统上的传递，企业价值和顾客价值同时得到了积累。

如今的企业已进入整合营销时代，整合营销包括两个层次的内容：一是不同营销环节的协调配合。二是营销部门与企业其他部门之间的协调配合。整合营销的实质是谋求供应商、生产商、分销商、消费者整条产业价值链的最优化，而不仅仅是企业营销价值链系统的最优化，它既有利于企业，也有利于销售商、消费者，实现的是"多赢"。为此，我们可以把企业营销价值链系统的生态循环描述为：首先，企业通过市场调研了解消费者的需求信息，以此作为产品设计和创新的依据。其次，企业购进原材料——生态材料，招聘员工组织产品生产；通过销售环节把产品卖给消费者，实现产品的"跳跃"，与此同时，把副产品卖给下游企业，实现废物利用；企业依靠完善的售后服务系统解决消费者产品使用过程中出现的问题。最后，消费者的消费需求得到满足后，企业还要通过以旧换新等方式实现废旧产品的回收利用，满足消费者的绿色需求。

如果仅仅从物质循环来看，从产品研发到产品回收仅仅是一个单一的、封闭的、线性的过程，整个循环系统如果没有外界动量的变换使其不稳定，那么它以后的发展过程就会受制于热力学第二定律：自组织系统具有不可逆演化性，逐步趋向平衡态，并从原有的有序走向无序，结构组成逐步被瓦解。事实上，企业的营销价值链系统中还包括能量流和信息流，它们使营销价值链系统中的物质循环具有非线性动力学性质。由于产生不稳定现象同时又允许产生稳定的时空有序状态的一个必要条件是动力学过程中必须包括适当的非线性反馈步骤，例如一个过程的结果会影响到过程本身，所以企业必须在产品和能量的回收过程中，分析产品的不足和消费者需求的变化（微涨落），通过不断地改进和创新产品来增强消费者的忠诚意识，从而使企业营销价值链系统远离原有的平衡态，在外界物质流、能量流和信息流的作用下，产生巨涨落，使其发展过程能够经受住突变，导致熵的减少和新的结构形成。所以说，企业营销价值链系统的螺旋式生态循环（见图8-3），不仅使产品的价值得到了持续地提升，而且消费者的忠诚度也得到了培育，企业将会从消费者的终身消费中获得稳定的长期利益。

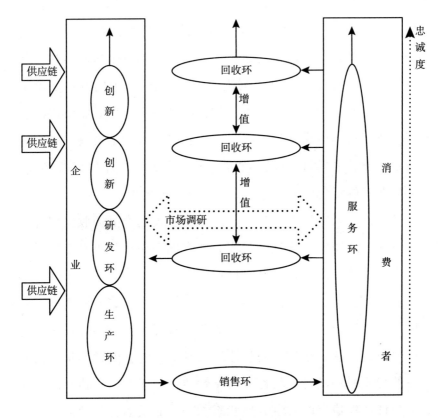

图8-3 企业的营销价值链系统及其生态循环

三　产业生态共生模式：河南上街区铝工业循环经济园

(一) 园区指导思想

河南省上街区铝工业循环经济园的建设和运行坚持以科学发展观为指导，通过调整产业结构，重点推进园区企业提高资源生产率和减少资源消耗，降低废物排放，以节能、节水、节地、节材、资源综合利用、清洁生产为重点。

首先，推行清洁生产。园区以提高资源利用效率，减少污染物排放为着力点，引导企业树立循环经济理念，注重产业配套项目建设，鼓励发展资源消耗低、附加值高的第三产业和高新技术产业。

其次，推行循环经济模式。园区要求入园企业不仅要符合土地、能源、水资源利用和污染物排放综合控制要求，而且还要实现废物和副产品的相互利用、能量和水的利用、基础设施的共享，形成企业和企业之间的生态工业网络。

(二) 园区产业结构与共生

园区分为主导产业和附属产业。主导产业是铝工业产业链，铝矾土矿等原料能源、氧化铝、电解铝、铝型材、铝精深加工产品等；附属产业包括印刷、玻璃、耐火材料、特种水泥、4.5兆瓦低温余热电站等。该园区的共生方式有以下几种。

一是铝土矿资源可持续开采与综合开发利用相结合。当前，铝土矿资源开采量增长迅速，但中低品位矿浪费严重，尾矿尚未得到充分利用。因此，该园区通过可持续开采和综合开发利用，提高资源的产出率，实现铝工业循环。

二是园区建设与城区建设相结合。该园区遵循工业与农业共生的原则，以铝建区、以铝兴区，使铝工业循环经济园区与城区在空间上紧密结合，园区建设的众多项目都力争与城区建设协调一致，特别是在基础设施建设方面实现共用，大大地节约了各类资源，实现共同发展。

为了更好地实现园区物质的循环利用，园区除了利用广播、电视等新闻媒体积极宣传节能减排以外，还要求各企业严格按照产品能耗限额标准，切实加强对相关产品能耗情况的监督管理，将产品的能耗作为企业节能降耗考核奖惩的重要指标之一。

（三）园区 2009 年循环经济指标完成情况

2009 年，该园区土地产出率为 130.1 万元/公顷，主要产品氧化铝单位能耗 0.73331 吨标准煤/吨，工业固体废物综合利用率为 43.68%，工业用水重复利用率为 89.9%，工业固体废物处置量 135.91 万吨，工业废水排放量 28.91 万立方米，二氧化硫排放量 12318 吨，COD 排放量 400 吨。

（四）园区的工作重点：服务第一

园区将帮助企业解决规模扩大问题，以实现规模经济。一是组织开展银企洽谈会，帮助企业解决融资难问题。二是积极帮助新生印务等企业建设市级技术中心。三是解决华泰公司二期扩建，裕丰三期扩建，博大盛塬公司、林肯电气公司、少林特种玻璃、华翔耐火材料等项目建设与协调问题。同时，依靠科技推广，增强节能减排支撑力。该园区围绕资源高效循环利用，积极开展替代技术、减量技术、再利用技术、资源化技术、系统化技术等研究工作，突破制约循环经济发展的技术瓶颈。

四 绿色需求对产业生态共生的引导作用

绿色需求是人们为了满足自身生理和社会的需要，对产品和服务提出的消费意愿。它重点关注两个方面内容：自身利益和社会长远发展。所以，它的产生既源于人的本能需要，也是人类追求高品质及高品位的必然。

（一）绿色产品是人的本能需要

对绿色产品的需要出于人的本能，自人类社会一开始就存在。按照马斯洛的需求层次论，人有五个层次的本能欲望：生理需要、安全需要、社交需要、尊重需要和自我实现需要。前两种需要是低层次的基础需要；后三种需要是高层次的发展需要。其中，生理需要是人类维持自身生存的最基本要求，是推动人们行为的最主要动力。需要产生需求，人们为了满足衣、食、住、行等生理需要，必然要购买和使用各种各样的产品。消费者对产品的需求虽然说是多种多样的，但作为人，具有一种生态回归的渴望，如每个人都喜欢生活在鸟语花香、绿树成荫的环境中，都喜欢食用无污染、天然的食物。所以，消费者对绿色的追求是本能，并持之以恒。产品使用是否安全，产品生产、废弃是否对周围环境产生影响，将成为人们最为关注的问题。南德意志集团（TüV SüD）亚太有限公司所做的名为"2010 TüV SüD 绿色指标"（TüV SüD Green Gauge 2010）的独立调查表明，中国消费者对绿色产品和服务的需求量超过供应量，绝大多数被调查者（94%）愿意为明确证明是"绿色"的产品和服务支付高昂的额外费用（平均为多支付45%的费用），而且83%的被调查者表示需要购买此类产品或服务。

（二）绿色消费习惯的形成

工业文明仅仅经历了一百多年，在给人类带来巨大社会福利的同时，也让地球付出了沉重的代价。随着资源短缺、淡水的枯竭、空气的污染等，人们开始日益重视和关注自身的健康和环境问题，将食品营养、保健、生态、安全、环保等观念植入人类的思维理念中，形成绿色消费观念。绿色消费观念讲究在满足基本消费的同时，开始考虑基本消费所带来的附加值。例如，人们在购买食物时已经在考虑其中的热量和盐量的水平、咖啡因含量以及食品添加剂等问题，很多人喜爱休闲运动，具有很强的节水、节纸、节电意识，适度消费，选择环保产品，注重产品的多次、重复使用，无磷洗衣粉已经走进千家万户，人们开始关注服装、装修材料等对人体健康的影响。这些都是绿色消费观念对传统消费观念的冲击。事实上，随着人们对生态环保观念的认知不断加强，人们将改变原有的消费习惯，许多人已经自愿拒绝购买和使用非绿色产品和服务，这些人心甘情愿地站在绿色消费立场，为人类社会的可持续发展埋单，具有高度的前瞻性，继而形成绿色消费习惯。绿色消费习惯有两层含义：首先，人们在消费时，习惯于选择对自身健康有益的产品和服务。其次，人们在消费时，习惯于从社会角度出发选择对生态环境保护、生态平衡有利的产品和服务。

（三）绿色需求是人类追求高品质及高品位的必然

在马斯洛的需求层次论中，高层次的发展需要是指当人们不再为基础需要而奔波的时候，对生存质量和生活质量的追求。生存质量的追求表现为更加注重消费绿色物质产品和生态环境保护，如住绿色的房子、吃绿色的食品、开绿色的汽车等；生活质量的追求表现为更加关注消费绿色精神产品，如休闲旅游、社会和睦、教育公平等，它是一种健康的、科学的、享受有度的、资源节约型的消费。人们对绿色生活质量的追求，不再以奢侈浪费、追求时髦为荣，即人们虽然追求生活富裕、舒适，但不过度消费物品。换句话说，人们更多追求的是更高层次的、可持续性的精神满足。所以，在当今，对绿色生活质量的追求已经成为人类做出消费选择时的一个重要考虑因素，并将进一步导致绿色产业经济理念的蓬勃发展，因为这种资源节约型、环保型的生活质量追求，会通过消费理念、消费行为、消费结构的改进而促进可持续的生产方式，促进产业结构的全面调整和升级，从而促进社会经济的生态化进步。

第六节　本章小结

循环经济产生于环境的日益恶化和资源的日益枯竭，它与专业化分形之间是一种相互作用的关系。一方面，企业之间资源和能源的循环利用，既来源于企业的专业化生产，又来源于企业的分形过程，是企业专业化分形的产物；另一方面，循环经济的绿色性质也促使专业化分形由混沌走向有序。循环经济要求企业之间要形成"食物网"。该食物网由五个子系统组成，分别是供应商、企业、中间商、消费者和回收商。它们相互之间虽然有一定的数量配比关系，但这种配比关系既可以是封闭式的，也可以是开放式的。封闭式的"食物网"属于小循环；开放式的"食物网"属于中循环和大循环。实际上，不管是大循环，还是中循环、小循环，都是网络组织形式，其目的是实现产业生态共生，增强专业化分形的有序性，具有热力学性质。产业生态共生除了需要政府的支持以外，还需要消费者的绿色需求对它的引导作用。

第九章　网络组织的实现方式

　　专业化分形既产生了市场，又产生了各种各样的企业。市场是企业与企业、企业与消费者之间的协调过程，表现为现货交易和谈判关系；企业是一种内部协调形式，虽然拥有完整的控制权和剩余索取权，但难以突破其内部资源的限制。在当今，随着市场环境的复杂性和多变性增加，企业经营风险也在不断增大，稍纵即逝的市场机会对企业的生存和发展越来越重要，但机会的利用是以企业的自身能力为基础的。市场上的机会多种多样且多变，要求企业的资源和能力也要多种多样且多变，并与市场机会相匹配。但是，企业的资源和能力一旦形成，往往具有一定的稳定性，短时间内不容易改变，这无疑给企业利用市场机会增加了难度。网络组织从某种意义上说可以突破企业自身资源和能力的限制，达到利用市场机会的目的。网络组织的实现方式包括战略联盟、连锁经营、供应链管理、业务外包等，它们既可以通过合约形式合作，也可以通过股权形式合作。

第一节　战略联盟式网络组织

战略联盟的出现，不仅使企业之间的竞争方式发生了改变，从"零和"博弈竞争转变为"正和"博弈竞争，而且也提高了企业的应变能力，其环境适应性增强。但是，战略联盟固有的缺陷，尤其是短期战略联盟，导致其在实际应用中成功率不高。为此，战略联盟必须加以改进，向战略联盟式网络组织转化，使成员企业的边界发生塑性变形，提高成员企业之间的信任度和学习能力。

一　从战略联盟到战略联盟式网络组织

（一）战略联盟的兴起

战略联盟是在 20 世纪 80 年代以后才出现的，它的出现与市场环境的变化有密切的关系。20 世纪 50 年代以前，企业采取的竞争战略是成本领先，实行大规模批量生产，因为当时的市场态势是产品供不应求，随着企业规模扩大，企业内部专业化分工呈现明显的规模收益递增性质。60 年代，企业采取的竞争战略是质量制胜，实行全面质量管理，因为当时的市场行情发生了重大变化，产品已基本饱和，从供不应求逐渐转向供过于求。70 年代，企业采取的竞争战略是交货时间缩短，实行供应链柔性管理，因为当时的市场态势是产品供过于求，企业通过缩短交货周期，可以对市场需求的变化做出迅速的反应。所有以上这些竞争战略，企业关注的重点都是企业内部，遵循的是市场交易内部化，依靠科层权威来实现企业之间的分工合作，成为当时经济发展的主流方式。内部化给企业带来了许多竞争优势，管理协调比市场协调能够带来更大的生产力、更低的成本和更高的利润，许多中小企业被兼并。但是，随着企业规模的扩大，企业内部的协调成本将大幅度地上升，官僚气氛逐渐浓厚，制度的刚性增强等，这些既可导致企业出现规模收益递减现象，又可导致企业对外界变化的适应能力降低。随着科技的迅猛发展，世界经济一体化的步伐不断加快，企业传统的内部资源优势，如廉价的成本、合格的质量、及时的交货等，已经转变为企业的基本任务，已很难保证企业取得竞争的胜利。同时，随着人们生活水平的提高，消费者需求日益呈现多样化、个性化、时代化，一方面使得产品的生命周期变得越来越短，开发新产品的风险越来越大；另一方面使得大多数市场机会变得越来越短暂、隐蔽并且具有高风险性。这些不仅要求企业必须具有快速的市场应变能力和生产柔性，而且要求企业必须具备应对机会所要求的资源和能力。在这种情况下，无论何种企业都不可能具备所有市场机会所要求的资源和能力，因此，规模的大小已经不是决定企业生死存亡的关键因素，关键因素是快速的市场响应能力。随着知识经济的发展，网络为社会各单元之间搭起了更为便捷的沟通平台。对企业来说，企业与企业、企业与消费者之间的联系超越了时空限制，企业生产经营开始发生了重大变化。在生产方面，大规模定制、敏捷制造、并行工程等新型制造方式有效地提高了生产效率，并且极大地缩短了企业与顾客或消费者之间的距离，实现了实时地双向沟通，使顾客或消费者能够参与到企业的产品设计、生产之中，增强了企业与顾客或消费者的联系。在社会资源配置方面，企业之间也从以前的主要发生在同一地区或国家内扩展到世界范围之内，即企业的资源配置逐渐全球化。全球化意味着各国企业在产品生产上的专业化和全球范围内分工的实现。有分工就必然有协作，网络也为社会化协作提供了前所未有的便利条件，企业通过协作，借助外部的资源力量，可以在自身有限资源条件下，实现对无限市场机会的把握和利用。

总之，随着经济全球化、市场需求个性化和多样化、产品的生命周期不断缩短，企业面临着巨大的生存和竞争压力，迫使企业不得不放弃单纯依靠自身力量而选择联盟模式以适应日益激烈竞争的生存和发展环境。因此，"以'双赢'为目的的战略联盟模式已经成为现代企业适应现代竞争环境的最佳选择"[①]。

（二） 战略联盟兴起的动因

近几年，企业战略联盟获得快速增长，成为许多企业向外扩张的主要手段，其原因是多方面的，既有外部环境因素，也有企业内部因素。

1. 外部原因

战略联盟兴起的外部原因主要包括激烈的市场竞争、研发费用的增加、知识经济的兴起、消费需求的改变等。

（1）激烈的市场竞争。首先，企业连续不断地专业化分形，导致企业数量成倍增加，很多企业间具有同构性，特别是技术含量较低的食品、纺织等行业的同构现象尤为突出，如珠三角和长三角地区。各企业之间为争夺原料、能源和市场，相互激烈地竞争。其次，随着全球一体化和各国经济的相互交融，国内市场变成了国际市场，不仅各国的生产已成为为世界市场的交换而进行生产，而且各国的消费已成为依靠世界市场而进行的消费，即生产、交换、消费已经国际化了。所有企业和消费者无国内和国际之分，均将参与国际竞争。再次，新技术革命的迅猛发展，使得

①　贾平：《企业动态联盟》，经济管理出版社，2003，第1页。

产品换代的周期大大缩短。产品寿命缩短、品种多样化增加、全新品种和改良品种的加速出现，促使当前的竞争更加严酷。例如，索尼的随身听生产线似乎每天都在更换品种；电视机更新换代周期从 8~10 年缩短至 5~8 年，功能更新低至半年；因特尔的微处理器从 8086 到 80486、从赛扬到奔腾、从酷睿 I3 到 I7，不仅换代周期在缩短，而且型号也层出不穷。最后，从"以生产者为中心"到"以消费者为中心"，消费者在交易过程中的发言权越来越多，选择余地越来越大，消费层次不断提高，彰显了消费需求的多样化和个性化，即消费者能够按照自己的个性特点和偏好选购商品，消费者逐渐成为产品生产的真正决定者，它体现在产品性能和规格、交货时间、交货条件、付费方式等方面。企业为了吸引和维持决定其生死存亡的消费者，相互之间必然会展开激烈的竞争。

（2）研发费用的增加。科学技术的飞速发展，使得产品更加高科技化和复杂化，产品的技术含量不断增加。新产品的推出要涉及方方面面，如市场调研、产品策划、产品设计、研发、测试、生产、销售试探、市场营销、售后服务等环节，形成了一个庞大的系统工程。随着产品换代速度的加快，产品研发费用不断增加，即使世界上一些大型跨国公司有时自身也因资金或因风险问题难以独立承担，要求企业必须积极寻找外部合作资源。企业能够通过战略联盟形式实现全球化生产和销售，利用不同地区的优势资源，使生产成本大幅度下降，使企业更具竞争力。

（3）知识经济的兴起。从微观来看，在工业经济社会里，土地、资本、劳动等有形资源被认为是企业最重要的生产要素，企业的边界也以此为标准进行划分，彼此界限分明。但在知识经济社会里，知识、信息、脑力、人才、创新等无形资源被认为是企业最重要的生产要素。企业有形资源的实现程度由企业现有的无形资源——知识所决定。企业核心能力的核心内涵是企业的专有知识，其重要特征是价值性、稀缺性和难以模仿性。所以，加快知识投资和高新技术开发，不仅大大扩充了传统生产要素的经济效益，而且优化了生产要素的配置、创新产品、改进生产程序。从宏观来看，知识资本所创造的价值在国民收入中超过传统的工业资本所创造的价值，成为国民收入的主要来源，并决定一个国家的竞争力。为此，一些西方发达国家和新兴工业化国家不断推进产业结构调整和产品升级换代。产业结构调整和产品升级换代必须以产业技术创新为支撑。由于知识的分散性和流动性特点，产业技术创新的主体不能仅仅局限于一个企业，而应通过战略联盟，使其多元化，以实现知识的转移、创造和应用。所以，在战略联盟中，企业的边界是以能力为标准进行划分的，企业之间彼此界限模糊。

2. 内部原因

企业战略联盟兴起的内部原因主要包括快速获取互补的资源和能力、分散风险、规避过度竞争、开拓市场等。

（1）快速获取互补的资源和能力。激烈的市场竞争和多变的外部环境，既给企业发展带来了机会，也带来了威胁。一方面，有许多机会对任何一个企业来说都太复杂了，无法独立解决，需要的技术也太宽泛了；另一方面，消费需求的快速变化要求企业必须对市场做出快速的反应，"船小好调头"，企业专注于自己的核心能力培育，而将其他不擅长的业务外包出去。在追逐新的商机过程中，核心竞争力战略反过来又增加了对通过联盟实现技能互补的需要。企业核心能力的独有性质使得企业只有与其相关企业实现资源共享时，机会成本才会降低，这样一来双方关系的持久性将显得非常重要。按照波特的价值链理论，"协调一致的价值链，将支持企业在相关产业的竞争中获得竞争优势"[1]。企业通过联盟共同分享价值链，各自发挥自己的核心能力，在资源共享过程中实现优势共生，有利于拓展企业价值链的有效景框。

（2）分散风险。市场威胁给企业带来经营风险。经营风险分为两种：系统风险和非系统风险。系统风险又被称为市场风险，它是不可分散风险，是指由于某种因素的影响和变化，导致产品价格的下跌，从而给企业带来损失的可能性。非系统风险又被称为非市场风险，它是可分散风险，是指由某一特殊的因素引起的，只对某个行业或企业产生影响的风险。按照西方经济学的观点，"不要把鸡蛋放在一个篮子里"，即通过投资的多元化来化解。所以，对于非系统性风险，企业可以通过联盟策略加以制约。企业如果仅仅依赖于自身资源和能力，则所承担的风险将越来越大，因为其所有的新价值都要在最终产品的一次销售上得到实现，这一过程一旦不顺利，企业将面临极大的生存风险。如果企业之间建立联盟关系，共同承担的风险肯定要远远小于企业独立承担的风险。

（3）规避过度竞争。原因一：由于近些年的新技术革命，使得专业化分形加速，在某些市场领域，供应能力几乎呈现了"爆炸式"的增长。与此相对应，市场的需求增长却不可能像技术那样具有"爆炸性"。原因二：企业"经济人"行为的存在。企业在市场竞争中很容易产生无序性，导致过度竞争，这不仅会降低企业的赢利水平，而且还会导致两败俱伤的后果。例如，曾

----

① 迈克尔·波特：《竞争优势》，陈小悦译，华夏出版社，1997。

经轰动一时的三聚氰胺事件，从某种意义上说就是乳品行业过度竞争的结果。为了在竞争中获得优势，很多企业，如三鹿、蒙牛、伊利等，明知三聚氰胺有毒，但为了尽量压低成本，不得不睁一只眼闭一只眼，最后导致三鹿公司破产、蒙牛公司被卖等后果。因此，企业之间通过组建战略联盟，一方面可以减少市场中企业的数目；另一方面可以在理顺了的市场层面上进行合作竞争，共同维护有效的竞争秩序，既能够改善资源配置效率，又能够减少应付激烈竞争的高昂费用。

（4）开拓市场。企业的市场开拓是一个渐进的过程。开始，它往往在某一个地域范围拥有某个成功的产品，但由于缺乏销售能力或对某一新市场不熟悉，或壁垒很高而无法进入，所以企业之间通过结成战略联盟，有利于开拓国内和国际市场。其原因在于，战略联盟能够对那些在某些市场常常缺乏某种关键性成功要素起到补充作用。如果要在企业内部弥补这些缺陷，可能需要花费大量的时间和资金。当一个企业在其他一些国家的业务运作中出现问题而举棋不定时，借助战略联盟便是减少投资、提高反应能力和降低风险的一个很自然的选择。例如，2012年4月12日，因特尔公司与海尔公司的战略合作，双方联手开拓全球教育市场；丰田和通用公司于1983年合资建立新联合汽车制造公司，其目的就是为了便捷地进入美国市场；福特与马自达、雪铁龙与二汽、丰田与一汽等合作，其目的是为了进入中国市场。

（三）企业战略联盟的不足与战略联盟式网络组织的产生

1. 企业战略联盟的不足

企业经营理念的转变，从"零和"博弈竞争到"正和"博弈合作竞争，使得战略联盟已经成为商业活动中最具有普遍性的经营组织模式，正如彼得·德鲁克所言："工商业正在发生最伟大的变革，表现为不是以所有权为基础的企业关系的出现，而是以合作关系为基础的企业关系的加速度增加"①。从 1987 年到 1997 年间，战略联盟的数量以每年 25% 的速度递增，有资料显示，世界上许多著名的跨国公司，如通用电气、福特、IBM、波音等，都参与到了战略联盟中来。截至 1992 年，IBM 公司在全球范围内形成了 2 万多个战略联盟性质的合作伙伴关系，并对其中的 400 家进行股权投资②。与战略联盟高增长率相对应的，则是其高失败率，Harrigan（1988）考察了 895 个战略联盟后发现，只有 42% 的战略联盟存续时间超过了 4 年，只有 15% 的战略联盟存续时间超过了 10 年，大部分战略联盟在短期内便解体。麦肯锡咨询公司通过对 20 世纪 90 年代以来的美国 800 多家参与技术创新联盟企业的调查，也得出了同样的结论。

根据双方合作时间长短的不同，企业战略联盟分为短期战略联盟和长期战略联盟。短期战略联盟是指企业为了利用市场机会、弥补自身的资源和能力不足而与其他组织结成的伙伴关系。因这种联盟将随着机会的消失而解散，所以具有短期性，成员之间的关系相对较为松散，信任程度较低。因合作伙伴之间在利用机会上各有所需，所以所得收益将根据双方事先达成的协议进行分享。长期战略联盟是指企业为了实现优势互补、资源共享等战略目标而进行的以承诺和信任为特征的合作活动。因这种联盟不是企业之间的单纯相互影响，而是连续不断地做出贡献，所以具有长期性，成员之间的关系相对较为紧密，信任程度较高。因合

---

① 周建：《战略联盟与企业竞争力》，复旦大学出版社，2002，第 1 页。
② 蔡继荣：《战略联盟的稳定性：基于生产组织模式选择决策的研究》，重庆大学出版社，2011，第 2 页。

作伙伴之间实行综合利用（以市场机会为先导，结合各种资源、资产、知识和技能等）而导致相互依赖性，所以所得收益将根据能力贡献进行分享。

短期战略联盟的缺点主要表现为以下方面。

（1）利益的短期性和单一性。短期战略联盟仅仅是为了利用一次市场机会而建立的，所以功利主义成分过大，企业之间是一种被动的合作，即通过彼此克制而产生的相互协调关系，使得它们只注重短期利益，且联盟目标单一化，不能使战略性资源连续地积累。

（2）缺乏信任基础。实际上，企业之间的合作关系是基于一种对未来行为的承诺，这种承诺既可以用契约公开规定，也可以用默契达成。由于短期战略联盟是一种公开的契约规定，所以联盟各方在参与合作的过程中，始终担心自己的核心能力暴露给对方，导致自己在未来市场竞争中失去优势，因而将采取一些方法保护和防范，即有保留地进行合作，从而导致相互之间的信任度降低。

（3）战略目标的差异性。在短期战略联盟中，各方仅仅是因为一次机会而进行的合作，所以企业边界产生的是弹性变形。每一个企业都有各自的历史、文化和信仰，也有其独特的人力资源管理传统和实践、独特的行政系统和经营管理风格等，如果没有长效机制（如组织文化的交互）作为支撑的话，战略目标则会缺乏长期的融通点。

长期战略联盟的缺点主要表现为以下方面。

（1）机会主义的影响。无论是短期战略联盟，还是长期战略联盟，机会主义行为都是存在的，尤其是对长期战略联盟，其危害性更大，因为长期战略联盟是以信任为基础的。一方面，在长期战略联盟中，企业之间的关系是一种事后非对称信息的博弈，容易产生道德风险，指合作伙伴选择好后，联盟关系就以契约或股权的形式加以固定，如果某一个企业采取自利但不利其他企业的行为而其他企业很可能并不知晓，联盟失控的风险将增大。另一方面，在长期战略联盟中，由于企业之间资源的共享，使得某一成员企业的事前谈判能力发生了改变，联盟中的机会主义行为很可能会利用这个改变以最大化自身的效用，从而导致合作冲突增大。

（2）专业化分工结构的影响。长期战略联盟是从其价值创造角度在不同独立企业之间形成的专业化分工结构。该结构使得企业获得专业化的经济性，以及由于合资伙伴的既定而减少的交易成本。[①] 长期战略联盟的专业化分工的经济性要求企业投入的资源必须具有互补性，从而增加了企业之间的相互依赖关系。同时，为合作生产而投入的关系性资产也锁定了与合作伙伴的关系，这些都增加了长期战略联盟合作的风险。

（3）联盟管理的影响。在长期战略联盟中，由于各成员企业相互独立，所以联盟内部运行存在市场和行政双重机制，相对于单一企业来说，其管理权相对模糊。整个联盟管理过程中充满着相互妥协、经常性谈判、控制力弱、多头决策等，从而导致组织成员背叛合作承诺、相互不信任、信息共享渠道不畅等，造成战略联盟管理难度的增大。

2. 战略联盟式网络组织的产生

长期战略联盟与短期战略联盟相比，具有更大的优势。首

---

① 蔡继荣：《战略联盟的稳定性：基于生产组织模式选择决策的研究》，重庆大学出版社，2011，第 60 页。

先，它是建立在成员企业各自核心能力基础上的，是一种强强联合。据麦肯锡公司研究发现：强弱联盟的成功率一般仅有30%左右，弱弱联盟的成功率则有40%，而强强联盟的成功率却有67%左右。其次，成员企业之间的资源有了一定程度的相互渗透，边界发生了塑性变形，这有利于相互学习和适应性调整能力的提高。最后，协调机制慢慢地演变成一种习惯，隐性契约逐渐起主导作用。鉴于长期战略联盟有这些优点，所以它应属于网络组织的一种，我们不妨称之为战略联盟式网络组织。

二　战略联盟式网络组织的特点

战略联盟式网络组织是长期战略联盟与网络组织相结合的产物，既有长期战略联盟的优点，又有网络组织的优点。它超越了一般的交易伙伴关系，具有一定的亲密程度，这种亲密是在传统的交易模式下不存在的。

第一，目标明确。对于战略联盟式网络组织来说，只有有了明确的目标、分工合理，才能够激发各成员企业及其员工的工作热情和创造性，成为战略联盟式网络组织的活力源泉。不仅如此，它还具有实现该目标的统一行动规划，每个成员企业都十分清晰地知道自己在网络组织中所处的位置，知道做些什么和怎么做。

第二，跨组织团队式管理。战略联盟式网络组织成功率高的一个主要原因在于各方以团队形式参与竞争的共同意愿坚定不移。一是它要求各成员企业在不稳定环境下和未知领域中要具有忍耐力，不能浮躁、图一时之快。也就是说，成员企业合作参与某项竞争的动机既要强烈又要现实。虽然它们彼此合作参与竞争的原因各不相同，但希望赢得这一竞争的愿望应该是相同的①，因为每一个成员企业都能够认识团队竞争的价值。

第三，合作式竞争。在战略联盟式网络组织中，成员企业之间是一种合作式竞争关系。合作体现在公平上，竞争体现在效率上。公平是战略联盟式网络组织的存在基础，效率是战略联盟式网络组织的发展条件。合作式竞争的核心是共赢，所以它强调合作的重要性，有效克服了传统企业战略过分强调竞争的弊端，为企业战略管理理论注入了新的思想和血液。同时，它还改进了战略分析方法，即战略制定的互动性和系统性，并通过博弈理论，对各种商业互动关系进行博弈策略分析。合作式竞争是战略联盟式网络组织的长期发展战略，它从长远发展角度，通过对各成员企业核心竞争力的整合，使其相互学习，持续创新，从而使网络组织形成持久的竞争优势。

第四，依赖性较强。由互相需要带来的互相依赖，是战略联盟式网络组织得以存在的前提。成员企业之间的依赖性既可以是自然形成的，即建立在企业各自资源贡献（这些资源的独特性以及这些企业在价值链中的地位等）基础之上的，如共同的专用技术等；也可以是人为形成的，通过调整联盟的结构和管理方式，企业不断尝试纠正因自然发生的依赖性而引起的不平衡，或通过构建互相依赖来改善缺乏资源为基础的互相依赖的情况②。在一个以资源为基础的战略联盟式网络组织中，成员企业之间常常建立更深厚、互相依赖性更强的关系，形成紧密的小团体。

---

① 〔美〕伊夫·多兹、加里·哈默尔：《联盟优势》，机械工业出版社，2004，第 34 页。

② 〔英〕威尔玛·苏恩：《避开合作的陷阱——透视战略联盟之暗面》，中国劳动社会保障出版社，2008，第 41 页。

三 战略联盟式网络组织的类型

根据不同的标准，可以把战略联盟式网络组织分为若干类型。

第一，根据建立目的不同，可以把战略联盟式网络组织分为低成本型战略联盟式网络组织和差异型战略联盟式网络组织两种形式。低成本型战略联盟式网络组织是指该网络组织通过对各成员企业的价值链和价值系统的重新优化配置，在更大范围和更高层次上提高生产或经营效率，以降低成本，获得竞争优势。在低成本型战略联盟网络组织中，成员企业之间建立起稳定的交易关系，降低了因市场的不确定和频繁的交易而导致的较高的交易费用。同时，由于合作企业间要进行信息交流，实现沟通，从而缓解了信息不完全的问题，减少了信息费用；合作企业间的信息共享，也有助于降低内部管理成本，提高组织效率。该型战略联盟式网络组织之所以能够建立，其依据是三个经济效应。

一是规模经济效应。低成本型战略联盟式网络组织不是通过扩大单个企业的生产规模来实现规模经济的，而是通过成员企业之间的紧密合作，重新配置资源或价值链，扩大经营规模和市场规模来实现规模经济的。它的规模经济效益主要体现在三个方面[①]：供应规模经济、生产规模经济、营销规模经济。供应规模经济是指通过战略联盟式网络组织，使成员企业在生产要素市场上拥有更强的买方讨价还价能力，从而能以较低的市场价格购买投入要素，降低成本；生产规模经济是指通过战略联盟式网络组织，使成员企业在产品研发、生产工艺和生产方法等方面进行合

---

① 陈耀：《联盟优势》，民族出版社，2003，第93页。

作，重新组合所投入的要素，从而降低生产成本；营销规模经济是指通过战略联盟式网络组织，使成员企业在目标市场上共同经营营销渠道、共同开展促销活动等，从而降低营销成本。

二是范围经济效应。低成本型战略联盟式网络组织通过相关多元化经营，即在不同的产品或领域开展若干项目的联合经营，要比局限于单一产品或领域更能够带来费用的节约和风险的降低。对于单个企业来说，由于核心能力的限制，其资源延展范围有一定的局限性，很难实现范围经济，但战略联盟式网络组织则不同，它可以使成员企业相互借用资源和核心能力，弥补自身在跨行业经营中战略资产的不足，获得范围经济。

三是协同效应。同一类型的资源在不同企业中表现出很强的异质性，这就为企业资源互补融合提出了要求。在战略联盟式网络组织中，协同效应扩大了企业的资源边界，不仅可以充分利用对方的异质性资源，而且可以提高本企业资源的利用效率。同时，节约了企业在资源方面的投入，减少了企业的沉没成本，提高了企业战略的灵活性。

差异型战略联盟式网络组织是指该网络组织通过对各成员企业的价值链和价值系统的重新优化配置，为客户创造独特的买方价值，获得竞争优势。该型战略联盟式网络组织之所以能够建立，其依据是创新效应。在战略联盟式网络组织中，成员企业可以近距离地相互学习，从而有利于成员企业间传播知识、创新知识和应用知识，同时也有利于成员企业将自身的能力与其他成员企业的能力相结合创造出新的能力。此外，该网络组织整体的信息搜集、沟通成本较低，可以更加关注行业竞争对手的动向和产业发展动态、跟踪外部技术、管理创新等，为各成员企业提供了新的思想和活力，大大增强了成员企业的创新能力和应对外部环境的能力。

第二，按照资源之间的关系不同，可以把战略联盟式网络组织分为生产型战略联盟式网络组织、研发型战略联盟式网络组织、营销型战略联盟式网络组织、采购型战略联盟式网络组织等类型。生产型战略联盟式网络组织是指企业与处于上下游的成员企业建立的战略联盟式网络组织，各方均将自身的核心资源集中于价值链中的核心战略环节，进行互补合作创造更大的价值。研发型战略联盟式网络组织是指成员企业通过相互合作创建新的技术知识和促进知识转移，实现产品的更新换代和创造新产品。营销型战略联盟式网络组织和采购型战略联盟式网络组织的核心是共同营销和共同采购，实现规模经济和范围经济，以达到"双赢"的目的。

第三，按照控制权程度的不同，可以把战略联盟式网络组织分为契约型战略联盟式网络组织、股权型战略联盟式网络组织和合资型战略联盟式网络组织三种类型。契约型战略联盟式网络组织是指成员企业之间依靠长期契约来维持联盟关系的网络组织。股权型战略联盟式网络组织是指成员企业之间依靠股权渗透来维持联盟关系的网络组织。合资型战略联盟式网络组织是指由两家或两家以上成员企业通过共同出资成立一家独立企业所组成的战略联盟式网络组织。

第四，按照成员企业在价值链中位置的不同，可以把战略联盟式网络组织分为横向型战略联盟式网络组织和纵向型战略联盟式网络组织两种类型。横向型战略联盟式网络组织是指由处于价值链相同位置的同类企业所组成的战略联盟式网络组织。纵向型战略联盟式网络组织是指由处于价值链不同位置的上下游企业所组成的战略联盟式网络组织。

第五，按照成员企业数量的不同，可以把战略联盟式网络组织分为双元型战略联盟式网络组织和多元型战略联盟式网络组织两种类型。双元型战略联盟式网络组织是指由两个成员企业所组成的战略联盟式网络组织。多元型战略联盟式网络组织是指由多个（两个以上）成员企业所组成的战略联盟式网络组织。

四 战略联盟式网络组织的管理重点

由于战略联盟式网络组织是成员企业之间的一种合作式竞争关系，以实现共同利益为目标，在合作中竞争，所以战略联盟式网络组织管理的核心思想主要体现为创造价值。战略联盟式网络组织的着眼点在于把产业蛋糕做大，因此，成员企业才有可能比以前得到更多，从而使成员企业能在一个较小风险、相对稳定、渐进变化的环境中获得较为稳定的利润。所以，战略联盟式网络组织必须有独特的价值创造途径。

一是以创造新的价值为目标，争取在行业中的主导地位。无论是国内竞争还是国际竞争，规模经济是开展有效竞争的关键。战略联盟式网络组织如果想要形成一定的规模，必须不断争取新成员，包括独立的竞争对手和互补型企业，加入自己的阵营。其目的有两个：或是因为获得宝贵的互补性和独特性资源；或是因为防止它们加入对手联盟中去。战略联盟式网络组织只有拥有了一定的规模，才能迅速形成市场领先优势，才能抓住稍纵即逝的机遇，产生极大的先动优势，通过创造新的价值，成为获胜者。

二是技能和资源相结合，充分发挥资源综合利用的杠杆作用，抓住和创造新的商机。机会开发是战略联盟式网络组织的首要任务，它主要表现在两个方面：进入新市场、创造新商机。进入新市场是战略联盟式网络组织组建的目的之一，因为它能够为成员企业提供新的发展机会。在参与全球竞争的过程中，任何一家公司无论它们的资源和技能多么完善，都不足以满足陌生的新市场领域迅速扩张的要求。创造新商机需要各种技术"杂交"，即将各学科的知识融合在一起，创造出新的产品和服务。

三是通过学习效应，快速形成新的能力，比单个企业更快一筹。在战略联盟式网络组织中，成员企业之间相互学习（竞赛式的）是提高技能的最好方法，因为它不仅比企业内部学习以及其他学习方法更迅速，而且也更有效，能够快速形成新的能力。

这三种价值创造方式的成功实施离不开战略联盟式网络组织的稳定性问题。战略联盟式网络组织的稳定性是有条件的。

条件一：成员企业各方必须共担风险。

条件二：成员企业之间必须相互信任。信任是建立在信息完全的基础之上的，为此，要保证成员企业之间的信息畅通，并尽可能利用一切信息资源。

条件三：成员企业之间贯彻激励相容原则。激励相容原则能够有效地解决个人利益与集体利益之间的矛盾冲突，使成员企业的行为方式、结果符合网络组织价值最大化的目标，让每个成员企业在为网络组织多做贡献中成就自己的事业，即个人价值与集体价值的两个目标函数实现一致化。

这三个条件的实现均要靠战略联盟式网络组织的契约设计来保证。这里的契约既包括显性契约，也包括隐性契约。由于战略联盟式网络组织是独立的成员企业之间的长期合作关系，所以契约既是成员企业之间共同协商、谈判议价的结果，也是成员企业之间经过多次重复交易和交往而产生默契的结果。所以，战略联

盟式网络组织在设计最优契约的时候，既要考虑显性契约的作
用，也要考虑隐性契约的作用，要以承认信息不对称为前提，以
激励相容为核心来构架，使契约成为一个可自动履行的契约。自
动履约机制的实施有两个方法：提高专用性资产或专有性核心资
源的共享比例和相互持股，两者均可以减少机会主义行为对战略
联盟式网络组织稳定性的不利影响。

第二节　连锁经营式网络组织

连锁经营是对零售业的一场革命，解决了现代化工业大批量
生产和消费者需求多样化的矛盾以及分散化商业经营和规模效益
的矛盾。但是，连锁经营所具有的一些缺陷，如内部缺乏竞争、
整体性风险大、横向过于分散等，为连锁经营埋下了隐患，所以
对连锁经营方式进行变革，使其网络组织化，能够充分发挥连锁
经营与网络组织管理的双重优势。

一　从连锁经营到连锁经营式网络组织

（一）连锁经营的兴起

连锁经营最早萌芽于美国，发展于近代，完善于现代。原始
的连锁店不仅规模小，而且经营商品品种单一。世界上第一家近
代的连锁店是美国的大美国茶叶公司，在短短的 6 年时间里，其
发展到 26 家正规连锁店，并不断向外延伸，到 1900 年，该公司
经营地区横跨太平洋和大西洋之间的整个大陆。紧跟其后的是美
国胜家缝纫机公司，它是世界上第一家加盟连锁店，它采用
"特许经营"分销网络的方式进行产品销售。同时，在英国、瑞
士等国也相继出现了连锁经营。19 世纪末期，在美国又出现了

世界上第一家自由连锁店，实行联购分销，统一管理，但各成员企业仍然保持各自的独立性。现代的连锁经营不论是经营范围、品种，还是经营业态、方式都较近代连锁经营发生了较大的变化。随着社会经济的发展，现代连锁经营的范围已从传统的零售、餐饮等行业扩展到中介经纪、修理、旅游、图书、房地产、教育等行业；现代连锁经营的业态也出现多样化，从传统的中小企业联合发展到大型百货公司、超级市场、大卖场等相结合；现代连锁经营的方式也从传统的狭小区域发展到跨国经营、组合化经营等，实现全球化和集团化管理。

（二）连锁经营兴起的动因

近十几年，无论是国际还是国内，企业连锁经营均获得了长足发展，成为现代主流商业模式，使世界商业发展出现了质的飞跃，其原因是多方面的，既来自外部环境，也来自企业内部。

1. 外部原因

（1）市场竞争的加剧。一方面，对于我国来说，2001 年加入世贸组织，零售业及许多行业面临跨国公司的竞争。2004 年底零售业全面开放，使市场竞争进一步加剧，企业获利水平下降，行业平均利润率下滑。另一方面，工业与商业之间矛盾激化，政府开始制定零售交易规范，过去传统的零售商依靠"通道费用"和"账期"的赢利模式受到挑战，促使企业重新审视自身内部管理与运营效率。

（2）消费需求的变化。随着社会经济的发展，人们的生活水平逐渐提高，消费者的消费需求日益个性化和多样化。为了满足消费者多样化的需求，必须对消费者进行细分。而消费者细分又为企业寻求利基（补缺）市场创造了机会和新空间。为此，一些企业开始尝试差异化定位以吸引细分市场的目标顾客群，从而促使零售企业开始从简单的模仿走向自主的创新，从外延式的规模扩张进入追求效率和差异化的新模式[①]。

（3）交通和通信网络的发展。配送是连锁经营最基本的支撑条件，原因在于：连锁经营的集中化、统一化管理，在很大程度上是依靠配送来完成的。连锁经营通过配送活动，变分散采购为集中采购，变分散库存为集中库存，便于控制商品的价格、数量、质量和商品结构，节约大批采购费用、库存占用费用、物流费用，同时能大大简化各门市部的作业。由于配送活动不仅涉及实物的流动，而且涉及信息的交换，所以配送活动的开展需要交通和通信网络的支持，或者说，交通和通信网络的发展为连锁经营的兴起（经营效率的提高、效应的增加）提供了条件。

2. 内部原因

（1）抓住市场机会。连锁经营，尤其是加盟连锁方式，能够把分散的众多的单个资本快速集聚，变成整体资本，形成整体力量。在同样的竞争条件下，它可以及时地抓住市场机会，进行投资、进货、研发新产品等，给企业带来良好的收益和发展[②]。

（2）获得规模经济。连锁经营的本质是把独立的、分散的零售商联合起来，实行高度统一的经营，包括对人、财、物及商流、物流、信息流等方面实行统一管理。这种经营模式有利于集中力量办事，可以统一资金调运，统一人事管理，统一经营战略，统一采购、计划、广告等业务以及统一开发和运用整体性事业，以大规模的资本实力同金融界、生产企业打交道。它们分工明确，相互协调，形成规模效应。同时，在培养和使用人才、运

---

① 王吉方：《连锁经营管理——理论·实务·案例》，首都经济贸易大学出版社，2007，第56页。

② 王吉方：《连锁经营管理教程》，中国经济出版社，2005，第36页。

用新技术开发和推广产品、实现信息和管理的现代化等方面，也可充分发挥连锁经营的规模优势。

（3）减少商业投资风险。连锁企业往往经营多家门面店铺，即使个别门面店铺经营上失败也不会影响整个连锁企业的经济效益，因为某一个决策的失误所造成的损失可以由许多门面店铺共同分摊，这样就大大降低了商业投资的风险。对于购买特许经营权的被特许人而言，加盟一个特许连锁店，可以利用一个已得到实践检验的成功的商业交易方式，获得特许人的指导和帮忙，比起单独开店，成功的几率大大提高了，大大减少了行业新人面临的各种风险。

（4）增强学习效应。在连锁企业中，总部的重要职责之一就是研究企业的经营技巧，包括货架的摆放、商品的陈列、店容店貌的设计、经营品种的调整等。这些研究成果可以直接供门面店铺学习，用于指导门面店铺的经营，这就使门面店铺摆脱了过去那种完全靠经验操作的模式，转向科学管理，从而使各门面店铺的经营水平普遍提高，获得技术共享效益，同时分摊技术开发的成本。这是单个商业企业所无法做到的。

（三）连锁经营的不足与连锁经营式网络组织的产生

1. 连锁经营的不足

虽然连锁经营通过标准化、简单化、专业化、规模化等方法，解决了大批量销售与消费者分散需求之间的矛盾，获得了一定的竞争优势，但也存在一些不足之处。

（1）内部缺乏竞争。由于连锁经营采用的是总部统一控制的方法，如统一采购、统一存货管理、统一配送、统一广告等，以及门面店铺统一装修、统一布置等，门面店铺的主动权被剥夺，相互之间已无竞争的动力，所以连锁经营更像是科层制组织结构，而非合作式竞争结构。

（2）整体性风险大。一是对总部管理能力的要求较高，因为整个连锁体系是原创店的复制和放大，也是总部管理能力的放大和输出。如果总部缺乏足够的管理与控制能力，如品牌定位模糊、特色弱化等，最后对门面店铺和总部都会造成极大的损害，品牌也不能幸免。二是连带性风险，因为连锁经营作为一个整体，互相具有"锁定"关系，"城门失火，殃及池鱼"，个别门面店铺服务水平降低会影响整个连锁企业的声誉。

（3）横向过于分散。连锁经营往往过分追求横向扩展，把门面店铺数量与规模经济画上等号，认为数量越多越规模，导致管理费用增大，管理协调困难，如美国的凯马特，最后走上不得不申请破产保护的道路，其原因就是在不断横向扩张的过程中，一味强调发展规模，以为有了规模就必定有经济，然而事实是店开得越多，亏损得越厉害①。

2. 连锁经营式网络组织的产生

连锁经营的不足，实际上是没有处理好集中与分散的关系，从而导致规模与经济、合作与竞争的不平衡。连锁经营主要是由门面店铺组成，由于过分强调了集中，使得整个网络官僚气氛较为严重，各连锁店缺乏创新和竞争意识。而连锁经营式网络组织则不同，不仅包括若干门面店铺，而且包括配送中心、流通加工等，甚至还包括生产企业。它把每个连锁企业都看成连锁公司营运链上的一环，在分散模式下进行集中经营。集中经营形成连锁经营的规模经济，分散销售带来了经济效益。因此，集中经营的

---

① 杨思卓：《零缺陷复制：连锁运营及盈利模式》，广东经济出版社，2004，第 5 页。

目的是为了分散销售，分散销售的结果形成了集中的效益。分散的连锁店是一个单独的营销服务单位，在统一决策下能动地发挥自身的功能，广泛地接触消费者，既是整个连锁经营式网络组织的商品销售末端服务单位，又是整个连锁经营式网络组织的商业信息来源单位。

二　连锁经营式网络组织的主要内容

连锁经营式网络组织的核心是分散而不乱、集中而不死，它结合了连锁经营和网络组织的优点。

（一）经营管理的分散和集中

连锁经营式网络组织实现的是分散销售、集中经营。对于门面连锁店，实行无差别集中管理，原因在于：难以准确区分各个单店在客观条件和环境上的不同，即使努力区分不同单店的各个不同情况，给予切合实际的销售费用指标，也难以达到科学、准确，反而会造成新的差别。对于物流和生产企业，实行差别分散管理，原因在于：物流和生产企业在地理位置、设备配置、生产工艺和效率、员工组合、管理水平、人员素质、工作质量、责任心等方面均可产生差异，这些差别有时候可能还很大，所以绩效较容易衡量。

（二）资源管理的分散和集中

对连锁经营式网络组织的有形资源，实行所有权和经营权分离，并体现分散与集中相结合原则。对于各门面店铺的有形资源，应实行分散管理，以有利于开展分散营销，而对于物流和生产企业的有形资源，则应实行集中管理，运用一系列的管理制度将管理的职责、范围、奖惩、方法等落实到人，实行分层责任管理，以提高效率。对连锁经营式网络组织的无形资源，如企业形象、商业声誉、广告宣传、技术服务、管理经验等，应实行集中管理，因为它是公司各方面工作努力的集中体现。各连锁企业均要竭力维护和提高公司的无形资源。

（三）整合共享的分散和集中

整合和共享是连锁经营式网络组织的两个非常重要的特点。整合是通过为消费者提供标准化的商品和服务、为消费者建立一个统一的消费模式、为消费者简化选择和购买过程等行为，提高了商品生产和流通的合理性。共享是指各连锁企业在经营有形资源的同时，共享整个连锁经营式网络组织的无形资源，并不断创新无形资源。

三 连锁经营式网络组织的类型

第一，按照连锁企业在价值链上位置的不同，可以把连锁经营式网络组织分为横向连锁经营式网络组织、纵向连锁经营式网络组织两种形式。横向连锁经营式网络组织是由位于价值链上同一商业阶段，经营同类商品和服务的企业组成的具有连锁性质的网络组织；纵向连锁经营式网络组织是由位于价值链上不同商业阶段，如生产加工、物流、批发、零售等的企业所组成的，具有连锁性质的网络组织。

第二，按照联结纽带和联结运作方法的不同，可以把横向连锁经营式网络组织分为直营连锁经营式网络组织、特许连锁经营式网络组织和自愿连锁经营式网络组织三种形式。直营连锁经营式网络组织是由单一资本直接控股，总部对各连锁企业的人、财、物及商流、物流、信息流等方面实施统一管理，是在同一个总部集权领导下，进行共同经营活动的零售企业集团。特许连锁经营式网络组织是由独立的连锁企业以持续契约的形式，使用特许者的商标、服务标记、商号和其他作为营业象征的标识和经营技巧等，在同样的形象下进行商品销售所组成的网络组织。自愿连锁经营式网络组织是由分属于不同资本的独立的零售商自愿组成的，实行共同进货、统一配送、共同促销等的契约型联合体。

第三，按照联结方向的不同，可以把纵向连锁经营式网络组织分为前向连锁经营式网络组织和后向连锁经营式网络组织两种形式。前向连锁经营式网络组织是指连锁企业通过向下游行业扩张，以提高服务质量和水平，如沃尔玛公司与一家计算机检修的特许企业合作，使用沃尔玛公司的品牌为顾客提供计算机维修服务。后向连锁经营式网络组织是指连锁企业通过向上游行业扩张，以增加花色品种和提高产品的质量，如苏果公司授权邦基（南京）粮油有限公司生产苏果大豆油，并特许该公司对苏果便利门店进行市场维护与客户服务。

四　连锁经营式网络组织的管理重点

连锁经营式网络组织是在分散大批量销售支持下，总部对各连锁企业具有整合效应，使它们按市场消费需求和连锁经营的要求进行产品开发、物流，并优惠提供商品价格和售后服务，形成以消费为导向、工商配合的组织架构。所以，对连锁经营式网络组织的管理，除了日常的商品陈列、门面店铺设计与布局、物流系统管理、营销管理等之外，重点是多方关系管理。

在连锁经营式网络组织中，总部与连锁企业之间是一种契约关系，既有显性契约也有隐性契约。显性契约是一种法律文本，是两者间关系的建立、延续和终止的依据。它在结合了集权和分权优点的基础上，规定了双方的权力、责任和收入分配关系。隐性契约体现的是双方之间配合的默契程度，它与双方接触时间的长短有关，是连锁经营式网络组织的无形资源之一。同时，它也是维护连锁经营式网络组织无形资源的重要条件，是连锁经营式网络组织的整合结晶，是其得以扩张的基础。

连锁经营式网络组织关系管理的核心是和谐发展，从短期来看，应该完善机制，建立健全维持多方良好关系的手段。

第一，建立有效的信息渠道。由于及时、准确的信息是企业决策的基础，所以连锁经营式网络组织也必须建立有效的信息渠道。它体现在两个方面：一是正式的信息传递系统，通过有效的信息系统对各业务领域和连锁企业进行监控；二是非正式的信息传递系统，通过关注"小道消息"，特别是那些连锁企业管理者的动态，定期与他们进行沟通和交流。

第二，共同参与管理。连锁经营式网络组织必须重视各连锁企业对管理的参与。共同参与管理首先需要制度保障，要从契约的角度确保各连锁企业的意见表达；其次，优化与连锁企业利益密切相关的流程，从事前意见征询、事中管理研讨、事后决策表决三个角度确保连锁企业对管理举措的理解和决策参与。

第三，优化合作管理机制。合作管理机制是连锁经营式网络组织关系的最直接的表现，它反映了连锁经营式网络组织的合作观。首先，这种观念应该是清晰、明确并且强有力的；其次，合作管理机制必须能把各连锁企业的利益统一到网络组织的整体利益中去。

第四，建立援助计划。在连锁企业最需要帮助的时候，连锁经营式网络组织要伸出援手，这会让所有的连锁企业感觉到温暖。在建立连锁企业援助计划的过程中，要坚持以下几点：首先，建立援助基金；其次，明确援助计划的组织保障；再次，确立援助标准；最后，援助计划实施应公开透明。

从长期来看，连锁经营式网络组织应完善连锁文化，形成共同的愿景。

一是加强企业家自身的修炼。许多企业家有机会主义、过度的市场导向、严重的成功路径依赖等缺点。但真正的企业家是一个领袖，应具有领袖的风采和极强的人格魅力，善于构建团队。从单个企业主成长为连锁经营企业家，需要他们克服自身的缺陷，加强修炼，有梦想才有未来，做企业不仅是为了赚钱，而且应开放胸怀，让心灵走出去，到企业家群体中去，到竞争对手中去。

二是强化连锁经营式网络组织文化建设。用文化去引导连锁企业、协调连锁企业、激励连锁企业、约束连锁企业、凝聚连锁企业。连锁经营式网络组织文化建设必须基于"三位一体"的基本方向：对既有文化的继承，如何挖掘、发扬光大现有连锁企业文化资源优势，构建有自身特色的网络组织文化；适应连锁经营式网络组织未来发展，如何发现现有文化中与合作战略相悖的成分，加以剔除；以市场为导向，如何适应未来竞争的要求，确立市场导向的网络组织文化。

第三节　供应链式网络组织

供应链管理是企业之间的一种纵向关系，从供应商、供应商的供应商，到企业自身，再到分销商、客户，以及最终客户，它们之间的关系是合作、协同、信息共享、全程优化、利益共享、风险共担的赢利伙伴关系[1]。供应链式网络组织是供应链的拓展，强调了供应链中的交叉关系和协同深度。

---

[1]　邹辉霞：《供应链管理》，清华大学出版社，2009，第23页。

一 从供应链管理到供应链式网络组织

(一) 供应链管理的兴起

20 世纪 70 年代末,一方面,随着经济的不断进步,人们的需求越来越向着多样化和个性化方向发展,生活节奏也越来越快;另一方面,随着信息技术的发展,国际分工日益细化,不仅使企业之间的全球化竞争不断加剧,也使企业之间的协作逐渐从广度向深度发展。所以,社会上开始出现一些新型的生产方法——柔性生产和敏捷制造。但到了 21 世纪,市场变化速度开始加快,快速响应能力成为决定企业生死存亡的主导因素。"企业级"集成生产方式逐渐让位于"社会级"集成生产方式,表现为整合社会资源——纵向整合和横向整合。纵向整合发展成为供应链管理思想,即通过上下游企业的多方长期的合作,协同完成本企业的全部业务流程,以满足消费者全方位的需求。市场的竞争已由企业与企业之间的竞争转变为供应链与供应链之间的竞争,任何企业只有与其他企业结成供应链伙伴关系,才有可能取得竞争的主动权。据有关资料统计,供应链管理的实施可以使企业总成本下降 10%,供应链上的节点企业按时交货率提高 15%以上,订货 - 生产周期缩短 25% ~ 35%[①]。

(二) 供应链管理兴起的动因

供应链管理的兴起变革了企业管理模式,它既是企业适应环境变化的产物,也是企业自身管理实践的结果。

1. 外部原因

经济全球化,不仅加剧了企业之间的竞争,而且使市场

---

① 张晓东、韩伯领:《供应链管理原理与应用》,中国铁道出版社,2008,第 17 页。

越来越复杂，除了产品生命周期的缩短、开发速度加快、客户需求多样化等因素外，还表现为对订单的快速反应、生产的延迟、物流的系统化等，它直接考验了企业对外部环境的反应能力。

（1）对订单的快速反应。随着产品的"个性化"趋势日益突出，单一规格产品订货量和订单逐渐变小，消费者的需求正快速变化，不仅要求企业快速开发产品和缩短产品生命周期，而且要求企业不断缩短订单响应时间。与此同时，信息技术的发展又为企业快速响应订单提供了有效的手段。所以，在网络时代，谁能充分利用新技术，对市场变化做出快速反应，迅速将新产品推向市场，以最快的速度满足顾客的需求，谁就能在市场中获得竞争优势，占据有利位置。

（2）生产的延迟。生产延迟是指企业只能按照一张订单，在一段时间里生产一种产品，且在获知该张订单之前，企业无法启动零部件采购和生产过程。但现实情况是：采购、生产及物流之间存在着定量交换成本。为了尽量使产品保持中性和非委托状态，理想的生产延迟是制造相当数量的标准产品或基础产品以实现规模化经济，而将最后的特点表现，诸如颜色等推迟到收到客户的委托以后进行。

（3）物流的系统化。物流是一个连接生产者、流通者、消费者的系统，涉及运输、储存、装卸搬运、包装、配送、流通加工、信息系统等环节。物流系统的产出是物流服务，即以最少的物流费用实现要求者所要求的物流服务水平。它既要求生产者、流通者、消费者要相互配合，也要求各物流环节实现"无缝"对接。因此，只有实现物流的系统化才能以最低总成本提供用户所需要的物流服务，实现物流合理化。

2. 内部原因

供应链管理的兴起是企业为了适应外部环境的变化，对自身实践经验的总结。

（1）采购管理的改进。随着经济的高速发展，资源、能源对企业发展的限制越来越突出。20世纪90年代，企业已清楚地认识到，成功竞争的关键是改进采购部门的效益和效率，因为在大多数企业里，采购物料和服务的成本都大大超过劳动力和其他成本，所以改进采购职能可以长久性地控制成本[①]。进入新的世纪，许多企业开始改进其采购职能，使之成为供应管理，并贯穿于企业整个业务流程之中。这一改进使原先以交易为基础的战术职能转变为以流程为基础的战略职能，使原先以防御性为主转变为以进攻性为主，是企业为了满足其长期和短期发展而采取的一种创新性方法。

（2）物流观念的改进。现代物流产生于20世纪初期，是北美和西欧的一些国家为了降低材料采购及产品销售成本而采取的一种技术。虽然现代物流将原材料采购、产品运输、销售或服务看成一个完整而连贯的系统，但它的职责范围仅仅局限于运输、储存、装卸搬运、包装、配送、流通加工、信息系统等环节，采购、接收等环节不包括在现代物流之内。所以，必须通过扩展现代物流的经营范围，产生供应链管理。供应链管理管理信息流、物料流、服务流等从原材料供应商到工厂、仓库，直到最终消费者的整个流程[②]。

---

① 〔加〕米歇尔·R. 利恩德斯、〔美〕哈罗德·E. 费伦：《采购与供应管理》，机械工业出版社，2003，第2页。
② 〔加〕米歇尔·R. 利恩德斯、〔美〕哈罗德·E. 费伦：《采购与供应管理》，机械工业出版社，2003，第5页。

（三）供应链的拓展与供应链式网络组织的产生

随着经济全球化和一体化的发展，供应链结构也将不断向外扩展，从国内走向国外，产生供应链式网络组织。供应链式网络组织的产生体现在两个方面：宽度延伸和深度延伸。一方面，当一个企业与世界各地的公司合作，完成采购、生产、运输和配送活动时，供应链的结构在向宽度扩展；另一方面，供应链结构在向宽度拓展的同时，链接点上的合作企业可能为完成其所承担的链条上的业务流程而组建一个分支供应链。供应链上的核心企业希望通过供应链式网络组织将其管理能力间接延伸到二级甚至三级的供应商和客户[①]。

二　供应链式网络组织的特点

供应链式网络组织是供应链管理的进一步拓展，是网络组织的供应链管理，即在网络组织中强调了供应链的作用，其特点如下。

第一，协同性。供应链式网络组织已经不是企业资源计划与客户关系管理的简单联合体，也不是后企业资源计划时代。供应链式网络组织是一种企业之间的外部协同，企业通过与供应商共享库存、需求、信息等，根据供应链的供应情况实时在线调整自己的计划和执行交付的过程；同时，供应商根据企业实时的库存、计划等信息调整自己的计划，可以在不降低服务水平的基础上实现无库存管理。

第二，生态性。随着工业经济的发展，消费者关注的重点也开始转移到环境方面，其环境友好的情感逐步增长。传统的供应

[①]　邹辉霞：《供应链管理》，清华大学出版社，2009，第 25 页。

链系统中，从原材料采购、产品生产、物流到消费者使用、废弃，一氧化碳的释放、噪声、交通堵塞以及其他形式的环境污染，给我们的生存环境造成了极大的威胁。一方面，供应链式网络组织通过供应链伙伴之间的共同努力，减少这些环境问题，将有利于整合供应链中的成员企业关系；另一方面，供应链式网络组织能够根据环保要求在生产、包装、物流等过程中使用可回收的材料，重复使用各种容器和托盘等，降低整个网络组织的经营成本。

第三，经济性。传统的供应链是一个由众多上下游合作企业和多种功能有效集合而成并协同运作的价值网络，虽然它为企业带来了巨大的经济价值和广泛的社会价值，但它同时产生了不小的成本，这些成本包括直接成本（由原材料和劳动力价格引起的原材料、人工和机器成本）、供应链上合作者为完成供应链业务流程所发生的作业成本（与产品的生产和交付相关的管理活动所引起的成本）、与上下游合作者之间的交易成本（处理供应商和客户信息及沟通所产生的所有成本）①。供应链式网络组织是一种相对较为成熟的供应链，其流程知识和经营较传统供应链有所提高，信息流通也较传统供应链通畅，能够实现对流程的快速、最佳整合。所以，它可以通过应用价值工程、标准化、网络配送等技术，来降低网络组织成本。

第四，自组织性。供应链式网络组织的形成是企业之间的一种自发聚集过程。在现实经济生活中，由于上下游企业的共同利益，一方面促使那些处于"交易"状态的企业加强联系，形成供应链；另一方面诱使一些潜在的企业在"没有人为干预"的

<hr>

① 邹辉霞：《供应链管理》，清华大学出版社，2009，第29页。

情况下自发地向供应链聚集，成为现实供应链的合作者。当有序的供应链式网络组织形成后，成员企业将自发地调节自身的结构和行为，使其向着适应供应链式网络组织整体目标的方向发展。

三　供应链式网络组织的管理重点

供应链式网络组织不同于供应链之处在于，它是以机会为导向。这就要求成员企业要打破传统的职能制分工，以业务流程为中心重新设置企业经营管理部门，再造的重点是实现上下游企业的业务流程无缝对接。所以，供应链式网络组织管理的对象是供应链的成员企业和它们之间的"集合流"，管理的方法是集成和协同，管理的目标是满足用户的需求，最终提高供应链式网络组织的整体竞争能力[①]。

供应链式网络组织是一个复杂的系统，对其管理应该采用集成和协同的方法，包括网络构建、关系管理、风险防范等的设计，以及运行方式的选择、信息的集成。

（一）网络构建

供应链式网络组织的构建，不仅要建立在多方长期合作的基础之上，而且要随市场机会而具有动态性。也就是说，供应链式网络组织的构建必须依市场机会而定。在供应链式网络组织中，一旦某个成员企业抓住了某个市场机会，就成为需求方企业。它把相关业务委托给其他成员企业，一级接着一级地委托，形成网状结构。供应链式网络组织分为三个层次：实体层、信息层和关系层。实体层是整个供应链式网络组织的基础，通过点、线之间的连接，实现商品的转移，完成物流活动。信息层是供应链式网

---

① 邹辉霞：《供应链管理》，清华大学出版社，2009，第 27 页。

络组织的支撑，通过有效沟通来提高整个网络组织的效率。关系层是供应链式网络组织的核心，通过正式的和隐含的契约来协调成员企业之间的关系，保障整个网络组织的正常和高效运作。

（二）关系管理

供应链式网络组织的关系管理包括两个方面：供应商关系管理和客户关系管理。在供应链式网络组织中，供应商关系管理是让供应商及早参与到企业产品的生产中来，如在产品概念阶段，共同进行产品的设计，变被动为主动，从而缩短产品创新和开发周期，降低产品开发成本，提高经营的灵活性。具体的方式是组建跨组织的集成产品开发团队。在供应链式网络组织中，客户关系管理是一种以客户需求为动力的"拉式"供应链管理，通过成员企业之间的密切合作和与顾客建立长久稳定的关系，充分发挥供应商、生产商、物流商、销售商等的资源、技术、配送、响应、成本优势，为消费者提供个性化、高价值的产品和服务。

（三）质量管理

虽然说质量是企业的生命，但并非质量越高越好，其原因有二。

一是产品质量与其生产成本之间成反比例关系。一般来说，产品质量越高，其生产成本也越高。

二是产品具有时尚性。产品质量必须与消费者的偏好相一致，消费者偏好的变化将会带动产品功能、款式等的变化，从而使产品也具有时尚性。

因此，产品的质量一定要与产品的时尚性相一致，产品质量一旦超过时尚点，将会造成成本的浪费。

供应链式网络组织中的所有成员企业都必须从单一的企业质量管理模式转变为多企业协同质量管理模式，保证其质量管理和控制水平的一致性，但难度要高于单一企业，因为质量问题的出现将牵动整个网络组织，全过程复杂，协调周期长，调整成本高。所以，对供应链式网络组织进行质量管理的方法是跨组织团队管理，通过构建质量文化，以"共生"方式来确定产品质量的要素——人、材料、工艺、环境等。

1. 人的"共生"管理

影响产品质量的五大要素中，人是最重要的因素，不论是设备的操作、维修、保养，还是材料的验收把关，以及作业方法的遵守和改进，都依靠员工的智慧和积极性。因此，对于现场管理人员来说，要从提高员工操作技能及提升员工质量意识方面多做工作。

第一，共同的操作技能培训。培训内容包括让供应链式网络组织中所有员工都能充分理解质量标准和作业标准；按要求进行充分训练并考核，力求供应链式网络组织中所有员工操作技能都能达到要求；有针对性地对特殊岗位人员进行具体的指导。

第二，共同的质量意识提升。提升方法包括对作业质量进行严格控制；加强全面质量管理思想和方法的宣传教育；明确个人在产品质量形成过程中的责任，提高员工对自己工作重要性的认识。

2. 材料的"共生"管理

在供应链式网络组织中，材料的管理既包括材料的数量管理，也包括材料的质量管理，表现为所有成员企业的材料数量和质量等级都要协调一致。

3. 生产工艺的"共生"管理

生产工艺是指企业制造产品的总体流程方法，具体包括工艺过程、工艺参数和工艺配方等。在供应链式网络组织中，由于各成员企业生产的产品各不相同，所以采用的工艺也有差别，从而导致产品质量等级、规格、数量等方面的差别。生产工艺的"共生"管理就是要消除以上的差别，保持产品质量一致性，以节约成本。

第四节　外包式网络组织

一　服务经济与企业外包

（一）服务经济的含义

服务经济是一种以知识、信息和智力为主要生产要素和推动力所形成的经济结构、增长方式和社会形态。在服务经济社会里，人力资本成为基本要素，是经济增长的主要来源，而其他的诸如土地、机器、资本等生产要素的重要性却大大下降，整个经济发展主要建立在服务产品的生产和配置基础之上。所以，服务经济的增长主要依靠人口的数量和教育水平。一般来说，在GDP中，当服务经济产值超过了60%，或者服务经济的就业人数占总就业人数的60%以上，这样的经济形态则可被称为服务经济社会。现代服务经济产生于工业化高度发达的时期，它依托于信息技术和现代管理理念。现代服务经济的发达程度已经成为衡量一个区域、国家的现代化和竞争力的重要标志之一，是区域经济新的极具潜力的增长点。在我国，随着市场经济的发展，服务经济开始受到政府的高度重视，成为我国产业结构调整和升级的主要方向和途径，它直接关系到我国未来的经济发展走向与创新，具有十分重要的战略意义。

服务经济不等于服务业，但服务业是推动服务经济发展的核心和主要动力，服务经济的发展过程既是服务业自身提升的过程，也是服务业向制造业、农业等渗透发展的过程。

服务经济离不开制造业，制造业是支撑服务经济发展的重要行业，工业经济整体水平的提升对服务业提出了更高的要求，拉动了服务业的发展；反过来，服务经济的发展很大程度上亦是以工业经济为服务对象，服务业的发展也推动了制造业的提升。[①]

（二）服务经济的特点

从广义上来说，服务并不仅仅局限于服务业，第一、第二产业也离不开服务，需要服务作为支撑。服务已经渗透到社会生活的方方面面，成为经济增长的动力源泉，它在世界经济中的比重很大，而且在不断增加。服务经济具有以下特点。

1. 服务性

服务是服务经济的根本，服务经济社会是以服务为主导的社会，所以说，离开了服务，服务经济将不复存在。服务已经融入各行各业之中，使得所有产品和实物商品都是服务的附属物，由实物商品衍生出的价值都是借助服务来实现的，而非商品本身。[②]

2. 融合性

服务经济是一种融合性经济。服务经济不仅使企业之间的联系日趋紧密，而且其深度发展也使行业之间、产业之间高度融合，表现为行业、产业边界模糊，不同行业、产业之间发生了聚集现象。一方面是产业间的延伸融合，既有农业、制造业向服务业的渗透，也有服务业向农业、制造业的渗透；另一方面是行业

---

① http://www.doc88.com/p-69534682852.html.

② S. L. Vargo, R. F. Lusch, "Evolving to a New Dominant Logic for Marketing", *Journal of Marketing* 68 (January 2004), pp. 1-17.

间的延伸融合，既有农业中的某些行业与制造业中的某些行业发生的交叉融合、服务业中的某些行业与农业或制造业中的某些行业发生的交叉融合，也有各个产业内部不同行业之间的相互融合。这些融合不仅使得企业之间的界限变得越来越模糊，而且促使新兴行业不断出现且规模日益扩大。

3. 网络化

服务经济是以信息技术为载体的经济，生产价值链系统成为其生产的主要组织形式，从而企业的组织结构和运营方式也由以往的层级制转变为网络化。由于服务的网络化优势十分显著，许多服务企业逐渐向连锁化、联盟化、集成化等方向发展，日益采用富有弹性的网络型组织结构，如许多企业采用业务外包的形式，以进一步改善现代服务的供给能力。

4. 高端化

服务经济是一种创新性经济，它要求在企业的生产经营活动中包含更多的知识和信息，向高端化发展，以满足消费者个性化、多元化的需求。服务经济的高端化需要企业不断进行创新，以提供差异化的产品。这必然要求企业不断增加其生产经营活动的技术含量，增大无形服务在价值创造中所占比重，如研发、市场营销等生产经营活动均促使服务经济向高端化发展。

（三）服务经济促使外包的产生

根据服务对象的不同，可以把服务分为消费性服务和生产性服务。消费性服务是指企业直接向最终消费者提供的服务，如餐饮、医疗、教育等提供的服务；生产性服务是指生产企业向生产者而非最终消费者提供的服务。两者均是服务经济的重要组成部分。

就生产性服务来说，它不同于生产性服务业，而是生产制造企业本身的行为、动作，它是生产制造企业的一种经营方法，其性质仍然属于制造业，它是通过自己的生产制造行为为其他生产制造类企业提供生产制造品的行为。这种行为逐渐演变成一种服务。通常，那些为他人提供生产性服务的制造企业自身则不拥有品牌，而只具有制造能力。它通过自己所拥有的生产制造能力为别人制造产品、提供服务。生产性服务理论与核心能力理论是一脉相承的，生产性服务的产生促使企业采取外包的方式，放弃那些自己不擅长的非核心业务，而把主要精力、资源等投入核心业务，加强自己的核心能力。

（四）外包式网络组织的产生

企业的交易成本大小与市场环境的变动快慢有很大的关系。一般来说，当市场环境"风平浪静"时，企业交易成本内部化能够给企业带来较大的利益；当市场环境遭遇"急流险滩"时，则相反，即企业交易成本外部化能够给企业带来较大的利益。所以，在当今的环境中，企业要通过"瘦身"来不断调整其内部结构，以提高其对环境的适应能力。其原因在于企业的投入中存在沉没成本。这些沉没成本既可能存在于企业的核心业务中，也可能存在于企业的非核心业务中。如果它存在于企业的核心业务中，则有利于培育和强化企业的核心能力；如果它存在于企业的非核心业务中，则限制了企业对市场变动的灵活性。这时，企业通过外包的方式将非核心业务转移出企业，则能够使其在核心资产基础上较快调整产出组合，以适应市场变动。企业不断的非核心业务外包将衍生出网络组织，被称为外包式网络组织。从外包到外包式网络组织，是企业与外包企业之间长期磨合的过程，一般需要 1～3 年。

二　外包式网络组织的特点

外包式网络组织兼有外包和网络组织两者的优点，但又不同于两者，其特点如下。

（一）服务性

外包式网络组织的运行不仅仅是为企业提供中间产品，而更重要的是为企业提供服务，包括准确性、及时性、周到性、经济性等。外包式网络组织的服务作为现代服务的重要组成部分，也具有现代服务最为典型的特征，即无形性、同时性或不可分割性、顾客参与服务过程、异质性和易逝性。

（二）中心性

外包式网络组织是因企业若干业务的外包而形成的，所以这些参与承包的企业必然会围绕该企业来运行，从而使该企业处于中心地位。外包式网络组织的中心性更多地体现在外包企业对承包企业具有支配能力方面。

（三）稳定性

外包式网络组织是在磨合中产生的，一方面是因为需要处理服务活动由内转外过程中相互协调之类的组织转型问题；另一方面与服务提供商需要了解不同客户各自具有的差异化和个性化需求有关，因而实际上包含获得学习效应的过程。[①]

（四）具有防御性

外包式网络组织把内置型生产方式转化为网络型生产方式，一方面为网络组织内成员企业带来了某种利益；另一方面也给其

----

① 卢锋：《服务外包的经济学分析：产品内分工视角》，北京大学出版社，2007，第95页。

他企业的进入设置了障碍。在激烈的市场竞争中，企业的赢利经营模式，通常会被其他企业模仿并导致利润耗散的竞争压力，而网络型生产方式在遏制外部企业的模仿方面则会产生积极的作用。

三　外包式网络组织的管理重点

外包式网络组织是企业在内部资源有限的情况下，为了更好地发展核心业务能力，而把其他非核心业务转交给外部专业化公司来完成，从而达到充分利用外部资源、实现自身发展的一种战略方法。

首先，确定非核心业务。确定非核心业务既是企业搞好业务外包的前提，也是外包式网络组织产生的基础。由于外包式企业把它的非核心业务外包给其他的专业化公司去完成，自己则集中精力搞好自己最擅长的主营业务，所以企业首先必须确定哪些业务是它的核心业务，哪些业务是它的非核心业务。如果对此模糊不清，则会本末倒置，影响企业核心能力的增强。核心业务和非核心业务在不同的企业有不同的内涵。一般情况下，根据企业的战略定位、资源的占有状况、技术设备的配置和产品的竞争力，来确定核心业务。也就是说，在技术、人才和资源方面具有相对优势，又是利润重要来源的业务，是它的核心业务，而其他则是非核心业务。非核心业务的内容比较广泛，像刀具、检具、化学品、设备维修、物流、财务、IT 等。现在，有的企业把人力资源也外包。至于哪些非核心业务需要外包，每个企业都不一样，大型企业外包业务较多，小型企业则要少些。非核心业务并不是全部要外包，必须根据比较效益原则来确定。有的非核心业务，由于自己有人才、技术和设备方面的优势，成本低、质量好，则不必外包。一般来说，外包业务是指自己能力不强、力量薄弱、人力成本高、利润相对又低的业务。

其次，确定外包服务承包企业。确定外包服务承包企业是外包式网络组织成功的关键。由于专业化分形的不断演化，提供各种服务的专业化企业纷纷涌现，为企业外包提供了有利的条件。但并非所有的外包服务承包企业都具有一定的专业技术和服务能力优势，能为外包企业创造新的价值。有些外包服务承包企业可能由于技术水平不高，服务能力不强，不能适应企业外包业务的发展需求。所以，选择外包服务承包企业十分重要，它关系到业务外包效益的高低和管理的成败。确定外包服务承包企业的关键是建立外包服务承包企业的评价选择机制，抓好考察、评估、比较和决策几个环节。考察就是通过正面了解、信息查询、现场调查等方法，考察其技术水平、服务能力、企业信誉等。在此基础上，对外包服务承包企业进行评估，设备技术上是不是与外包方相匹配，服务能力是否符合外包企业的要求，技术人员和一般员工能否完成外包业务。为了寻找优秀的服务商，需要多考察几家企业，然后进行比较，从好中选优，选择确定一家技术水平高、服务能力强、企业信誉好的作为合作伙伴。

再次，进行全过程管理和控制。全过程管理和控制是外包式网络组织得以稳定运行的保证。为了保证外包式网络组织顺利运行，必须把管理和控制贯穿于全过程。一方面，企业不能过于严格地约束外包服务承包企业，以免影响其积极性的发挥；另一方面，企业也不能放任外包服务承包企业，以免影响自己的外包业务质量。在外包式网络组织中，外包企业应把外包服务承包企业纳入自身的整个管理体系中。现实生活中，许多实例都说明，游离于管理体系之外的外包是很难成功的。因此，一是要明确外包企业和外包服务承包企业的各自职责和工作范围，双方要遵循共生原则。二是外包企业要帮助外包服务承包企业制订工作流程，规范项目标准和工作制度，组织员工培训，使其管理在常态下进行。三是成立外包业务管理部门，加强联系，经常沟通交流，及时解决出现的问题。四是对外包服务承包企业的管理、质量、成本和绩效要进行考核，考核结果要与外包服务承包企业的效益挂钩。

最后，搞好服务与创新。服务创新是外包式网络组织发展的主要条件。外包业务的发展是一个"双赢"的结果，既为外包企业增加了灵活性和价值，也为外包服务承包企业带来了新的商机，提供了新的服务空间。但是，外包服务领域的竞争也很激烈，不亚于其他商品的竞争。外包服务承包企业要以诚信为支点，主动融入企业的管理运作中，不断提高自己的技术水平，增强服务能力，为外包企业提供全方位、全天候和全过程的服务。同时，要在服务中不断创新，用先进的、科学的方法为外包企业创造新的价值。

第五节　本章小结

网络组织的实现方式是专业化分形的不断深化，其目的在于捕捉稍纵即逝的市场机会，因为当今的市场环境不仅更加复杂，而且更加多变，导致企业经营风险的不断增大。通常情况下，风险与机会呈正相关关系，即风险越大，市场机会越多。为了抓住各种各样的市场机会，网络组织必须采取多种实现方式。一般来说，网络组织的实现方式包括战略联盟、连锁经营、供应链管理、业务外包等，它们既可以通过合约形式合作，也可以通过股权形式合作。

战略联盟式网络组织的特点是目标明确、跨组织团队式管理、合作式竞争、依赖性较强等，它的管理核心思想是通过抓住市场机会为整个网络组织创造价值。连锁经营式网络组织是对连锁经营的优化，使其能够充分发挥连锁经营与网络组织管理的双重优势，其管理的核心是分散而不乱、集中而不死，关键是处理好三个方面的关系：经营管理的分散与集中、资源管理的分散与集中、整合共享的分散与集中。供应链式网络组织产生于供应链的宽度延伸和深度延伸，其特点有：协同性、生态性、经济性、自组织性。它是一个复杂的系统，对其管理应该采用集成和协同的方法，包括网络构建、关系管理、风险防范等的设计，以及运行方式的选择、信息的集成等。外包式网络组织产生于服务经济；反过来，又能促进服务经济的发展。它是服务经济的一项重要内容，是企业在内部资源有限的情况下，为了更好地发展核心业务能力，而把其他非核心业务转交给外部专业化公司来完成，从而达到充分利用外部资源、实现自身发展的一种战略方法，其特点有服务性、中心性、稳定性、防御性等。

第十章　结论与展望

第一节　本书研究结论

　　网络组织是一种适应知识社会、信息经济、企业创新要求的组织模式。它的产生得益于信息技术的发展，是企业集群在地域和产业上的扩展和延伸。毋庸置疑，今天的经济是集群经济，因为它主导了当今的世界经济地图。企业的集群现象已成为促进区域发展的"发动机"和"推力器"。集群企业击败世界知名大公司的案例，并非偶然和个案。如今的竞争已经演变为集群企业之间的竞争。企业集群之所以能够得到人们的"追捧"，是因为它具有鲁棒性。企业集群的鲁棒性提高了集群企业抵御风险的能力，增强了企业的稳定性，但它并不是万能的，在选择性攻击面前却"束手无策"，显现出企业集群脆弱性的另一面。所以，企业集群需要升级，以信息技术武装自己，打破地域和产业界限，进一步控制利润较高的产品两端——研发和营销，逐渐向网络组织演化。在对国内外有关网络组织的研究进行综述的基础上，笔者发现目前的研究更多停留在现象的描述上，回答"是什么"

的问题，而对"为什么"问题回答得较少。本书从新的研究范式出发，主要探讨了以下几个问题。

第一，什么是网络组织，它与企业网络、企业集群有哪些区别与联系？

第二，网络组织是如何产生的？影响其运行的因素有哪些？

第三，在网络组织中，企业的行为动因是什么，企业之间是如何相互作用的？

第四，网络组织的结构类型及其特征有哪些？它们对网络组织的稳定性有哪些影响？

第五，如何通过网络组织的共生来实现区域经济的和谐发展？

为了回答这些问题，本书综合运用了多种研究方法（比如分形理论、摩擦和弹塑性力学理论、模糊可靠性理论等），通过将网络组织的有关理论引入产业竞争力领域，分析网络组织的共生价值及提升企业和区域竞争力的机理。本书的主要结论如下。

第一，网络组织结构是一种发展的和动态的模式。应该用系统学理论深入分析网络组织的演化以及产生演化的动力，从单个企业到企业集群，再到网络组织，企业的聚集化和规范化程度不断提高，整体涌现性逐渐增强。它的演化趋势是组成系统的要素越来越具有多样性、差异性，系统要素之间的关联以及系统与外部环境的关联越来越复杂、越来越呈现非线性作用，以至于系统的结构、特性、功能随着演化而不断优化。演化的内在动力是组织实体之间的合作与竞争的互动互应关系；演化的外在诱发动力是组织系统与外部环境调整和适应的互动互应关系。根据企业分形演化轨迹的不同，把网络组织分为两种类型：内生生长型网络组织和凝聚生长型网络组织。这两种网络组织类型进一步拓展了交易费用理论,解决了企业发展的"两极化"问题。一方面,提高了企业的柔性;另一方面,导致了亚市场的出现,降低了市场交易费用。专业化分形视角下的网络组织同企业网络一样,产生混沌现象,它具有两个显著特点:仿相似性和对初始条件的极度敏感性。

第二,网络组织是在新的全球经济竞争形势下,随着信息技术的迅速发展而逐渐演化成的一种新的组织模式。这种模式将会被越来越多的公司采用,用以优化整合中小企业外部资源,把握瞬息万变的市场机会。然而,网络组织在具备独特优势的同时,也存在着与一般企业不同的、特有的风险。例如,网络组织的组建和运行过程不得不面临由伙伴选择的复杂性和合作的不确定性等问题而带来的远比传统企业更为复杂的风险管理问题。另外,网络组织的混沌现象也给企业带来了许多不确定性和风险。企业之间的合作解决的仅仅是部分非系统风险,而对于众多的系统风险,却无能为力。企业之间的交互作用风险不仅永远存在,而且很可能成为网络组织提高自身竞争力的关键。

第三,网络组织共生是企业相互之间合作的结果。合作是通过企业之间的交界面即节点进行的,是企业边界在外界环境的压力下,不断相互摩擦的结果。摩擦对网络组织来说,缺点、优点并存。从某种意义上讲,优点大于缺点,因为摩擦既是网络组织的黏合剂,也是网络组织发展的动力。企业之间的不断摩擦导致企业边界发生两种变形:弹性变形和塑性变形。企业之间的边界渐渐变得模糊,产生了三种边界类型:物理边界、社会边界、心理边界。

第四,网络组织的共生发展表现为企业的结构变换和优化。从企业聚集到企业扩散,再到新的企业聚集,是一个螺旋式上升的过程，最后一个阶段的聚集是对第一阶段聚集的否定之否定，表现为两个企业集群之间的共生，产生的是网络组织。在一定时间内，网络组织具有相对稳定性，处在量的积累阶段。所以，整个分工网络具有若干个吸引子，且每个吸引子都能使分工网络在某个时期内保持相对稳定。吸引子是局部分工网络得以稳定的基础。由于分工网络混沌系统存在着复杂的轨迹，所以它不仅"产生"多种空间模式，而且可能"发展"为一个包含学习过程的系统。网络组织通过知识管理提高相互学习的能力，以促进知识的积累、转化和扩散，优化企业经营管理决策和创新水平。这个学习系统以亚市场为纽带，其作用是减少交易费用，提高交易效率，实现从局部均衡向一般均衡转化。

第五，网络组织的共生稳定性是网络中各节点的"无缝连接"。"无缝连接"即企业边界的融合，表现为界限的模糊性。所以，对网络组织稳定性分析不能使用传统的方法，而应使用模糊可靠性理论分析。传统的可靠性理论基础是经典集合论和二值逻辑。在许多情况下，它严重脱离系统实际。网络组织中的成员企业从危机到消亡并不是瞬间发生的，而要经历一个从"完好"到"故障"（表示网络组织企业间协调失败）的过渡过程，即危机从小到大，企业边界从弹性变形到塑性变形，直至超过极限而破产。一切过渡过程都呈现亦此亦彼的状态，这就是事件的模糊性。通过对网络组织中成员企业的主要指标（模糊可靠度、模糊失效率、模糊平均寿命等）的计算，评价网络组织的模糊可靠性价值，以改进和优化网络组织。

第六，网络组织共生对区域经济和谐发展起促进作用。网络组织是对企业集群的"扬弃"，它突破了企业集群横向聚集的地域限制，在更广阔的区域内实现了企业之间的合作，是企业的一种纵向聚集，带来的是产业转移。产业转移不是区域企业演进的终结，而是为了在扩散的基础上产生新的聚集，形成新的企业集群和网络组织，这有利于提升中西部地区和产业的竞争力，实现区域经济的和谐发展。

第二节　未来研究展望

对网络组织的研究相对于其他方面研究来说，仍属于崭新的领域，许多问题尚处于探讨之中。本书虽试图以分形和弹塑性力学理论对网络组织的形成、特征、边界模糊性及稳定性等共生问题进行深入和系统地分析，但由于受作者知识水平的限制难免有不尽如人意之处，还有许多问题有待进一步深入研究。

第一，在企业的专业化分形模型设计上，本书依据的"母本"是生物学中的"虫口模型"。一方面，该模型对人类组织的适应性问题还需要进一步论证，毕竟人类是一种高级动物，有自己独有的选择演化方式；另一方面，虽然本书对该模型进行了改进，增加了技术变量，但影响因素还是偏少，与现实情况有一定差距，需要今后进一步完善。

第二，在对企业边界变形维度的设计上，仅通过价值链、资源和企业文化三个主要维度来反映企业发展的影响因素，略显片面。虽然企业边界的弹塑性变形本身具有抽象性、模糊性及难以计量的特点，但我们今后能否用一个更为全面的、准确的维度体系来反映它，以便我们在选择网络组织形式时更具有可操作性和现实性。

第三，从产业层面，不同行业、行业发展的不同阶段、行业市场的不同竞争结构、行业所在的不同区域，为提升产业、地区竞争力而组建的网络组织，采用什么方式组建，选择何种平台形式，何时组建等，都有不同的要求，本书没有涉及。

总之，网络组织的共生是企业管理研究中的重要课题，它需要整合其他各个学科的知识理论，以多角度、多特征和多方法进行更加深入的研究。

参 考 文 献

[1] Robert H. Frank, Ben Bernanke, *Principles of Micro-Economics*, McGraw-Hill College, 2001.

[2] Peter Senge, *The Fifth Discipline: The Art and Practice of the Learning Organization*, Currency Publisher, 2006.

[3] Willianson, O. E. , *Markets and Hierarchies: Analysis and Anti-Trust Implication*, New York: The Free Press, 1975.

[4] Iacocca Institute, *21st Century Manufacturing Enterprise Study: An Industry-led View*, Lehigh University, Bethlehem, PA, 1991, Volumes 1 and 2 .

[5] Byrne, J. A. , "*The Virtual Corporation*", *Business Week*, 1993, Feb 8.

[6] Goldman, S. L. , Nagel, R. N. , Preiss, K. , *Agile Competitors and Virtual Organizations*, Van Nostrand Reinhold, New York, 1995.

[7] G. Ellson, E. L. Glaeser, "*Geographic Concentration in U. S. Manufacturing Industries: A Dartboard Approach*", *Journal of*

Political Economics, University of Chicaqo Press, 1997（105）.

[8] Porter. M. E. , "*Clusters and New Economics of Competition*", *Harvard Business Review*, 1998（11）.

[9] Capello R. , "*Spatial Transfer of Knowledge in High Technology Milieus: Learning Versus Collective Learning Processes*", *Regional Studies, Taylor and Francis Journals*, 1999, 33（4）.

[10] Lundvall B. A. , *National System of Innovation, Towards a Theory of Innovation and Interactive Learning*, London: Printer Publishers, 1992.

[11] Walz, U. , "*Transport Costs, Intermediate Goods and Localized Growth*", *Regional Science and Urban Economics*, 1996, 26（6）.

[12] Bergman E. M. , Feser E. J. , *Industrial and Regional Clusters: Concepts and Comparative Application*, Morganton, WV: Regional Research Institute, West Virginia University, 1999.

[13] W. L. Baldwin, J. T. Scott, *Market Structure and Technological Change*, Switzeland: Hardwood Academic Publishers, 1987.

[14] Tom Burns, G. M. Stalker, *The Management of Innovation*, Oxford University Press, 1994.

[15] Fremont E. Kast, James, E. Rosenzweig, *Organization and Management: A Systems and Contingency Approach*, New York: McGraw-Hill, 1970.

[16] Aldrich H. , Whetten D. A. , *Organization-Sets, Action-Sets and Networks: Making the Most of Simplicity, in Handbook of*

Organizational Designs, New York: Oxford University Press, 1981.

[17] Christopher, M. , Towill, D. R. , "Supply Chain Migration from Lean and Functional to Agile and Customized", *Supply Chain Management: An International Journal*, 2000, 5 (4).

[18] Szwejczewski, M. , Lemke, F. , Goffin, K. , "Manufacturer-supplier Relationships: An Empirical Study of German Manufacturing Companies", *International Journal of Operations & Production Management*, 2005, 25 (9).

[19] M. T. Hannan, J. Freeman, *Organizational Ecology*, Harvard University Press, Cambridge, MA, 1989.

[20] Dove, R. , "Plumbing the Agile Organization", *Production Magazine*, 1994b, 106 (12) .

[21] M. Granovetter, "Economic Action and Social Structure: the Problem of Embeddedness", *American Journal of Sociology*, 1985, 91.

[22] Powell, W. W. , "Neither Market nor Hierarchy: Network Forms of Organization", *Research in Organizational Behavior*, 1990, 12.

[23] Powell, W. W. , L. Smith-Doerr, *Network and Economic Life*, The Handbook of Economic Sociology, Princeton, NJ: Princeton University Press, 1994.

[24] Baker, Wayne E. , "Market Networks and Corporate Behavior", *American Journal of Sociology*, 1990, 96.

[25] Baker W. E. , *Networking Smart: How to Built Relationships for Personal and Organizational Success*, McGrow-Hill Co, New

York, 1994.

[26] Brian Uzzi, Jarrett Spiro, "Collaboration and Creativity: The Small World Problem", *American Journal of Sociology*, 2005, 111.

[27] Brian Uzzi, Shannon Dunlap, "How to Build a Better Network", *Harvard Business Review*, 2005, 83 (12).

[28] Dirk Messner, Jorg Meyer-Stamer, *Governance and Networks: Tools to Study the Dynamics of Clusters and Global Value Chains*, Working paper for the IDS/INEF Project, 2000.

[29] Joel A. C. Baum, Paul Ingram, *Interoganizational Learning and Network Organization: toward a Behavioral Theory of the Interfirm*, Working Paper, 2000.

[30] Ahuja M. K., Carley K. M., "Networks Structure in Virtual Organizations", *Organization Science*, 1999, 10 (6).

[31] Quinn, J. B., *Intelligent Enterprise: A Knowledge and Service Based Paradigm for Industry*, New York: Free Press, 1992.

[32] Malone T. W., Rockart J. F., "Computers, Networks and the Corporation", *Scientific American*, 1991, 265 (3).

[33] Morton, M. S., *The Corporation of the 1990s: Information Technology and Organizational Transformation*, Oxford University Press, 1991.

[34] Jones, Candace, William S. Hesterly, "A General Theory of Network Governance: Exchange Conditions and Social Mechanisms", *Academy of Management Review*, 1997 (4).

[35] J. Bryson, B. Crosby, *Leadership for the Common Good: Tackling Public Problems in a Shared-power World*, Jossey-

Bass, San Francisco, CA: Jossey-Bass, 1992.

[36] Milward H., Provan K., "Managing the Hollow State: Collaboration and Contracting", *Public Management Review*, 2003, 5 (1).

[37] Johannisson J., *International Studies of Management & Organization*, M. E. Sharpe lnc., 1987.

[38] Rubinstein M. F., Firstenberg I. R., *The Minding Organization: Bring the Future to Present and Turn Creative Ideas into Business Solutions*, New York: John Wiley & Sons Inc., 1999.

[39] C. C. Snow, R. E. Miles, "Causes for Failure in Network Organizations", *California Management Review*, 1992, 34 (1).

[40] Alter, Catherine, Hage, Jearld, *Organizations Working Together: Coordination in Interorganizational Networks*, Newbury Park, Calif.: Sage, 1993.

[41] Terje I. Vaaland, Hakan Hakansson, *Exploring Interorganizational Conflict in Complex Project*, Working Paper, 2001.

[42] Arcari, Anna, et al, *The Governance of Network Organizations: Assessing the Role of Traditional Management Control Systems*, Working Paper, 2002.

[43] Robinson, David T., Stuart, *Toby Network Effects in The Governance of Strategic Alliances in Biotechnology*, Working Paper, University of Chicago, 2000.

[44] Parkhe A., Rosenthal E. C., Chandran R., "Prisoners

Dilemma Payoff Structure in Interfirm Strategic Alliance: An Empirical Test", *Omega-International Journal of Management Science*, 1993, 21 (5).

[45] Conway, Steve et al, *Realizing the Potential of the Network Respective in Innovation Studies*, www. ki-network. org, 2001.

[46] Koka, B. R. & Prescott, J. E. , "Designing Alliance Networks: the Influence of Network Position, Environmental Change and Strategy on Firm Performance", *Strategic Management Journal*, 2008 (29).

[47] Osland Gregory E. , Yaprak, Attila, "Learning through Strategic Alliances: Processes and Factors European", *Journal of Marketing Bradford*, 1995, 33 (3).

[48] Dunning, J. H. , " Location and the Multinational Enterprise: a Neglected Factor?", *Journal of International Business Studies*, 1998, 29 (1).

[49] John H. , Dunning, *Alliance Capitalism and Global Business*, Taylor& Francis, 1997.

[50] Kale, Prashant, et al, "Value Creation And Success in Strategic Alliances: Alliancing Skill and the Role of Alliance Structure and System", *European Management Journal*, 2001, 19 (5).

[51] Barley, Stephen, John Freeman, Ralph Hybels, "Strategic Alliances in Commercial Biotechnology", in Nitin Nohria and Robert G. Eccles, *Networks and Organizations*, Boston: Harvard Business School Press, 1992.

[52] Jarillo, J. Carlos, *Strategic Networks: Creating the Borderless*

Organization, Butterworth-Heinemann Press, 2012.

[53] J. Carlos Jarillo, " On Strategic Networks ", *Strategic Management Journal*, 1988, 9（1）.

[54] Lipnack J. , Stamps J. , *Virtual Teams: Reaching Across Space, Time And Organizations With Technology*, New York: John Wiley& Sons, Inc, 1997.

[55] Donde P. , Ashmos D. , et al, "What a Mess! Participation as a Simple Managerial Rule to ' Complexity ' Organizations ", *Journal of Management Studies*, 2002（3）.

[56] Johnston R. , Lawrence R. L. , "Beyond Vertical Integration: the Rise of the Value-adding Partnership", *Harvard Business Review*, 1988, Vol. 66,（4）.

[57] Zablah A. R. , Beuenger D. N. , Johnston W. , *Customer Relationship Management: An Explication of Its Domain and Avenues for Further Inquiry*, Berlin: Freie Universitat Berlin, 2003.

[58] Ren J. , Yusuf Y. Y. , Burns N. D. , " The Effects of Agile Attributes on Competitive Priorities: a Neural Network Approach", *Integrated Manufacturing Systems*, 2003, 14（6）.

[59] Brenner, Thomas, *Cooperation, Networks and Institutions in Regional Innovation Systems*, Cheltenham: Edward Elgar Publisher, 2003.

[60] John M. Lvancevich, Michael T. Matteson, *Organizational Behavior and Management*, McGraw-Hill, 2002.

[61] 汪涛:《竞争的演进——从对抗的竞争到合作的竞争》,武

汉大学出版社，2002。

[62] 吴健安：《市场营销学》，安徽人民出版社，1998。

[63] 菲力普·科特勒：《市场营销管理》，科学技术文献出版社，1991。

[64] 迈克尔·波特：《竞争优势》，陈小悦译，华夏出版社，1997。

[65] 朱其忠：《中小企业的共生演化模式研究》，合肥工业大学出版社，2009。

[66] 张铭洪：《网络经济学》，高等教育出版社，2007。

[67] 陈佳贵：《战略联盟——现代企业的竞争模式》，广东经济出版社，2000。

[68] 李焕荣、林健：《企业战略网络管理模式》，经济管理出版社，2007。

[69] 王文森：《产业结构相似系数在统计分析中的应用》，《中国统计》2007 年第 10 期。

[70] 洪银兴：《长江三角洲地区经济发展的模式和机制》，清华大学出版社，2003。

[71] 孙国强：《西方网络组织治理研究评介》，《外国经济与管理》2004 年第 8 期。

[72] 仇保兴：《小企业集群研究》，复旦大学出版社，1999。

[73] 刘巨钦、李大元：《企业集群和其它中间性组织的比较研究》，《重庆工业高等专科学校学报》2004 年第 10 期。

[74] 罗国勋、汪少华：《小企业集群发展模式及其绩效研究》，《数量经济技术经济研究》2000 年第 6 期。

[75] 赖小琼、程宏：《中小型企业集群：当前我国产业技术升级的现实选择》，《发展研究》2001 年第 5 期。

[76] 杜龙政、刘友金、张玺:《企业集团与企业集群的互动和进化》,《中国软科学》2005年第4期。

[77] 高峰:《服务经济下企业集团与企业集群的演互动发展》,《现代管理科学》2006年第6期。

[78] 王羿:《企业簇群的创新过程研究》,《管理世界》2002年第10期。

[79] 黄鲁成:《区域技术创新生态系统的特征》,《中国科技论坛》2003年第1期。

[80] 黄鲁成:《论区域技术创新生态系统的生存机制》,《科学管理研究》2003年第2期。

[81] 罗发友、刘友金:《技术创新群落形成与演化的行为生态学研究》,《科学学研究》2004年第1期。

[82] 李渝萍:《基于生态创新演化视角的中小企业集群发展分析》,《江西社会科学》2009年第7期。

[83] 周浩:《企业集群的共生模型及稳定性分析》,《系统工程》2003年第4期。

[84] 王子龙、谭清美、许箫迪:《企业集群共生演化模型及实证研究》,《中国管理科学》2006年第2期。

[85] 喻小军、谭建:《企业集群的生态系统竞合模型》,《系统工程》2007年第7期。

[86] 魏剑锋:《企业集群现象——生物学视角的一种解释》,《上海经济研究》2007年第2期。

[87] 刘友金、王国明:《基于行为生态学的企业集群边界研究》,《湖湘论坛》2008年第2期。

[88] 朱红伟:《论产业生态化理论面临的困境及其目标的实现》,《现代财经》2008年第9期。

[89] 邱泽奇：《在工厂化和网络化的背后——组织理论的发展与困境》，《社会学研究》1999年第4期。

[90] 罗仲伟、罗美娟：《网络组织对层级组织的替代》，《中国工业经济》2001年第6期。

[91] 王耀忠：《电子商务环境下的企业组织模式——网络组织结构与协调机制研究》，复旦大学博士学位论文，2002年4月。

[92] 喻红阳：《网络组织集成及其机制研究》，武汉理工大学博士学位论文，2005年5月。

[93] 洪军：《网络组织动态博弈分析与复杂性定性仿真研究》，东南大学博士学位论文，2005年7月。

[95] 闫二旺：《网络组织的机制、演化与形态研究》，《管理工程学报》2006年第4期。

[96] 喻卫斌：《基于不确定性视角的网络组织研究》，西北大学博士学位论文，2006年6月。

[97] 周红梅：《网络组织及提升制造业产业竞争力的研究》，武汉理工大学博士学位论文，2007年5月。

[98] 彭文慧：《企业无边界、网络组织创新与产业集群治理》，《科学管理研究》2007年第2期。

[99] 朱礼龙、周德群：《网络组织模式及其演化机理研究》，《现代经济探讨》2007年第8期。

[100] 王永贵：《客户关系管理》，清华大学出版社、北京交通大学出版社，2007。

[101] 朱琴芬：《新制度经济学》，华东师范大学出版社，2005。

[102] 侯若石、李金珊：《资产专用性、模块化技术与企业边界》，《中国工业经济》2006年第11期。

[103] 杨小凯:《经济学——新兴古典与新古典框架》,社会科学文献出版社,2003。

[104] 杨小凯:《新兴古典经济学和超边际分析》,中国人民大学出版社,2000。

[105] 杰克·J. 弗罗门:《经济演化——探究新制度经济学的理论基础》,经济科学出版社,2003。

[106] 许晓明、张咏梅:《企业成长动力系统模型及其动力学分析》,《上海管理科学》2007 年第 5 期。

[107] 田会:《企业动力系统模型及其应用》,《理论探索》2004 年第 3 期。

[108] 赵清华:《解析企业发展的动力系统》,《地质技术经济管理》2003 年第 3 期。

[109] 盛昭瀚、马军海:《非线性动力系统分析引论》,科学出版社,2001。

[110] 谢惠民:《复杂性与动力系统》,上海科技教育出版社,1994。

[111] 汪富泉、李后强:《分形几何与动力系统》,黑龙江教育出版社,1993。

[112] 张伟江、杨升荣:《非线性动力系统的动态分析》,上海交通大学出版社,1996。

[113] 李士勇:《非线性科学与复杂性科学》,哈尔滨工业大学出版社,2006。

[114] 肖敏、谢富纪:《我国内生型产业集群的特征与类型》,《科学学与科学技术管理》2006 年第 12 期。

[115] 王建:《内生型产业集群中的企业家社会网络和行为研究——理论假定和应用研究》,《中国软科学》2006 年第

1 期。

[116] 方玉琴、汪少华、裴明军：《内生型集群成长及动力分析——以浙江市场主导集群为例》，《科技管理研究》2006 年第 5 期。

[117] 李金林：《DLA 分形结构成长过程的分析》，《青海师范大学学报（自然科学版）》2004 年第 3 期。

[118] 田巨平、姚凯伦：《各向异性扩散 DLA 集团的豪斯道夫维数与标度性质》，《物理学报》1998 年第 9 期。

[119] 张燕、姚慧琴：《企业边界变动与产业组织演化》，《西北大学学报（哲学社会科学版）》2006 年第 4 期。

[120] 尼尔·保尔森、托赫·尼斯等：《组织边界管理——多元化观点》，经济管理出版社，2005。

[121] 肖向东：《论企业边界的模糊化趋势》，《价值工程》2005 年第 7 期。

[122] 胡浩：《文化多元、沟通协调与全球虚拟团队管理》，《科技管理研究》2006 年第 12 期。

[123] 颜毓洁、李立立：《企业文化与核心竞争力的关系浅谈》，《商场现代化》2008 年第 3 期。

[124] 陈明祥：《弹塑性力学》，科学出版社，2007。

[125] 杨伯源、张义同：《工程弹塑性力学》，机械工业出版社，2003。

[126] 周颖杰：《我国企业的寿命及影响因素分析》，《商场现代化》2005 年第 20 期。

[127] 赫伯特·西蒙：《现代决策理论的基石》，经济学院出版社，1989。

[128] 杨依山、王金利：《"经济人"假设的历史演变及再探

讨》,《理论学刊》2007 年第 8 期。

[129] 魏江林:《浅析经济人假设与利己主义》,《经济师》2008年第 1 期。

[130] 孙国强:《网络组织前沿领域研究脉络梳理》,《外国经济与管理》2007 年第 1 期。

[131] 喻卫斌:《试论网络组织的边界》,《广东社会科学》2007年第 2 期。

[132] 蒋峦、蓝海林、谢卫红:《企业边界的渗透与模糊》,《中国软科学》2003 年第 4 期。

[133] 陆大雄:《摩擦学导论》,北京出版社,1990。

[134] 叶满昌、吴宗杰:《基于信息技术的网络组织研究》,《山东理工大学学报(社会科学版)》2006 年第 3 期。

[135] 王德禄、李子祎:《基于信息熵理论的网络组织结构分析》,《现代管理科学》2007 年第 1 期。

[136] 张军、王丽敏:《网络组织中企业合作竞争的风险研究》,《生产力研究》2007 年第 22 期。

[137] 余东华、芮明杰:《基于模块化网络组织的知识流动研究》,《南开管理评论》2007 年第 4 期。

[138] 张维迎:《博弈论与信息经济学》,上海三联书店,1996。

[139] 宋保维:《系统可靠性设计与分析》,西北工业大学出版社,2000。

[140] 邵文蛟:《结构模糊可靠性分析》,《中国造船》1994 年第 4 期。

[141] 尹国举、张丽萍等:《系统的模糊可靠性分析》,《河北师范大学学报(自然科学版)》2000 年第 2 期。

[142] 李廷杰、高和:《并联系统的模糊可靠性》,《系统工程理

论与实践》1990 年第 2 期。

[143] 陈胜军:《复杂系统的模糊可靠性分析》,《系统工程理论与实践》1997 年第 4 期。

[144] 李廷杰、高和:《模糊可靠性》,《模糊系统与数学》1988 年第 21 期。

[145] 朱晓华、杨秀春:《中国旱灾分维及其灾情演变趋势研究》,《水科学进展》2002 年第 6 期。

[146] 吴玉鸣:《中国人口发展演变趋势的分形分析》,《中国人口科学》2005 年第 4 期。

[147] 国家统计局:《中国统计年鉴》,中国统计出版社,1996、1998、2006、2008。

[148] 刘军、徐康宁:《产业聚集在工业化进程及空间演化中的作用》,《中国工业经济》2008 年第 9 期。

[149] 曲如晓:《中国对外贸易概论》,机械工业出版社,2005。

[150] 梅述恩、聂鸣:《嵌入全球价值链的企业集群升级路径研究——以晋江鞋企业集群为例》,《科研管理》2007 年第 4 期。

名词解释

1. 企业网络

指企业之间因交易关系而形成的纵横交错的网状结构。

2. 网络企业

指企业网络中的成员企业。

3. 企业集群

指某一特定产业的中小企业及其相关机构大量聚集于一定地理范围内而形成的稳定的、具有持续竞争优势的集合体。

4. 平行型企业集群

如果企业择优关联的机制运行是线性形式,那么企业网络聚集而形成的企业集群叫平行型企业集群,它既包括处于小城镇的企业集群,也包括处于大中城市的高新技术开发区的中小企业集群。

5. 核心型企业集群

如果企业择优关联的机制运行是非线性形式,那么就容易出现一个攫取最多关联的龙头企业。以"龙头企业"为中心,由若干企业集合而成的企业集群叫核心型企业集群。

6. 专业化分工

分工也称劳动分工，是指各种社会劳动的划分和独立化。专业化分工是根据产品生产的不同过程，把不同类型的工作分别交给特定的个人或部门承担，它是组织生产的一种方法，让每个劳动者专门从事生产过程的某一部分，从而获得更高的产出。

7. 专业化分形

指因经济人逐利本性而使企业不断分立、繁殖、凝聚生长，形成不规则集合体的过程，其基本特点是：自相似性、自优化性和自组织性。

8. 集散企业

指在企业网络聚集过程中，起着吸引、支配和稳定作用的企业。

9. 网络组织

指建立在信息技术之上，由多个独立的企业为了共同面对日益复杂的竞争环境，在多次重复交易过程中所形成的一种协作团队。

10. 网络组织共生

指网络组织内部成员企业之间相互作用、相互依赖和协同进化，以实现多方"共赢"。

11. 价值链型网络组织

指按照产品的价值增值活动顺序，由上下游企业聚集而成的网络组织形式。

12. 同构型网络组织

指由众多生产同类产品的竞争性企业聚集而成的网络组织形式。

13. 核心型网络组织

它是在核心型企业集群的基础上发展而来的，是对核心型企业集群的优化或升级。

14. 企业聚集效应

指企业及其经济活动在空间上集中产生的经济效果以及吸引经济活动向一定地区靠近的向心力。

15. 企业扩散效应

在企业聚集效应发生后产生的，企业将自己的人、财、物或信息等因素向其他地区转移出去，产生辐射效益，并使自己在空间上得以不断扩大的现象。

16. 企业的网络效应

任何企业都不是孤立的，均存在着互联的内在需要，其满足程度与网络的规模密切相关。随着网络中其他企业数量的增加，企业的运行成本将持续下降，同时信息和经验交流的范围也得到扩大，所有企业都将从规模经济中获得更大的价值。在经济学中，称这种现象为企业的网络效应。

17. 网络组织摩擦

指在网络组织中，由于外界环境的压力和企业的经济人行为而引起的内部冲突。

18. 内生型网络组织

指在企业自我繁殖、自我分化形成"五缘"企业网络的基础上，经过规范化、制度化而形成的一种团队式的网络组织形式。

19. 凝聚生长型网络组织

指企业通过不断地依次联合、生长，再联合、再生长，像滚雪球一样，逐渐形成的一种团队式的网络组织形式。

20. **企业边界弹性变形**

指当企业受到外力作用时，其边界所产生的能够自动恢复原来"形状"的变形。

21. **企业边界塑性变形**

指当企业受到外力作用时，其边界所产生的不能恢复原来"形状"的永久性变形。

22. **企业的物理边界**

指对有形资源的有效阻断，以帮助企业形成自己独特的个性，它包括两个部分：主体部分由有形的实体如物质资源、金融资源、人力资源等所形成；辅助部分由那些能够制约组织成员之间、组织内部成员及其外部环境之间可能发生的交换类型的规则和规定所形成。

23. **企业的社会边界**

指企业从文化特殊性上来使自己区别于其他企业或组织，因为一种强烈的统一意识能够拉近人们和企业之间的关系。

24. **企业的心理边界**

指描述企业那些帮助群体交流、做出行为以及加深他们对特定事物的理解的特定术语和符号，它存在于结构严谨的专业领域中的信息传递过程中。

25. **企业边界模糊性**

指企业通过资源共享而实现与其相关企业的边界交融状态。

26. **网络组织共生稳定性**

指网络组织在规定的运行环境下，在预期的运行时间内，在某种程度上完成某些规定功能的能力。

27. **企业的规模边界**

指由企业拥有的如土地、劳动、资本等有形资源所决定的边界，体现在对自有资源的控制力上，具有清晰和不可渗透的特点。

28. 企业的能力边界

指由企业拥有的如品牌、专利、服务等无形资源所决定的边界，体现在对外部资源的影响力上，具有模糊性和可渗透的特点。

29. 犁沟效应

当两个实力悬殊的企业交往时，由于实力较小企业的塑性黏着（依赖性），实力较大企业会在实力较小企业的"表面犁出一条沟"，表现为大企业对小企业的主导地位，这种现象被称为"犁沟效应"，它是由小企业对大企业的依附性所决定的。

后　记

本书是在本人博士学位论文的基础上完成的。本人在云南财经大学工作期间又对区域经济、产业管理等方面的理论和实践知识做了进一步研究，补充和完善了博士论文，在学校的资助下本书得以出版。本书从选题到资料搜集、写作，再到定稿，均得到了我的博士生导师卞艺杰教授的悉心指导，凝结了恩师的心血和智慧。卞老师治学严谨、知识渊博、做事认真、品德高尚，使学生终生受益。在论文的撰写过程中，卞老师的很多建设性意见使论文的观点更加鲜明、结构更趋完整。每次与卞老师的交流都受到思想的启迪、价值观念的熏陶。值此书稿出版之际，谨向卞老师表示衷心的感谢。

本书中部分内容为教育部人文社会科学规划基金“基于低碳经济的跨区域企业生态共生模式演化与机制设计研究”（12YJA630202）以及云南财经大学人文社科基金“基于产业转移的企业网络组织共生演化实证模拟研究”的研究成果。

感谢河海大学商学院的老师们提供的各方面指导和帮助。

感谢河海大学理学院的各位授课老师，是他们无私的奉献和崇高的师德使我在三年的博士生涯中学到了许多数学方面的知识。

感谢同门的各位师兄弟、师姐妹,以及身边的同学周久骅、杨杰、陈昕、欧传奇等,在平时的相互交流和学习中,他们在论文写作上给了我许多有益的启示和帮助。

感谢我的家人,他们给了我精神上的鼓励和生活上的关怀。

本书在撰写过程中引用、参考了许多文献资料,在此向其作者表示崇高的敬意和衷心的感谢。

朱其忠

图书在版编目（CIP）数据

网络组织共生研究：基于专业化分形视角/朱其忠著. —北京：
社会科学文献出版社，2013.5
（云南财经大学管理学前沿研究丛书）
ISBN 978 - 7 - 5097 - 4391 - 1

Ⅰ.①网…　Ⅱ.①朱…　Ⅲ.①企业管理－组织管理学－研究
Ⅳ.①F272.9

中国版本图书馆 CIP 数据核字（2013）第 050345 号

·云南财经大学管理学前沿研究丛书·
网络组织共生研究
——基于专业化分形视角

著　　者／朱其忠

出 版 人／谢寿光
出 版 者／社会科学文献出版社
地　　址／北京市西城区北三环中路甲 29 号院 3 号楼华龙大厦
邮政编码／100029

责任部门／经济与管理出版中心　（010）59367226　　责任编辑／王莉莉
电子信箱／caijingbu@ ssap. cn　　　　　　　　　　责任校对／李晨光
项目统筹／恽　薇　蔡莎莎　　　　　　　　　　　　责任印制／岳　阳
经　　销／社会科学文献出版社市场营销中心　（010）59367081　59367089
读者服务／读者服务中心（010）59367028

印　　装／北京鹏润伟业印刷有限公司
开　　本／787mm×1092mm　1/16　　　　　　　　印　　张／21.75
版　　次／2013 年 5 月第 1 版　　　　　　　　　　字　　数／261 千字
印　　次／2013 年 5 月第 1 次印刷
书　　号／ISBN 978 - 7 - 5097 - 4391 - 1
定　　价／69.00 元